디지털 자산의
혁명

THE DIGITAL ASSET REVOLUTION

투자자를 위한 필수 체크리스트 / 승리하는 코인 투자법

디지털 자산의 혁명

코인, 기회와 위험 사이
The Digital Asset Revolution :
Coins, Between Opportunity and Risk

현용수 著

혼돈 속에서 길을 찾다
블록체인·코인 경제가 바꾸는 삶과 철학

Finding Your Way Through Chaos
How Blockchain and the Coin Economy Are
Changing Life and Philosophy

특별기고

· AI인공지능 이후의 인간-변천, 행복, 그리고 미래
· AI이후의 인간 서문-지능에서 의식으로, 기술에서 성찰로
· Quantum 100Year선언-AI와 인간의 공진화

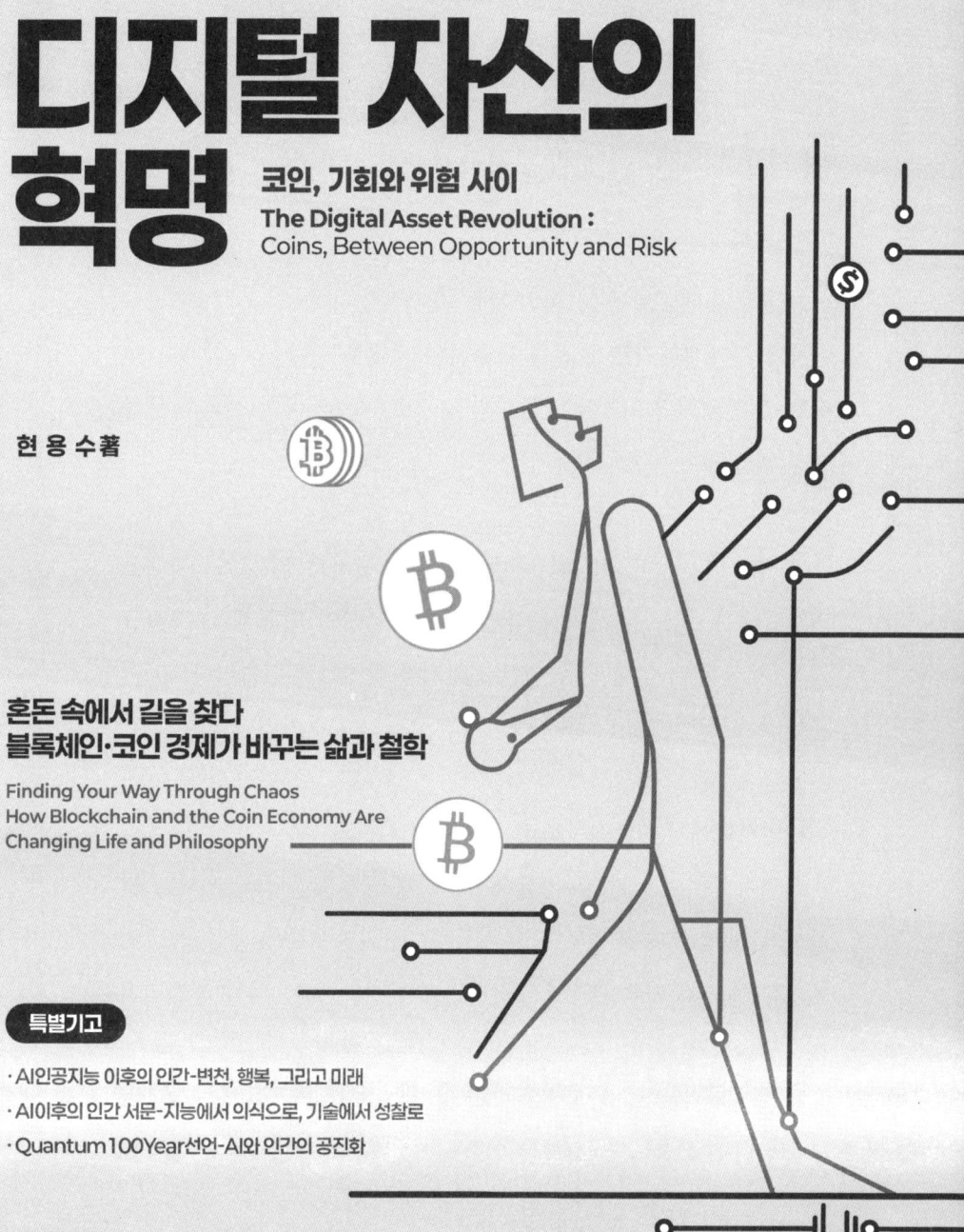

행복한 마음

■ 프롤로그

왜 지금을 '코인 시대'라 부르는가

인류의 경제사는 곧 '신뢰의 기술'의 역사입니다.
돌과 조개껍데기로 물건을 교환하던 시대를 지나 금속화폐가 등장했고, 산업혁명 이후에는 종이와 잉크로 찍은 지폐가 신뢰의 상징이 되었습니다.

20세기 후반, 디지털 컴퓨터의 출현은 '숫자로 된 돈'의 시대를 열었습니다. 카드 결제와 온라인 송금이 일상이 되었지요. 그리고 지금, 세상은 다시 한 번 거대한 전환기를 맞이하고 있습니다. 그 이름이 바로 코인(Coin), 블록체인 기반의 디지털 자산입니다.

산업사회에서 디지털사회로 — 신뢰의 재정의
산업사회에서 신뢰는 '은행'과 '정부'가 대신했습니다. 우리는 그들의 도장과 서명을 믿었고, 지폐는 그 신뢰의 증표였습니다. 그러나 디지털화가 가속되면서 중앙기관에 대한 신뢰는 점차 흔들리기 시작했습니다.

데이터는 유출되고, 화폐는 인플레이션에 흔들렸으며, 국경은 더 이상 돈의 경계가 아니었습니다. 이때 등장한 것이 블록체인입니다. 중앙이 아닌 '모두의 기록'을 신뢰의 근거로 삼는 기술. 누군가의 약속이 아니라 시스템 그 자체가 신뢰가 되는 발명, 그것이 블록체인입니다.

플랫폼 시대의 모순, 그리고 새로운 질서의 등장
스마트폰과 플랫폼 기업이 지배한 지난 20년은 겉으로는 '모든 것이 무료인 시대'처럼 보였습니다. 그러나 실상은 데이터가 지배하는 시대였습니다. 우리는 편리함을 얻는 대신, 우리의 시간과 정보, 그리고 사생활을 내주었습니다.

이제 사람들은 묻기 시작했습니다.
"내 데이터는 왜 내 것이 아닌가?"
"내 노동과 창작의 대가는 왜 플랫폼이 가져가는가?"
코인은 이 질문에 대한 기술적 대답입니다.
그것은 단순한 투자 수단이 아니라, 가치의 소유권을 되찾는 새로운 사회적 계약입니다.

AI 시대, 인간의 역할이 바뀌는 순간
AI가 언어를 쓰고, 예술을 만들며, 거래를 자동화하는 지금, '돈의 주체'조차 인간에서 알고리즘으로 옮겨가고 있습니다. 화폐는 더 이상 단순한 교환 수단이 아니라, 데이터·에너지·가치의 흐름을 조율하는 신경망이 되었습니다.

AI가 '지능의 혁명'을 이끌어 간다면, 코인은 '신뢰의 혁명'을 완성합니다. 이 두 혁명이 만나는 지점에서 인류는 완전히 새로운 문명, 탈중앙화된 디지털 경제를 맞이하게 됩니다.

종이에서 코인으로 — 불가피한 변화
지폐는 찢어지고 위조되며, 국경을 넘을 수 없습니다. 그러나 코인은 사라지지 않습니다. 인터넷이 존재하는 한, 블록체인은 멈추지 않습니다. 이 변화는 단지 기술의 진보가 아닙니다.

신뢰의 주권이 중앙에서 개인으로 돌아오는 역사적 사건입니다. 우리가 "왜 지금을 코인 시대라 부르는가?"를 이해하려면, 그것은 단순히 돈의 이야기가 아니라 인간의 자율성과 신뢰의 진화라는 더 큰 흐름 속에서 바라보아야 합니다.

책의 의도 — "초보에서 전문가로, 그리고 미래로"
디지털 시대의 돈은 숫자가 아니라 신뢰의 언어입니다. 이 책은 코인을 단순한 투자 수단이 아닌, 새로운 문명과 가치의 흐름으로 이해하려는 독자를 위한 안내서입니다.
비트코인에서 NFT, 스테이블코인과 CBDC, 그리고 ETF와 메타버스까지 —

초보자는 '안전한 첫걸음'을
실전 투자자는 '전략과 생존'을

미래 투자자는 '가치와 철학'을 얻게 될 것입니다.

『디지털 자산의 혁명 -코인, 기회인가 위험인가』는 돈을 넘어, 가치와 신뢰의 본질을 묻는 시대의 교양서, 그리고 미래 경제의 나침반이 될 것입니다.

2026년 1월
선릉, 길모퉁에서 쓰다
목원 현용수

| 목차 |

■ 프롤로그 — 왜 지금을 코인 시대라 부르는가　　　　　　· 04

Part 1 - 코인 입문자 편

1장 코인의 세계에 들어서다

01. 코인이란 무엇인가 — 비트코인, 알트코인, 밈코인의 차이　· 14
02. 블록체인, 쉽게 풀어보기 — "분산 장부"의 직관적 이해　· 27
03. 스테이블코인과 CBDC — 안정성과 국가 규제의 힘　· 32
04. NFT — 예술, 게임, 소유권의 새로운 언어　· 38

2장 초보 투자자 가이드

01. 거래소 계좌 만들기와 첫 매수 경험　· 48
02. 핫월렛 vs 콜드월렛 — 내 코인을 지키는 방법　· 56
03. 소액투자부터 시작하기 — 연습하며 배우기　· 60
04. 코인 투자 시 초보자가 주의할 실무 내용
　— "기회의 시장"이면서 동시에 "검증의 시장"　· 62

3장 좋은 코인 고르는 쉬운 방법

01. 백서 읽는 법 — 코인의 설계도를 읽는 눈　· 68
02. 팀과 커뮤니티의 신뢰성 보기　· 79
03. 거품 코인과 사기 프로젝트 피하는 법　· 85

4장 초보자를 위한 투자 전략

01. 단타보다 장기 — 초보자에게 맞는 투자법 · 94

02. 분산투자 — 모든 달걀을 한 바구니에 담지 마라 · 99

03. 투자 심리 다스리기 — 탐욕과 공포의 균형 · 103

04. 투자와 심리학의 관계
— 감정, 인지, 행동이 만드는 투자 결정의 심리학 · 111

05. 명리학으로 바라보는 투자 성향
— 기질, 타이밍, 그리고 운의 흐름 · 118

06. MBTI로 바라보는 투자 성향 분석
— 성격이 곧 투자 패턴을 만든다 · 129

07. 일상 속 투자 습관 만들기
— 투자는 특별한 이벤트가 아니라, 매일의 신경회로가 만든다 · 148

Part 2 - 실전 투자자 편

5장 시장을 읽는 눈

01. 비트코인과 알트코인의 경제학
— 디지털 '금'과 혁신 실험실의 공조 구조 · 155

02. 밈코인 현상과 군중 심리
—"농담이 돈이 되는 시대, 시장은 감정의 극장이다" · 160

03. 스테이블코인 · CBDC의 글로벌 패권 경쟁
— 가치의 언어가 바뀌는 시대, 우리는 참여자가 된다 · 172

04. NFT와 디파이, 토큰 이코노미의 확장 · 184

6장 투자 대상을 분석하는 법

01. 프로젝트 가치 평가 — 기술 · 비전 · 거버넌스 · 204
02. 온체인 데이터 읽기: 거래량·지갑 분포·유동성
  — 숫자가 말하는 신뢰, 데이터가 보여주는 생명력 · 220
03. 차트와 캔들, 기본적인 기술 분석 — 숫자는 감정을 숨기지 않는다 · 232
04. 규제·정책 리스크 확인하기
  — 차트만 보지 말고 법,세금,정책의 바람을 읽어라 · 241

7장 실전 투자 전략

01. 투자 성향별 포트폴리오 설계
  — 당신이 누구인지 알면, 시장이 흔들려도 중심은 무너지지 않는다 · 256
02. 매수·매도 타이밍 잡는 기술
  — 감정이 아닌, 확률로 움직이는 투자자의 법칙 · 268
03. 스테이킹 · 디파이를 활용하여 수익률 높이기 · 279
04. 선진 금융기법 용어 해설 · 289
05. 숏·롱 포지션 전략과 리스크 관리
  — 하락에도 길이 있고, 상승에도 함정이 있다 · 296

8장 리스크 관리와 생존 법칙

01. 자본 관리의 원칙 — 손절 · 분할 · 비율 · 306
02. 블랙스완에 대비하는 시나리오 플래닝 —예측이 아닌, 대비로 살아남는 힘 · 315
03. 보안 관리: 거래소 위험과 개인지갑 전략
  — 내 자산의 마지막 방어선은 결국 '나 자신'이다 · 322

04. 세금 최적화와 합법적 투자법
— 세금은 기술이 아니라, 시스템 속에서 살아남는 기술이다 · 327

Part 3 - 미래 전망과 투자자의 길

9장 다가오는 기회와 위기

01. AI · 메타버스 · 블록체인의 융합 투자 포인트 · 341
02. 산업별 코인 활용 — 게임·교육·치유·금융 · 367
03. 국가별 CBDC 도입과 새로운 기회
— 위협이 아니라 '지형 변화'. 돈의 지도가 바뀌면 길도 달라진다 · 373
04. 2030년 코인 시장 시나리오
— 화폐형태가 바뀌면, 인간의 경제의식도 바뀐다 · 380

[실전응용투자] - 코인 ETF

1장 코인 ETF의 이해 · 390
2장 글로벌 코인 ETF 시장 동향 · 397
3장 코인 ETF 투자 전략 · 405
4장 위험 관리와 유의사항 · 410
5장 코인 ETF의 미래 전망 · 416

■ 특별기고/ AI인공지능 이후의 인간 — 변천, 철학, 그리고 미래 · 431
■ 칼럼/에세이/기고문 · 457
■ 에필로그 — 돈을 넘어, 신뢰로 · 483
■ 부록 — 디지털자산 투자자를 위한 실전 가이드 · 489

Part 1

코인 입문자 편

-첫걸음부터 안전하게

BITCOINE REUM

코인의 세계에 들어서다

01. 코인이란 무엇인가 — 비트코인, 알트코인, 밈코인의 차이
02. 블록체인, 쉽게 풀어보기 — "분산 장부"의 직관적 이해
03. 스테이블코인과 CBDC — 안정성과 국가 규제의 힘
04. NFT — 예술, 게임, 소유권의 새로운 언어
[스토리] 크립토펑크, 디지털 아트가 자산이 되다
[실전 TIP] NFT 투자 시 유의점 & 전략

01 코인이란 무엇인가
— 비트코인, 알트코인, 밈코인의 차이

2009년, 세상은 한 편의 논문에서 시작된 조용한 혁명을 맞이했습니다. 익명의 인물 사토시 나카모토(Satoshi Nakamoto)가 제안한 비트코인(Bitcoin)은 '은행 없는 금융'을 가능하게 하며, 인류가 '돈'의 본질을 바라보는 방식을 근본적으로 바꿔 놓았습니다.

비트코인은 흔히 '디지털 금(Digital Gold)'이라 불립니다. 그 이유는 발행량이 2,100만 개로 한정되어 있어 희소성이 보장되고, 중앙은행이나 정부의 통제를 받지 않기 때문입니다. 즉 비트코인은 인위적 발행이나 인플레이션의 위험에서 자유로운 탈중앙화된 희소 자산으로 자리 잡았습니다.

이처럼 '탈중앙성과 희소성'을 무기로 삼은 비트코인은 단순한 기술 혁신을 넘어, 인류가 오랫동안 의지해 온 기존 금융 질서에 정면으로 도전한 새로운 가치 저장 수단이자, 개인이 스스로 금융의 주체가 되는 '금융 민주화'의 상징으로 부상했습니다.

무엇보다 비트코인은 단순한 암호화폐가 아닙니다. 그것은 '신뢰를 코드에 맡긴 최초의 화폐'입니다. 이 말은 곧 돈의 본질, 금융의 역할, 그리고 국가와 개인간 관계에 대해서 우리 모두가 다시 묻게 되는 시대가 열렸다는 뜻이기도 합니다.

☆ 투자자가 꼭 체크해야 할 포인트

■ 매수 전 – 기본을 점검하라

거래소의 신뢰도를 먼저 확인하세요. 거래소의 보안사고 이력, 투명한 운영 구조, 고객 자산 보호 체계가 핵심입니다.

수수료 구조(매수·매도·출금 수수료)를 비교하고, 콜드월렛 보관 시스템을 운영하는지 반드시 확인해야 합니다. 단 한번의 실수가 큰 손실로 이어질 수 있으므로, "어디서 사고 파는가?"가 "무엇을 사는가?"만큼 중요합니다.

■ 매수 후 – 흔들리지 않는 마음이 수익이다

코인 시장은 단기 변동성이 매우 큰 시장입니다. 가격의 등락에 일희일비하지 말고, 장기 투자 마인드를 유지하세요. 분할 매수·분할 매도 전략을 활용하면, 시장 타이밍의 위험을 줄이고 평균 단가를 안정시킬 수 있습니다.

■ 리스크 방어 – 지키는 것이 벌어들이는 것보다 먼저다

절대 빚내서 투자하지 마세요. 레버리지는 수익보다 손실을 훨씬 크게 만듭니다.

각국의 세금·규제 정책을 사전에 확인하고, 제도 변화에 따라 합법적으로 대응할 수 있도록 준비해야 합니다.

투자에서 생존의 핵심은 수익률이 아니라 리스크 관리입니다. 비트코인 이후 수천 종의 알트코인(Alternative Coin)이 등장했습니다. 그 출발점은 단순했습니다. 비트코인의 설계가 가진 한계를 보완하려는 열망, 그리고 블록체인 기술을 새로운 방식으로 응용해 보려는 실험 정신이었습니다.

어떤 알트코인은 속도와 확장성을 무기로 내세웠습니다. 비트코인이 평균 10분마다 한 블록을 생성하는 데 비해, 몇 초 만에 거래를 처리할 수 있는 구조를 도입하며 "더 빠른 비트코인"을 표방했습니다.

또 어떤 알트코인은 저렴한 수수료를 강조하며 일상적인 결제 수단으로 자리 잡기를 희망했습니다. 이더리움은 한 걸음 더 나아가, 단순한 화폐가 아니라 스마트 계약(Smart Contract) 기능을 도입해 블록체인을 '프로그램 가능한 돈'으로 확장시켰습니다. 이를 통해 금융, 게임, 예술, 공급망 관리까지 다양한 산업에 접목 가능한 생태계를 열었고, 오늘날 수많은 블록체인 프로젝트의 기초가 되었습니다.

그러나 현실은 냉정했습니다. 다수의 알트코인은 뚜렷한 차별성과 지속 가능한 모델을 만들지 못했습니다. 이름만 번듯하게 내걸고 ICO(암호화폐공개) 열풍 속에 자금을 모은 뒤 개발이 중단되거나, 가격 급등 후 폭락하는 사례가 속출했습니다. 투자자들은 단기간의 투기적 열기에 휩쓸려 손실을 입기도 했습니다.

실제로 수천 종의 알트코인 중 대부분은 상장 폐지되거나 시장에서 사라졌고, 극소수만이 꾸준히 살아남아 생태계를 유지하고 있습니다.

그럼에도 불구하고 알트코인의 실험은 결코 헛되지 않았습니다. 수많은 실패 속에서도, 몇몇 프로젝트들은 혁신적 기능과 비전을 현실화하며 디파이(DeFi), NFT, 메타버스, 게임 파이(GameFi) 같은 새로운 금융·문화 생태계를 탄생시켰습니다.

이 과정에서 코인 시장은 단순한 화폐 대체 수단을 넘어, 탈중앙화된 디지털 경제 플랫폼으로 진화해 나가고 있습니다. 지금도 여전하게 알트코인은 "비트코인의 그림자"가 아니라 실험의 장입니다. 알트코인의 다수는 사라졌지만, 소수의 성공한 알트코인이 새로운 블록체인 경제를 견인하며 위험과 기회의 공존을 보여주고 있습니다.

☆ 알트코인 - 투자자가 선별해야 할 기준과 실전 TIP

■ 알트코인의 현실

비트코인 이후 수천 종의 알트코인이 쏟아졌지만, 그중 상당수는 짧은 유행만 남기고 사라졌습니다. 지속 가능한 생태계를 유지하며 꾸준히 성장한 프로젝트는 극히 일부에 불과합니다.

따라서 투자자는 "모든 알트코인이 기회"가 아니라, "대부분은 리스크"라는 냉정한 전제를 가지고 접근해야 합니다. 열광보다 분석이, 직감보다 데이터가 필요한 시장입니다.

■ 알트코인 선별의 핵심 기준

■ **기술적 차별성**: 단순히 비트코인을 모방한 수준인지, 혹은 새로운 기능과 기술적 혁신(속도, 수수료, 스마트 계약, 확장성 등)을 제공하는지 반드시 확인해야 합니다.

예: 이더리움(Ethereum) - 스마트 계약의 선구자/ 솔라나(Solana) - 초고속 트랜잭션/ 폴리곤(Polygon) - 확장성 솔루션

■ **개발팀과 커뮤니티**: 프로젝트의 생존력은 개발팀의 역량과 투명성, 그리고 커뮤니티의 활력에 달려 있습니다. 활발하고 충성도 높은 커뮤니티는 프로젝트의 지속 가능성과 가격 안정성을 뒷받침하는 강력한 기반입니다.

■ **유스케이스(Use Case)**: 그 코인이 실제로 어디에 쓰이는가? 단

순한 결제 수단을 넘어 DeFi, NFT, 게임, 메타버스 등 실질적 산업에서 활용되는지 확인해야 합니다.

"현실에서 사용되는 코인만이 살아남는다"는 점을 잊지 마세요.

■ **거래소 상장 여부와 유동성:** 신뢰할 수 있는 주요 거래소(바이낸스, 코인베이스 등)에 상장되어 있는지, 거래량이 충분한지 확인해야 합니다. 유동성이 낮은 코인은 가격 조작 위험이 높고, 급락 시 매도 자체가 어려워질 수 있습니다.

■ **규제와 법적 리스크:** 국가별 규제 방향에 따라 특정 알트코인은 거래 제한 또는 퇴출 위험이 있습니다. 특히 증권성 논란이 있는 코인은 장기 보유 시 법적 리스크가 발생할 수 있으므로 주의해야 합니다.

■ **실전 투자 TIP**

① **백서 10분 검증법:** 백서는 프로젝트의 얼굴입니다. 기술, 팀, 로드맵의 현실성을 10분 안에 검토해 보세요. 실현 불가능한 "허황된 약속"이 반복된다면, 그 프로젝트는 피해야 합니다.

② **커뮤니티 리서치:** 디스코드·트위터·레딧 등에서 프로젝트가 얼마나 활발히 논의되는지 살펴보세요. 소통이 끊긴 커뮤니티는 프로젝트 사망 신호입니다.

③ **시장 점유율 체크:** 시가총액 상위권 코인은 어느 정도 검증된 생

존력을 갖고 있습니다. 반면, 극단적 소형 코인은 변동성이 커 고위험·고손실 영역임을 명심해야 합니다.

④ **리스크 분산 전략:** 알트코인은 단기 기회 포착용 소액 투자에 적합합니다. 포트폴리오의 중심은 비트코인·이더리움 등 메이저 코인에 두고, 알트코인은 전체 자산의 일부만 분산 투자하는 것이 안전합니다.

■ 알트코인 – "혁신의 실험장, 그러나 선택은 냉정하게"
알트코인은 블록체인 기술의 혁신을 시험하는 실험의 장이자, 동시에 투자자의 무덤이 될 수도 있는 영역입니다. 따라서 투자자는 열광이 아닌 냉정함으로, 소문이 아닌 데이터와 근거로 프로젝트를 필터링해야 합니다.
기술력, 커뮤니티, 유동성, 실질적 활용성- 이 네 가지 기준이 바로 살아남는 코인과 사라지는 코인을 구분하는 결정적 잣대입니다.

이와 달리 밈코인은 전통적 투자 논리로는 설명하기 어려운 독특한 자산입니다. 기존의 화폐나 주식처럼 내재가치, 수익, 생산성과 같은 '경제적 기초'가 아니라, 인터넷 문화와 집단 심리에서 힘을 얻기 때문입니다.

도지(Dogecoin)와 시바이누(Shiba Inu)는 그 대표적 사례입니다. 도지는 원래 농담처럼 시작된 코인이었습니다. 그러나 인터넷 밈이

전파되는 속도와 파급력은 예상보다 훨씬 강력했습니다. 특정 유명인의 트윗 한마디, 유튜브나 커뮤니티의 바이럴 효과가 가격을 단숨에 수십 배 끌어올렸습니다.

이는 "디지털 시대의 군중 심리"가 직접 시장 가격을 움직인 대표적 현상으로 기록됩니다. 밈코인의 가치는 단순히 희소성이나 기술적 우위에서 오는 것이 아닙니다. 오히려 커뮤니티의 참여와 놀이성이 핵심 자산입니다. 수많은 개인 투자자들이 "우리는 재미로 모였다"라는 정서적 유대감을 형성하고, 그 결속이 곧 자산의 가격을 지탱하는 힘이 됩니다.

마치 과거 주식시장에서 '테마주'가 사회적 분위기에 따라 급등락했듯이, 밈코인은 디지털 네이티브 세대가 만든 새로운 테마주라 할 수 있습니다.

또한, 밈코인은 투자와 문화 현상이 교차하는 지점을 잘 보여줍니다. 단순한 투기 대상이 아니라, 인터넷 놀이·집단 아이덴티티·커뮤니티의 상징이 결합하면서 그 자체가 하나의 문화 코드로 기능합니다.

그래서 밈코인을 이해한다는 것은 단순히 투자 지식을 넘어, 디지털 사회에서 가치가 어떻게 생성되고 공유되는가라는 더 큰 질문을 마주하는 일이기도 합니다. 그리고 밈코인은 "기술"보다는 "사람"이 만든 가치, 재무적 논리보다 문화적 에너지에 의해 가격이 형성되는 자산입니다. 그 안에는 단순한 농담, 커뮤니티의 결속, 인터넷 밈의 폭발력, 그리고 새로운 세대의 경제적 상상력이 응축되어 있습니다.

☆ 밈코인 - 투자자가 다루는 법

■ 밈코인의 본질 이해하기

밈코인은 내재가치보다 커뮤니티 가치에 의해 움직이는 자산입니다. 즉 기술력이나 비즈니스 모델보다 커뮤니티의 규모·열정·유행성이 가격을 결정합니다. 밈코인은 또한 극심한 변동성의 상징입니다.

유명인의 발언, SNS 트렌드, 온라인 밈 하나에 따라 단기간에 수십 배 상승하거나 순식간에 폭락할 수 있습니다. 따라서 투자자는 밈코인을 '투자'가 아닌 고위험 투기적 자산으로 인식해야 합니다.

■ 밈코인 투자 원칙

■**잃어도 되는 돈으로만 투자하라:** 밈코인은 장기적 가치가 입증되지 않은 불안정한 자산입니다. 따라서 전체 자산의 1~5% 이내에서만 실험적으로 접근하는 것이 바람직합니다.

■**타이밍이 전부다:** 밈코인은 기술적 분석보다 시장 심리와 트렌드에 더 크게 좌우됩니다. 디스코드·트위터·구글 트렌드 등에서 커뮤니티 활동량과 언급 빈도를 지속적으로 모니터링해야 합니다. 이 흐름이 바로 매수·매도 타이밍의 단서가 됩니다.

■**빠른 진입, 빠른 이탈:** 밈코인은 한순간의 상승과 급락이 공존합니다. 따라서 목표 수익률과 손절 라인을 미리 정해 두고, 감정이 아

닌 기계적 원칙으로 매매해야 합니다. "더 오르겠지"라는 기대심리가 가장 큰 리스크입니다.

■ 실전 투자 TIP

① 커뮤니티 분석: 밈코인의 가치는 커뮤니티가 만듭니다. 디스코드·트위터·레딧 등에서 얼마나 활발히 논의되고 참여가 이루어지는지 살펴보세요. 유저 참여율이 곧 가격 유지력입니다.

② 유명인 효과 체크: 일론 머스크 같은 인플루언서의 발언은 단기간에 가격을 폭등시킬 수 있습니다. 이슈 전후의 매매 패턴 변화를 관찰하고, 과열 구간에서는 신속하게 이익을 실현해야 합니다.

③ 거래량 급등 신호 감지: 거래량이 갑자기 증가하면 단기 폭등의 전조일 가능성이 있지만, 동시에 급락의 전조이기도 합니다. 따라서 거래량 급등 = 경계 신호로 받아들이고, 냉정하게 대응하세요.

④ 짧은 호흡으로 수익 실현: 밈코인은 장기 투자보다 단기 트레이딩에 적합합니다. 짧은 구간에서 수익을 실현하고, 미련 없이 이탈하는 것이 최선의 전략입니다.

■ 위험 관리

① 유동성 리스크: 신규 상장 밈코인이나 작은 거래소의 코인은 거래량이 적어 원할 때 매도하지 못하는 유동성 함정에 빠질 수 있

습니다.

② 사기·러그풀(Rug Pull) 위험: 개발팀이 투자금을 빼돌리고 프로젝트를 포기하는 러그풀 사례가 빈번합니다. 공식 지갑, 팀 신원, 토큰 분배 구조 등을 사전에 검증하세요.

③ 세금 및 규제 리스크: 밈코인도 과세 대상이며, 국가별 규제 강화 시 거래 제한이 발생할 수 있습니다. 투자 전 반드시 법적 환경과 과세 정책을 확인하세요.

■ 밈코인 활용법

밈코인은 포트폴리오의 '주력 자산'이 아닌 '양념'입니다. 즉 전체 자산의 극히 일부만 할당해 트렌드 기반 단기 기회 포착용으로 접근해야 합니다. 이 시장에서의 생존 키워드는 두 가지입니다.

① 확실한 리스크 관리
② 실시간 트렌드 추적

즉, 밈코인은 "대박 아니면 쪽박"이라는 극단의 게임입니다. 흥분이 아닌 데이터, 욕심이 아닌 원칙으로 접근할 때만 그 짧은 파동 속에서도 냉정한 수익자로 남을 수 있습니다.

§ 톺아보기 – 코인의 세 가지 유형

코인은 크게 세 가지 유형, 즉 비트코인·알트코인·밈코인으로 나눌 수 있습니다. 각 코인은 서로 다른 철학과 목적을 지니며, 그 차이를 이해하는 것이 투자자의 첫걸음입니다.

■ 비트코인 – 디지털 금, 신뢰의 상징

비트코인은 가장 오래되고 대표적인 코인으로, 희소성과 탈중앙성, 그리고 장기 보존 가치가 핵심 특징입니다. 발행량이 2,100만 개로 제한되어 있어 희소성이 내재된 디지털 자산이며, 중앙은행이나 정부의 통제를 받지 않습니다.

따라서 비트코인은 '디지털 금(Digital Gold)'으로 불리며, 장기 보유에 적합한 안정적 자산으로 평가받습니다. 물론 단기 변동성은 크지만, 여전히 전체 암호화폐 시장의 기준점 역할을 하는 중심 코인입니다.

■ 알트코인 – 기술 혁신의 실험장

알트코인은 비트코인을 기반으로 한 기술적 확장과 실험의 산물입니다. 스마트 계약(Ethereum), 초고속 전송(Solana), 확장성 솔루션(Polygon) 등 다양한 기술 혁신을 시도하며 블록체인 생태계를 넓혀 왔습니다.

이들은 벤처 기업형 자산으로서, 성공할 경우 폭발적인 성장 잠재력을 지닙니다. 그러나 반대로 개발팀의 역량 부족, 백서의 허위, 커뮤니티의 부실 운영 등으로 실패하거나 사기 사례가 빈번하다는 점을 명심해야 합니다. 따라서 알트코인 투자는 철저한 검증과 분석을 전제로 해야 합니다.

■ 밈코인 - 문화와 유행의 산물

밈코인은 인터넷 밈과 커뮤니티 문화에서 출발한 '유행형 코인'입니다. 가격은 기술력보다 커뮤니티의 열정, 온라인 트렌드, 인플루언서의 영향력에 의해 좌우됩니다. 짧은 기간에 급등할 수 있지만, 그만큼 본질적 가치가 불안정하고 변동성이 극단적입니다.

따라서 밈코인은 소액 체험용으로 접근하는 것은 가능하나, 장기 보유 자산으로 삼기에는 적합하지 않습니다. 이 시장은 "대박 혹은 쪽박"의 전형이기 때문입니다.

■ 결론 - 코인은 새로운 경제 언어

요약하자면, 비트코인은 신뢰와 희소성으로 대표되는 안정적 장기 자산, 알트코인은 기술 혁신과 성장 잠재력을 지닌 기회형 자산, 밈코인은 문화적 트렌드가 주도하는 고위험·단기형 자산입니다.

결국 코인은 단순히 돈을 버는 도구가 아니라 기술(Technology), 철학(Philosophy), 문화(Culture)가 교차하는 새로운 경제 언어이자, 인류의 신뢰 시스템을 재구성하는 실험이라 할 수 있습니다.

02 블록체인, 쉽게 풀어보기
— "분산 장부"의 직관적 이해[1)]

우리가 은행에 돈을 맡기면, 거래 내역은 은행의 서버에 기록됩니다. 즉 "이 거래가 진짜다"라고 확인해주는 주체는 바로 은행이라는 기관입니다. 하지만 은행이 실수하거나, 해킹을 당하거나 혹은 의도적으로 장부를 조작한다면 어떻게 될까요? 우리의 신뢰는 한순간에 무너질 수 있습니다.

하지만, 블록체인은 이 문제를 다른 방식으로 풀어냅니다. 은행처럼 한 곳이 장부를 독점적으로 관리하는 대신, 전 세계 수많은 컴퓨터(노드)가 동시에 같은 거래 내역을 기록하고 서로 대조합니다.

쉽게 말해, 한 권의 가계부를 온 동네 사람들이 동시에 나누어 가지고 있는 것과 비슷합니다. 누군가 혼자 몰래 내용을 바꾸려 하면, 다른 사람들의 가계부 기록과 맞지 않기 때문에 금세 들통이 납니다. 이 때문에 위조나 조작이 사실상 불가능해집니다. 이것이 바로 블록체인의 핵심 원리인 '분산 장부(Distributed Ledger)'입니다.

신뢰의 새로운 방식 – 기관에서 시스템으로

블록체인의 가장 큰 혁신은 "신뢰"의 전환에 있습니다. 지금까지

---

1) 『블록체인 경제의 미래』: 탈중앙화가 바꾸는 자본과 사회, 현용수, 행복한마음, 2025.

인류는 은행·정부·법원 같은 기관을 신뢰의 매개체로 삼았습니다. 하지만 블록체인은 이를 완전히 뒤집습니다. 누군가의 권위나 중앙 서버가 아니라, 참여자 모두의 합의(consensus)가 곧 신뢰의 근거가 되는 것이죠.

다시 말해, 블록체인은 제3자의 보증 없이도 사람들이 서로 믿고 거래할 수 있게 해주는 신뢰의 새로운 언어입니다. 이것은 단순한 기술 혁신이 아니라, 인류가 수천 년간 유지해 온 금융·사회 구조를 바꾸는 문명적 사건이라고 할 수 있습니다.

비유로 풀어보는 블록체인

은행 방식: "동네에서 단 한 사람(은행)이 장부를 쥐고 있다. 모두가 그를 믿고 따를 수밖에 없다."
블록체인 방식: "동네 사람 모두가 장부 사본을 하나씩 가지고 있다. 누구도 독점하지 못하고, 모두가 함께 확인한다." 이 차이가 바로 블록체인의 힘입니다. 누군가를 맹목적으로 믿지 않아도 되고, 시스템 자체가 거짓을 걸러내어 신뢰를 보장합니다.

블록체인의 확장된 의미

따라서 블록체인은 단순히 돈을 주고받는 도구가 아닙니다. 선거에서는 투표 조작을 막는 방법이고, 유통에서는 물건의 원산지와 유통 경로를 추적하는 방법이며, 의료분야에서는 의료 기록을 안전하게 관리하는 방법으로 활용합니다.

심지어는 새로운 사회 계약을 만드는 방식까지, 블록체인은 신뢰가 필요한 모든 영역에 응용될 수 있습니다. **결국 블록체인은 "기관에 대한 신뢰"에서 "시스템에 대한 신뢰"로의 거대한 전환을 이끌어낸 첫 번째 발명**입니다. 그리고 그 출발점이 바로, 누구나 이해할 수 있는 단순한 원리 – 분산 장부에 있습니다.

☆ 투자자 관점에서 꼭 알아야 할 TIP

블록체인에 대한 기능과 특징을 정리하면 첫 번째, 투명성입니다. 블록체인 기록은 누구나 열람 가능 → 투자자가 직접 프로젝트 활동을 검증할 수 있습니다. (예: 특정 코인의 개발팀이 토큰을 몰래 대량 매도했는지 블록체인 기록에서 확인 가능합니다.)

두 번째, 보안성입니다. 분산 장부 특성상, 단일 서버 해킹보다 훨씬 더 안전합니다. 단, 해킹 리스크는 "블록체인 자체"보다 "거래소·지갑 관리 부주의"에서 발생 확률이 더 높습니다.

세 번째, 불변성입니다. 블록체인특성상, 한 번 기록된 거래는 수정 불가→ 신뢰성 높지만, 실수 전송 시 돌이킬 수 없습니다. 그래서 거래 전 주소·금액 반드시 두 번 이상 확인해야 합니다.

네 번째, 탈중앙성입니다. 블록체인은 특정 정부·기관 통제를 벗어난 생태계, 즉 이게 기회이자 리스크입니다. 그래서 투자자는 정부의 규제 정책이 언제든 시장을 흔들 수 있다는 점을 명심해야 합니다.

투자자 행동 지침

블록체인은 단순한 기술 설명이 아니라, 내 자산의 신뢰 기반입니다. 프로젝트에 투자하기 전, "이 코인은 실제로 블록체인을 어떻게 활용하고 있는가?" 반드시 확인→ 기술은 변하지 않지만, 사람의 탐욕과 규제가 시장을 흔든다는 점을 늘 염두에 두어야 합니다.

☆ 톺아보기 – 투자자가 꼭 알아야 할 블록체인의 핵심

■ 핵심 원리 – "신뢰를 시스템에 맡기다"

블록체인은 한 기관이 장부를 독점적으로 관리하지 않습니다.

대신 전 세계 수많은 컴퓨터가 동시에 거래 기록을 검증하고 저장하는 '분산 장부(Distributed Ledger)' 구조로 작동합니다. 즉 한 곳의 서버가 아닌 모든 참여자가 공동으로 신뢰를 유지하는 시스템입니다.

이 때문에 블록체인은 누군가 마음대로 기록을 바꾸거나 삭제하는 것이 거의 불가능합니다. 모든 거래가 네트워크 전체의 합의(Consensus)를 거쳐야만 승인되기 때문입니다. 이것이 바로 "신뢰를 사람이나 기관이 아닌 코드와 합의에 맡긴다"는 블록체인의 핵심 철학입니다.

■ 장점 – "위조 불가, 조작 불가, 신뢰 자동화"

블록체인의 가장 큰 장점은 위조와 조작이 사실상 불가능하다는 점입니다. 한 번 기록된 데이터는 변경할 수 없고, 누구나 공개된 기록을 검증할 수 있습니다. 따라서 거래 상대방을 믿지 않아도, 시스템 자체가 신뢰를 보장합니다. 이러한 구조는 단순히 기술의 안정성을 넘어, "신뢰를 중앙기관이 아닌 참여자 전체가 함께 만든다."는 21세기형 사회 신뢰 모델로 평가받고 있습니다.

■ 투자 관점 – "기술이 아니라, 문명의 인프라에 투자하라"

블록체인은 단순히 암호화폐를 움직이는 기술이 아닙니다.

금융, 유통, 의료, 행정, 에너지 등 거래와 기록이 필요한 모든 산업의 근간으로 확장되고 있습니다. 은행의 송금 시스템, 병원의 진료기록, 정부의 행정절차까지 모두 블록체인 기반으로 신뢰성과 효율성을 높이는 방향으로 진화하고 있습니다.

따라서 블록체인을 이해한다는 것은 단지 코인 가격의 등락을 예측하는 차원을 넘어, 미래 산업 구조와 Web3.0, 메타버스, 디지털 자산의 흐름 전체를 읽는 기본 언어를 익히는 것입니다.

■ 투자 철학 – "기관이 아닌 시스템에 투자하라"

진정한 블록체인 투자는 '무엇을 살까'보다 '무엇을 믿을까'의 문제입니다. 가격보다 중요한 것은 그 기술이 만들어내는 신뢰 구조입니다. 즉 투자자는 단기적인 시세 변동에 일희일비하기보다 블록체인이 재편하는 산업의 신뢰 체계, 그리고 시스템 자체의 가치에 주목해야 합니다. 결국 블록체인 투자는 "기관이 아닌 시스템에 대한 투자", 즉 '신뢰의 패러다임 전환'에 투자하는 일임을 잊지 말아야 합니다.

03 스테이블코인과 CBDC
— 안정성과 국가 규제의 힘

코인 시장의 가장 큰 문제 중 하나는 바로 극심한 가격 변동성입니다. 비트코인이나 이더리움은 투자 자산으로는 매력적일 수 있지만, 하루에도 수십 퍼센트씩 오르내리기 때문에 실제 결제 수단으로 사용하기에는 불안정합니다.

이 문제를 보완하기 위해 등장한 것이 바로 스테이블코인Stablecoin입니다. 스테이블코인은 달러, 유로, 금 같은 현실 자산에 1:1로 가치를 연동(pegging)해 두어, 가격이 쉽게 흔들리지 않도록 설계되었습니다.

예를 들어, 1USDT(테더)는 항상 1달러의 가치를 갖도록 유지됩니다. 이렇게 하면 투자자는 물론, 일반 이용자도 비교적 안심하고 코인을 송금하거나 결제에 활용할 수 있습니다.

국가의 대응 – CBDC의 부상

그러나 스테이블코인이 커질수록, 각국 정부와 중앙은행은 새로운 긴장감을 느끼고 있습니다. 만약 사람들이 달러 연동 스테이블코인만 쓰기 시작한다면, 중앙은행이 발행하는 국가 화폐의 주권이 약해질 수 있기 때문입니다.

이 때문에 각국은 직접 CBDC(Central Bank Digital Currency, 중앙은행 디지털 화폐) 개발에 나섰습니다. CBDC는 국가가 보증하는 공식 디지털 화폐로, 기존 지폐나 동전을 디지털 형태로 전환한 것입니다. 즉 민간 기업이 만든 스테이블코인에 맞서 국가가 직접 주도하는 디지털 화폐 질서를 만들어 가려는 시도라 할 수 있습니다.

자유 vs 규제, 민간 vs 국가

이 두 흐름은 곧 "자유 vs 규제, 민간 vs 국가"라는 새로운 힘의 균형을 형성하고 있습니다. 스테이블코인은 시장 참여자의 자율성과 민간 기업의 혁신을 대표합니다. 빠르고 저렴한 송금, 국경 없는 거래, 디지털 경제의 새로운 활력을 보여줍니다.

그에 반해 CBDC는 국가의 통화정책과 금융안정을 지키려는 제도적 장치입니다. 자금세탁·불법거래 차단, 금융 포용성 확대, 그리고 화폐에 대한 국가의 권위를 유지하는 데 초점이 맞춰져 있습니다. 결국 두 흐름은 경쟁하면서도 공존할 수밖에 없습니다.

민간의 혁신이 자유로운 디지털 시장에 실험실을 제공한다면, 국가는 규제와 제도적 틀로 이를 견제하고 조율합니다.

앞으로의 관전 포인트

국제 경쟁- 미국, 중국, EU 등 주요 국가가 어떤 속도로 CBDC를 도입할지와 자유로운 스테이블코인의 성장을 얼마나 허용할지가 핵심 쟁점이 될 것입니다.

투자 기회- 스테이블코인은 직접적인 시세 차익보다는 결제·송금 인프라와 연결된 블록체인 프로젝트를 통해 새로운 기회가 창출됩니다.

사회적 의미- CBDC가 보편화되면, 돈의 본질과 개인의 금융 자유, 그리고 국가의 규제 권한에 대한 새로운 논쟁이 불가피해질 수 있습니다.

정리하자면, 스테이블코인과 CBDC는 같은 디지털 화폐지만, 뿌리와 목적이 전혀 다릅니다. 스테이블코인은 "민간이 만든 안정된 코인" → 시장 혁신의 상징이고, CBDC는 "국가가 만든 디지털 화폐" → 제도적 질서의 상징입니다.

이 두 가지가 맞부딪히는 장면은, 앞으로 금융과 경제의 판도를 뒤흔드는 중요한 관전 포인트가 될 것입니다.

☆ 톺아보기
- 투자자의 눈으로 본 스테이블코인 vs CBDC

1. 스테이블코인(Stablecoin) - "민간이 만든 디지털 달러"

• **특징:** 스테이블코인은 달러·유로·금 등 실물 자산에 1:1로 연동(페깅, pegging)되어 가격 변동성을 최소화하도록 설계된 코인입니다. 쉽게 말해, "가상자산 세계의 디지털 현금"이라 할 수 있습니다.

• **장점:** 국경을 초월한 송금·결제에 활용할 수 있으며, 특히 수수료 절감과 전송 속도 개선 측면에서 전통 금융보다 효율적입니다. DeFi(탈중앙화 금융)와 핀테크 결제 생태계의 핵심 인프라로 자리 잡고 있습니다.

• **리스크:** 문제는 '신뢰의 근거'입니다. 일부 스테이블코인은 발행사의 담보 자산이 불투명하거나, 규제 기관의 감시가 미흡하여 신뢰성 논란이 끊이지 않습니다. 대표적으로 테더(USDT)는 오랫동안 준비금 공개 문제로 비판받아 왔습니다.

• **투자 포인트:** 스테이블코인은 직접적인 시세 차익보다는, 결제·핀테크·DeFi 인프라와 연결된 프로젝트에서 간접적인 투자 기회를 찾는 것이 현명합니다. 즉 "코인 자체"보다 "코인을 움직이는 생태계"에 주목해야 합니다.

2. CBDC(Central Bank Digital Currency, 중앙은행 디지털 화폐)
- **"국가가 설계한 신뢰의 디지털 화폐"**

• **특징**: CBDC는 각국 중앙은행이 발행하고 보증하는 공식 디지털 화폐입니다. 즉 '민간 코인'이 아닌 국가의 권위를 담은 디지털 통화입니다.

• **장점**: 국가가 발행하므로 신뢰도와 안정성이 보장됩니다. 또한 자금세탁·불법거래를 차단하고, 금융 소외 계층까지 포용하는 금융 포용성 확대에도 기여할 수 있습니다.

• **리스크**: 그러나 국가가 모든 거래를 추적할 수 있다는 점에서 개인 프라이버시 침해와 감시 사회 우려가 존재합니다. 즉 '안정'의 대가로 '자유'가 축소될 위험이 있는 셈입니다.

• **투자 포인트**: CBDC는 직접적인 투자 자산은 아닙니다. 다만 CBDC 도입과 함께 성장할 결제망, 보안 기술, 인증 서비스 분야는 장기적으로 수혜가 예상되는 기술 인프라 투자처로 주목할 만합니다.

3. 투자자가 주목해야 할 균형 – "자유 vs 규제의 공존"

스테이블코인은 민간 혁신의 상징, CBDC는 국가 통제와 제도적 질서의 상징입니다. 하나는 빠르고 자유로운 거래를 추구하고, 다른 하나는 안정성과 신뢰를 보장합니다.

따라서 이 둘은 서로 대립하기보다 공존하며 발전할 가능성이 높습니다.

투자자는 "스테이블코인 vs CBDC"의 대결 구도가 아니라, '민간과 국가가 경쟁하면서 동시에 협력하는 구조'로 봐야 합니다. 그 과정에서 결제 인프라, 보안 기술, 인증 플랫폼 등 새로운 중간 산업군이 시장의 주도권을 잡을 가능성이 큽니다.

§ 실전 TIP – 한눈에 보는 투자자의 전략

스테이블코인 투자 시: 발행사의 준비금 공개 여부와 감사 투명성을 반드시 확인하세요. 특히 USDT(테더)와 USDC의 투명성 차이를 비교해 보는 것이 중요합니다.

CBDC 관련 투자 시: CBDC 자체는 투자 대상이 아니지만, 각국이 추진하는 CBDC 프로젝트의 방향성을 읽으면, 국가 정책과 금융 인프라 변화의 흐름을 예측할 수 있습니다. 결국 투자자는 "민간의 자유"와 "국가의 규제"가 만나는 지점에서 가장 큰 기회를 발견하게 될 것입니다.

04 NFT
— 예술, 게임, 소유권의 새로운 언어

NFT(Non-Fungible Token, 대체 불가능 토큰)는 블록체인 기술이 만들어낸 특별한 발명품입니다. 기존의 디지털 세계는 음악, 그림, 파일이 무한히 복제 가능한 구조였기 때문에 '진짜 원본'이라는 개념을 가지기 어려웠습니다.

하지만 NFT는 여기에 "유일무이한 소유권"을 부여했습니다. 쉽게 말해서, 디지털 세계에 서명된 증명서를 붙여 주는 것과 같습니다. 그림 파일이나 게임 아이템이 수천 번 복제되더라도, 블록체인 상에 기록된 원본 소유권은 단 하나뿐이라는 것이죠. 이 원리를 통해 NFT는 디지털 세계에서 진품(Authenticity)과 소유(Ownership)를 증명할 수 있게 되었습니다.

NFT가 바꾼 세계

NFT는 처음에는 디지털 아트 시장에서 큰 반향을 일으켰습니다. 2021년, 크립토펑크(CryptoPunks)와 BAYC(Bored Ape Yacht Club)같은 대표적인 NFT 프로젝트가 수십억 원에 거래되며 예술계와 대중문화에 충격을 주었습니다. 디지털 이미지 한 장이 미술품처럼 경매장에서 거래되고, 전 세계 컬렉터들이 이를 소유하고 싶어 했던 것입니다.

이후 NFT는 예술을 넘어 게임 아이템, 메타버스 속 토지 소유권, 음악·영상의 판권, 심지어 스포츠 선수 카드에 이르기까지 활용 범위를 넓혀 왔습니다. 디지털 공간의 모든 것이 NFT를 통해 '희소성과 소유권'을 부여받고, 새로운 가치가 창출되는 흐름이 생겨난 것입니다.

NFT의 본질 – 소유와 정체성

NFT는 단순한 투자 상품을 넘어, 개인의 디지털 정체성과 커뮤니티 참여권을 상징하기도 합니다. 예를 들어, 특정 NFT를 소유한 사람만이 참여할 수 있는 온라인 모임이나 이벤트가 만들어지면서, NFT는 문화적 패스포트의 기능을 하기도 합니다.

즉, NFT는 "내가 무엇을 소유했는가?"를 넘어 "나는 어떤 공동체의 일원인가?"라는 질문에 답하는 새로운 언어가 되고 있는 셈입니다.

NFT의 한계와 도전

물론 NFT에 대한 논란도 적지 않습니다. 가격 거품, 투기적 거래, 저작권 침해 문제 등이 여전히 해결 과제로 남아 있습니다. 그러나 그럼에도 불구하고 NFT는 디지털 경제의 소유권 문제를 해결할 실험이라는 점에서 의미가 큽니다.

NFT는 앞으로 예술, 게임, 교육, 부동산, 저작권 관리 등 다양한 분야에서 새로운 가능성을 열어갈 것이며, Web3.0 시대의 핵심 자산으로 자리 잡을 잠재력을 가지고 있습니다.

요약하자면, NFT는 단순한 "디지털 그림"이 아니라, 디지털 세계에 소유권과 희소성을 부여하는 혁명적 언어입니다. 예술과 게임, 나아가 우리의 사회적 정체성까지 바꾸어 나가는 NFT는 이제 막 시작된 거대한 흐름의 서막이라 할 수 있습니다.

[스토리] 크립토펑크 - 디지털 아트가 자산이 되다

2017년, 미국 뉴욕의 두 개발자 맷 홀(Matt Hall)과 존 왓킨슨(John Watkinson)은 'Larva Labs'라는 작은 실험실에서 새로운 프로젝트를 시작했습니다.

그들이 만든 것은 단 24x24 픽셀의 정사각형 이미지, 마치 1980년대 비디오게임에서 튀어나온 듯 보이는 낮은 해상도의 얼굴 아이콘 10,000개였습니다.

당시만 해도 이 이미지는 무료로 배포되었습니다. 누구나 이더리움 지갑만 있으면 하나씩 가져갈 수 있었고, 대부분은 "이게 무슨 가치가 있겠어?"라며 지나쳤습니다. 하지만 몇 년 뒤, 세상은 이 작은 픽셀 얼굴들에 경탄하게 됩니다.

■ 디지털 희소성의 실험

디지털 파일은 복제하기 쉽다는 이유로, '진짜(original)'와 '가짜(copy)'의 구분이 거의 불가능했습니다. 그런데 블록체인 기술이 등장하면서, "디지털에서도 오리지널을 증명할 수 있다"는 새로운 패러다임이 열렸습니다.

크립토펑크는 이 원리를 가장 먼저 예술에 적용했습니다. 10,000개의 펑크 각각은 고유한 토큰 ID(NFT)로 블록체인에 기록되어, 세상에 단 하나뿐인 소유권을 갖게 되었습니다. 즉 이미지 파일은 누구나 볼 수 있지만, 소유권은 오직 한 사람에게만 존재하게 된 것입니다.

이로써 디지털 예술의 '희소성'이 가능해졌고, 예술 시장의 패러다임이 완전히 뒤바뀌는 순간이었습니다.

■ 예술의 본질에 던진 질문

크립토펑크의 성공은 단순한 투기적 현상이 아닙니다. 그것은 예술의 본질에 대한 철학적 질문을 던졌습니다.

"가치는 어디서 오는가?"

"작품의 미적 완성도인가, 아니면 맥락과 스토리인가?"

"예술은 보는 것인가, 아니면 참여하는 경험인가?" 10,000개의 펑크는 서로 비슷하지만, 동시에 전혀 다릅니다.

흡연자, 모자 쓴 사람, 좀비, 외계인 등… 각 캐릭터는 디지털 세대의 정체성과 반문화(spirit of rebellion)를 상징했습니다. 이들은 "익명성의 시대에 살아가는 우리 자신"의 은유였고, 동시에 '누구나 작가가 될 수 있는 시대'의 선언문이기도 했습니다.

■ **시장의 반응 – 상징이 된 픽셀 얼굴**

2021년, NFT 시장이 폭발적으로 성장하면서 크립토펑크는 디지털 아트의 블루칩(Blue-chip)으로 자리 잡았습니다. 몇몇 작품은 하나에 수십만~수백만 달러에 거래되었고, 한 점은 무려 1,100만 달러(약 140억 원)에 낙찰되었습니다.

크립토펑크는 이제 단순한 이미지가 아니라, "NFT의 기원, 디지털 예술의 시초"로 평가받고 있습니다. 크립토펑크를 보유하는 것은 단순한 투자 이상의 의미로 디지털 문화의 역사를 소유하는 행위로 인식되고 있습니다.

■ **크립토펑크가 남긴 유산**

오늘날 BAYC(지루한 원숭이 클럽), 아즈키(Azuki), 두들(Doodles) 등 수많은 NFT 프로젝트들은 모두 크립토펑크의 철학을 계승하고 있습니다. '희소성·커뮤니티·스토리·정체성', 이 네 가지 축이 NFT의 가치를 형성하는 새로운 기준이 되었습니다.

크립토펑크는 이렇게 질문을 던집니다.
"진정한 예술의 가치는 무엇인가?"
"그리고 소유란 단지 물리적 형태의 점유를 의미하는가?"

그 질문은 단지 예술 시장을 넘어, 디지털 문명 전체가 신뢰와 가치의 개념을 새롭게 정의하는 과정의 출발점이 되었습니다.

[실전 TIP]
- NFT 투자 시 유의점 & 전략

1. 투자 전 반드시 확인해야 할 핵심 요소
- **프로젝트 신뢰도**: NFT 투자의 출발점은 '누가 만들었는가'입니다. 발행 팀의 경력, 커뮤니티 활동, 로드맵의 현실성을 반드시 검증하세요. 단순히 "유명하다", "트위터에서 화제다"는 이유만으로 투자하는 것은 위험합니다. NFT 시장은 신뢰가 곧 가치입니다.

- **커뮤니티 활동성**: NFT의 진짜 힘은 '커뮤니티'에서 나옵니다. 트위터, 디스코드 등에서 실제 유저 참여율, 소통 빈도, 프로젝트팀의 피드백 속도를 점검하세요. 조용한 커뮤니티는 곧 가격 하락의 전조입니다.

- **저작권 및 법적 문제**: NFT는 예술 작품과 유사하게 지적재산권(IP)의 영향을 받습니다. 프로젝트가 제3자의 저작권을 침해했을 가능성이 있다면, 그 NFT는 언제든 법적 분쟁과 거래 정지의 위험에 노출됩니다. 투자 전, 반드시 저작권 출처와 라이선스 명시 여부를 확인해야 합니다.

2. 투자 전략 포인트 – "단순 이미지인가, 실질 자산인가?"
- **장기 vs 단기 전략 구분: 단기 투자**: 트렌드 기반 NFT는 가격 변동이 크기 때문에 빠른 매수·매도 전략이 필요합니다.

• **장기 투자:** 문화적 가치나 브랜드화된 NFT(예: BAYC, Azuki 등)는 커뮤니티 지속성이 강해 장기 보유에 적합합니다. 즉 NFT의 수명 주기와 시장 심리를 구분해야 합니다.

• **희소성과 유틸리티 중심 투자:** 단순히 "예쁜 그림"보다는 게임 아이템, 메타버스 자산, 멤버십 패스 등 실질적 활용성(Utility)이 있는 NFT를 주목하세요. NFT의 가치는 '소유의 자부심'보다 '사용의 효용성'에서 지속됩니다.

• **분산 투자로 리스크 완화:** NFT는 변동성이 극심하기 때문에 전체 자산의 1~3% 정도만 할당하는 것이 바람직합니다. 나머지는 코인·ETF·현금성 자산과 조합하여 포트폴리오의 안정성을 유지하세요.

3. 리스크 관리 – "버블 속 진짜를 보는 눈"

• **버블 주의:** 가격이 급등했다고 해서 가치가 커진 것은 아닙니다. 단기 유행인지, 실사용 가치가 있는지 냉정히 구분해야 합니다. NFT 시장은 종종 심리적 광풍과 투기 버블이 뒤섞여 있기 때문입니다.

• **유동성 부족 리스크:** NFT는 주식이나 코인처럼 즉시 매도하기 어려운 경우가 많습니다. 시장에서 구매자가 적을수록, 가격은 고정되지 않고 붕괴될 수 있습니다. 따라서 매수 전, 거래소(마켓플레이스)의 거래량과 활성도도 함께 확인하세요.

- **해킹 및 보안 리스크:** NFT 자산은 개인 지갑에 직접 보관되는 만큼, 보안 관리가 필수입니다. 피싱 링크, 가짜 에어드롭, 위조 사이트에 주의하고 가능하면 하드웨어 월렛(콜드월렛)을 사용하세요. NFT의 최대 손실 원인은 '해킹'이지, '가격 하락'이 아닙니다.

4. 핵심 통찰 – "NFT는 그림이 아니라, 커뮤니티와 기능에 투자한다."

NFT의 본질은 단순한 디지털 그림이 아닙니다. 그것은 커뮤니티가 만들어내는 가치, 그리고 그 NFT가 제공하는 기능성에 대한 투자입니다. 가격보다 중요한 것은 그 프로젝트가 '살아 움직이고 있는가', 즉 사람과 사용성이 존재 하는가 입니다.

"NFT는 단순한 예술품이 아니라, 커뮤니티·기능·스토리가 만들어내는 새로운 경제 생태계다." 화려한 가격표보다 살아 있는 커뮤니티와 실질적 유틸리티를 보는 눈이 NFT 투자자의 진짜 경쟁력입니다.

BITCOIN
ETHEREUM

초보 투자자 가이드

01. 거래소 계좌 만들기와 첫 매수 경험
02. 핫월렛 vs 콜드월렛 -내 코인을 지키는 방법
03. 소액투자부터 시작하기-연습하며 배우기
04. 코인 투자 시 초보자가 주의할 실무 내용
 - "기회의 시장"이면서 동시에 "검증의 시장"

01 거래소 계좌 만들기와 첫 매수 경험

과거 주식 투자를 시작하려면 은행 창구를 직접 찾아가 계좌를 개설해야 했습니다.

신분증을 제출하고, 각종 서류를 작성하고, 며칠을 기다려야 비로소 투자가 가능했습니다. 하지만 코인 투자의 세상은 완전히 달라졌습니다.

이제는 스마트폰에 거래소 앱 하나만 설치하면, 전 세계 시장과 즉시 연결됩니다.

몇 분 만에 계좌가 개설되고, 누구나 손쉽게 비트코인이나 이더리움 같은 코인을 매수할 수 있습니다. 이 변화는 분명 금융의 문턱을 낮춘 혁명입니다. 그동안 기관과 전문가의 영역이었던 투자 세계에 이제는 개인이 직접 참여할 수 있게 된 것이지요.

그러나 동시에, 새로운 위험의 문도 함께 열렸습니다. 누구나 쉽게 접근할 수 있다는 것은, 곧 사기·해킹·피싱 사이트에 노출될 가능성이 커졌다는 뜻입니다. 즉 "쉽다"는 장점이 때로는 "위험하다"는 단점으로 이어질 수 있습니다. 따라서 첫 계좌 개설은 단순히 투자의 시작이 아니라, 앞으로의 모든 과정을 좌우할 '안전한 투자 습관'의 출발점이라 할 수 있습니다.

§ 첫 매수에서 반드시 유념할 점

■ **공식 거래소 선택:** 반드시 국가의 규제를 받는 합법적 거래소를 이용해야 합니다. 검증되지 않은 해외 거래소나 불법 P2P 거래는 피해야 하며, 허위 광고나 SNS를 통한 유사 거래소는 대부분 사기이므로 주의가 필요합니다.

■ **보안 설정은 기본 중의 기본:** 계좌를 만든 후 가장 먼저 해야 할 일은 보안 강화입니다. 2단계 인증(OTP) 활성화/강력한 비밀번호 설정/투자 전용 이메일 사용/로그인 시 알림 기능 활성화 등 이 네 가지가 기본 방어선입니다. 한 번의 부주의가 평생의 후회를 부를 수 있다는 점을 잊지 마세요.

■ **소액으로 시작하기:** 첫 매수는 '수익'이 아니라 '학습'의 과정입니다. 큰 금액을 투자하기보다, 소액으로 실제 거래 과정을 경험하는 것이 좋습니다. 가격이 오르내려도 감정적으로 흔들리지 않는 연습이 중요합니다. 이 과정을 통해 "돈보다 마음을 관리하는 법"을 배우게 됩니다.

■ **기록 습관들이기:** 모든 매수·매도 시점과 금액을 직접 기록하세요. 단순히 수익을 계산하기 위함이 아니라, 자신의 투자 패턴과 감정의 흐름을 객관적으로 되돌아보는 자료가 됩니다. 이 기록이 쌓이면, 당신만의 투자 원칙이 만들어집니다.

§ 한 걸음 더 – 첫 매수의 진짜 의미

많은 투자자에게 첫 매수의 순간은 "내가 드디어 투자자가 되었다"는 상징적인 출발점으로 남습니다. 그러나 진정한 시작은 매수를 마친 그 다음날부터입니다.

거래소 계좌를 어떻게 관리할 것인가?
보안을 얼마나 철저히 지킬 것인가?
매수 이후의 변동성에 어떻게 대응할 것인가?

이 모든 것은 첫 매수의 경험 속에서 배우게 됩니다. 결국, 성공적인 코인 투자의 핵심은 '빠른 진입'이 아니라 '지속 가능한 습관'입니다.

시작보다 중요한 것은 유지, 한 번의 선택보다 더 큰 힘은 지속적인 점검과 자기 관리입니다. 코인 시장은 언제나 유혹과 변동으로 가득하지만, 그 속에서 살아남는 투자자는 화려한 기술자가 아니라, 기본을 끝까지 지키는 사람입니다.

☆ TIP BOX – 코인 계좌 개설 시 체크리스트

1. 거래소 선택 – "어디서 하느냐가 절반이다"
- **규제 여부 확인**: 거래소는 반드시 국가 금융당국의 인가·감독을 받는 공식 거래소인지 확인해야 합니다. 국내에서는 금융위원회, FIU(금융정보분석원)에 등록된 거래소가 안전합니다. 비인가 해외

거래소나 SNS에서 홍보하는 미등록 플랫폼은 대부분 법적 보호가 불가능합니다.

- **보안 수준 점검**: 과거 해킹 이력, 보험 가입 여부, 보안 정책 강화 현황을 확인하세요. 고객 자산에 대한 보험이 있는 거래소는 위험 관리 수준이 한층 높습니다.
- **거래량과 유동성**: 거래량이 충분히 많은 거래소일수록 시세 왜곡이 적고 거래 안정성이 높습니다. 거래가 활발하지 않은 거래소는 매수·매도 시 큰 가격 차이가 발생할 수 있습니다.

2. 계정 보안 – "기술보다 습관이 중요하다"

- **2단계 인증(OTP) 필수적용**: 로그인 시마다 인증 코드를 요구하는 OTP 기능은 가장 기본적인 방어선입니다.
- **전용 이메일 사용**: 기존 개인 이메일이 아닌 투자 전용 이메일을 별도로 만들어 사용하세요. 피싱 메일이나 스팸 공격으로부터 개인정보를 분리할 수 있습니다.
- **강력한 비밀번호 설정**: 영문 대·소문자, 숫자, 특수문자를 조합한 12자 이상 비밀번호를 사용하고, 다른 서비스와 절대 중복 사용하지 말아야 합니다.
- **정기적 점검**: 3개월마다 비밀번호를 변경하고, 로그인 알림 기능을 활성화해 수상한 접근을 즉시 확인할 수 있도록 하세요.

3. 초기 매수 습관 – "처음이 평생의 패턴을 만든다."

- **소액으로 시작하기**: 첫 투자는 학습을 위한 경험 단계입니다. 실

수하더라도 감당 가능한 범위(예: 자산의 1~3%) 내에서 시작하세요. 작은 금액이라도 실제 매수를 통해 시장 흐름과 감정 변화를 익히는 것이 중요합니다.

• **분할 매수 원칙**: 한 번에 전액을 매수하지 말고, 여러 구간으로 나누어 투자하세요. 이는 시장 변동성을 완화하고, 평균 매입 단가를 안정시키는 가장 현실적인 방법입니다.

• **거래 기록 습관화**: 언제, 어떤 코인을, 얼마에 매수·매도했는지 기록 노트나 앱으로 관리하세요. 시간이 지나면 자신만의 투자 패턴과 개선 포인트를 파악할 수 있습니다.

4. 위험 관리 - "자산을 지키는 습관이 곧 수익이다"

• **피싱 방지**: 출처가 불분명한 앱·사이트·SNS 링크에는 절대 접속하지 마세요.

거래소 주소는 반드시 즐겨찾기(북마크)로 저장하고, 메신저로 전달된 URL은 클릭하지 않는 습관을 들이세요.

• **출금 제한 설정**: 거래소 계정의 출금 주소 제한 기능을 설정하면, 본인 계좌 외의 지갑으로 자산이 빠져나가는 사고를 예방할 수 있습니다.

• **콜드월렛(Cold Wallet) 활용**: 장기 보유 자산은 거래소에 두지 말고, 인터넷과 분리된 개인 하드웨어 지갑(Ledger, Trezor 등)에 보관하세요.

해킹이나 거래소 파산 시에도 자산을 온전히 지킬 수 있는 최선의 방법입니다.

■ **핵심 메시지**

"코인 계좌 개설은 단순한 절차가 아니라 투자 습관의 첫 시험대입니다. 거래소 선택에서 보안 관리까지의 모든 과정이 '리스크 관리의 출발점'이며, 기술보다 중요한 것은 기본을 지키는 태도입니다."

현용수 교수의 한마디: "첫 계좌 개설은 단순한 절차가 아니라 안전한 습관의 시작이다. 보안을 먼저 세팅하고, 소액으로 경험을 쌓아라."

☆ TIP BOX - 첫 매수 이후 7일 습관 체크리스트

"첫 일주일은 수익보다 습관을 만드는 시간이다. 습관이 곧 투자자의 생존율을 결정한다."

Day 1 | 계좌 보안 점검 - '기술보다 안전이 먼저다'
첫날은 수익보다 보안 점검이 우선입니다.
2단계 인증(OTP), 출금 제한, 이메일 로그인 알림을 모두 활성화하고, 테스트용으로 소액 출금을 시도해 보안 시스템이 정상 작동하는지 직접 확인하세요. 이 습관 하나가 나중에 수천만 원의 자산을 지켜줄 수도 있습니다.

Day 2 | 거래 기록 정리 - '기억보다 기록이 정확하다'
매수 금액, 날짜, 거래소, 코인 종류를 꼼꼼히 기록합니다. 엑셀, 노

트 앱, 또는 전용 투자 다이어리를 활용해 "기록 습관"을 시작하세요.

기록은 단순한 데이터가 아니라, 당신의 투자 심리와 판단 패턴을 비추는 거울이 됩니다.

Day 3 | 가격 변동 관찰 – '흔들림 속에서 배우는 냉정함'

시장의 하루 단위 가격 변동을 관찰하되, 매수·매도 충동은 절제합니다.

단기 등락에 반응하기보다는, 그것을 학습 데이터로 바라보세요. 시세를 보는 눈이 아닌, 시장 흐름을 읽는 눈을 기르는 것이 이 날의 핵심입니다.

Day 4 | 뉴스 & 규제 점검 – '정보는 무기이자 함정이다'

매일 주요 뉴스 채널, 거래소 공지, 정책 변화 등을 모니터링하세요. 단, 모든 정보를 믿지 말고 출처와 사실 여부를 반드시 검증해야 합니다. NFT, 코인, 거래소 관련 가짜 뉴스나 루머에 흔들리지 않는 정보 해독력을 키우는 날입니다.

Day 5 | 포트폴리오 분산 학습 – '하나의 배에 모든 짐을 싣지 말라'

"한 종목 올인"은 초보자의 가장 흔한 실수입니다.

이 날은 분산 투자 구조를 공부하세요. 스테이블코인, 비트코인, 주요 알트코인 등으로 포트폴리오를 나누고, 한 종목의 비중이 30%를 넘지 않도록 조절하는 연습을 해보세요. 안정성은 수익보다 먼저 배워야 할 기술입니다.

Day 6 | 지갑 이해하기 – '내 자산은 내 손에 두라'

핫월렛(거래소 지갑)과 콜드월렛(하드웨어 지갑)의 차이를 배우는 날입니다.

장기 보유용 코인은 거래소가 아닌 개인 지갑으로 옮기는 실습을 해보세요. "거래소는 임시 보관소일 뿐, 진짜 금고는 나 자신"이라는 인식을 가지는 것이 중요합니다.

Day 7 | 투자 원칙 점검 – '나의 이유를 잃지 말라'

일주일이 지난 지금, 다시 자신에게 물어보세요.

"나는 왜 코인에 투자하는가?" 단기 투기인가, 장기 분산투자인가? 그 답을 명확히 해야 앞으로의 방향이 흔들리지 않습니다. 목표가 불분명한 투자는 결국 감정에 휘둘리게 됩니다. 이 날은 투자의 철학과 원칙을 다시 세우는 날입니다.

■ **핵심 메시지**

코인 투자의 첫 7일은 단순한 경험이 아닙니다. 그것은 투자자로서의 뇌, 마음, 습관을 세팅하는 과정입니다. "처음 7일을 어떻게 보내느냐가, 앞으로 7년의 투자 태도를 결정한다."

02 핫월렛 vs 콜드월렛
— 내 코인을 지키는 방법

은행에 예금을 맡기면 은행이 우리의 돈을 대신 보관해 줍니다. 우리는 단순히 계좌를 열고 비밀번호만 기억하면 됩니다. 하지만 코인의 세계는 다릅니다. 코인은 "내가 곧 내 은행"입니다.

스스로 지갑을 관리하지 않으면, 누구도 대신 책임져주지 않습니다. 만약 접근키를 분실하거나 해킹을 당하면, 코인은 돌이킬 수 없이 사라집니다. 이것이 디지털 자산 보관의 냉정한 현실입니다.

따라서 투자자는 반드시 "자산 보관의 주체는 나 자신"이라는 사실을 깊이 자각해야 합니다.

핫월렛(Hot Wallet) - 편리하지만 위험도 큰 지갑

핫월렛은 인터넷에 연결된 지갑입니다. 주로 모바일 앱이나 웹 서비스 형태로 제공되며, 접근성과 편리함이 뛰어나 초보 투자자들이 가장 먼저 접하게 되는 방식입니다.

이 지갑의 장점은 누구나 손쉽게 설치 가능, 실시간 거래 편리, 초보자 친화적입니다.

한편 이 지갑의 단점은 인터넷 연결 상태라 해킹·피싱 위험 높음, 그리고 보안은 서비스 제공자에 의존한다는 것입니다. 즉 핫월렛은

"지갑을 주머니에 넣고 다니는 것"과 같습니다. 사용하기 편하지만, 도둑을 만날 가능성도 항상 존재합니다.

콜드월렛(Cold Wallet) - 불편하지만 가장 안전한 보관법

콜드월렛은 인터넷과 완전히 분리된 지갑입니다. 대표적으로 하드웨어 월렛(USB 형태)이나 종이 지갑(프라이빗 키를 오프라인에 기록)이 있습니다.

이 지갑의 장점은 인터넷이 차단되었을 때 해킹 위험을 최소화할 수 있습니다. 이 지갑의 단점은 지갑분실 시 복구가 불가하고, 지갑 사용이 다소 번거롭습니다.

콜드월렛은 "집 금고 안에 넣어둔 현금"과 같습니다. 당장 꺼내 쓰기는 불편하지만, 도난당할 가능성은 매우 낮습니다.

투자자에게 주는 교훈

단기 거래를 자주 하는 투자자라면 일부 자산은 핫월렛에 두고 사용성을 확보할 수 있습니다. 장기 보관이 목적이라면 반드시 콜드월렛을 활용해야 합니다.

가장 현명한 방법은 핫월렛과 콜드월렛을 병행하여, 필요 자산만 핫월렛에 두고 나머지는 안전하게 오프라인에 보관하는 것입니다.

[실전 TIP]
– 핫월렛 vs 콜드월렛, 안전한 자산 보관의 원칙

■ 핫월렛(Hot Wallet) – 편리함 뒤에 숨은 위험

핫월렛은 앱이나 웹 기반으로 연결되는 지갑입니다. 언제 어디서나 로그인만 하면 손쉽게 코인을 송금하거나 거래할 수 있다는 점에서 가장 접근성이 높은 지갑 형태입니다.

그러나 인터넷에 항상 연결되어 있다는 점이 동시에 가장 큰 취약점이 됩니다. 해킹, 피싱, 악성 링크를 통한 침입 등으로 자산이 탈취될 가능성이 있습니다. 따라서 핫월렛은 소액 거래용 혹은 단기 투자용으로만 사용하는 것이 안전합니다.

■ 콜드월렛(Cold Wallet) – 불편하지만 가장 안전한 금고

콜드월렛은 인터넷과 완전히 분리된 오프라인 저장 장치입니다.

USB 형태의 하드웨어 지갑(Ledger, Trezor 등)이 대표적이며, 거래소가 해킹을 당하더라도 내 자산은 그대로 보호받을 수 있습니다. 단점은 다소 번거롭다는 점입니다.

코인을 옮길 때마다 기기를 연결해야 하고, 잃어버리면 복구가 어렵기 때문에 보관 관리가 중요합니다. 하지만 이런 불편함이야말로 콜드월렛의 진정한 강점입니다. 접속이 어려운 만큼, 해킹도 불가능에 가깝기 때문입니다.

■ **보관 원칙 – "소액은 핫월렛, 큰 금액은 콜드월렛"**

핫월렛은 편리함을, 콜드월렛은 안전성을 제공합니다. 따라서 자산의 성격에 따라 이중 분리 보관을 하는 것이 가장 이상적입니다.

일상적 거래나 소액 매매 → 핫월렛

장기 보유 자산, 큰 금액 → 콜드월렛

이 두 가지를 구분하는 습관이 곧 리스크 관리의 핵심입니다.

■ **보안 수칙 – "당신의 키는 곧 당신의 자산이다"**

비밀번호와 시드 문구(Seed Phrase)는 절대 클라우드나 이메일에 저장하지 말 것. (가장 흔한 해킹 경로는 바로 이 온라인 보관 습관입니다.)

메모 형태로 종이에 기록하거나, 암호화된 오프라인 장치에 보관하세요. 시드 문구는 유출되는 순간, 자산 전체가 한순간에 사라질 수 있습니다.

■ **핵심 메시지**

핫월렛은 편리하지만 위험을 감수해야 하는 단기용 지갑, 콜드월렛은 불편하지만 안전성을 극대화한 장기 보관용 지갑입니다. 코인을 단순히 '보관하는 돈'으로 보지 말고, 직접 관리해야 할 디지털 자산으로 바라보는 순간, 투자자의 태도는 한 단계 성숙해집니다.

현용수 교수의 한마디, "지갑을 어떻게 관리하느냐가 곧 투자자의 수준을 결정한다."

03 소액 투자부터 시작하기
— 연습하며 배우기

많은 초보 투자자들이 처음부터 큰돈을 걸고 단번에 부자가 되기를 꿈꿉니다. 하지만 현실은 정반대입니다. 욕심을 앞세운 '몰빵 투자'는 손실로 이어질 가능성이 크다는 사실을 역사가 이미 수차례 증명해 왔습니다.

투자는 단거리 경주가 아니라, 장기적인 학습과 성장의 과정입니다. 시장의 흐름을 읽는 감각, 손실을 감내하는 심리적 내성, 수익을 관리하는 훈련은 한 번에 얻어지지 않습니다. 마치 근육을 키우듯, 작은 경험의 반복을 통해 서서히 단단해지는 것입니다.

따라서 초보자에게 가장 중요한 첫걸음은 소액 투자로 연습하는 것입니다. 적은 금액이라도 직접 매수·매도를 해보며 체감하는 경험은, 책이나 강의로는 결코 얻을 수 없는 값진 공부가 됩니다.

왜 소액 투자로 시작해야 하는가?

- **위험 최소화:** 잃더라도 생활에 지장을 주지 않는 수준에서 경험을 쌓을 수 있습니다.
- **실전 감각 습득:** 시세 변동에 따른 심리 변화, 거래 타이밍의 어려움 등을 직접 체험할 수 있습니다.

- **학습 효과 극대화:** 작은 성공은 자신감을 주고, 작은 실패는 값싼 수업료가 됩니다.

실전 연습 방법

소액(예: 5만~10만 원)으로 비트코인이나 이더리움 등을 매수합니다.
→ 가장 기본적이고 안정성이 검증된 코인부터 시작.
거래소 앱을 직접 사용하며 매수·매도 주문을 직접 연습합니다.
→ 실제 시장이 어떻게 움직이는지 몸으로 체득.
매번 투자 일지를 작성합니다.
→ '왜 샀는지, 왜 팔았는지'를 기록하면 자기만의 투자 패턴을 돌아볼 수 있음.

[실전 TIP]

소액 투자라도 반드시 기록 남기기 (매수 이유, 매도 이유)
→ "이익 났다"보다 "내 판단이 맞았나?"를 점검한 후,
하루 10분, 시세 보는 것보다 중요한 건 투자 일지를 작성하는 것입니다.

04 코인 투자 시 초보자가 주의할 실무 내용
— "기회의 시장"이면서 동시에 "검증의 시장"

코인 시장에는 언제나 "쉽게 돈을 벌 수 있다"는 유혹이 넘쳐납니다. 그러나 코인은 결코 '한탕의 기술'이 아니라 '신뢰의 기술'입니다. 가격이 오를 때는 모두가 천재가 되지만, 내릴 때 진짜 실력이 드러납니다.

특히 초보자는 조급함, 과신, 그리고 '남들이 하니까 나도 한다'는 군중심리에 휘말리기 쉽습니다. 다음 다섯 가지 기본 원칙만 지켜도 생존 확률은 놀랍게 높아집니다.

1. 빚내서 투자하지 않는다

코인은 변동성이 매우 큰 자산입니다. 가격이 하루에 20% 이상 급락할 수도 있고, 거래소 이슈나 글로벌 규제에 따라 순식간에 하락할 수 있습니다. 그런 시장에 대출금이나 신용카드 현금서비스로 투자하는 것은 '두 번의 위험'을 떠안는 행위입니다.

하락장에서는 원금 손실뿐 아니라 이자 부담까지 겹쳐, 회복이 거의 불가능해질 수 있습니다. 투자는 여유 자금으로, 잃어도 생활에 지장이 없는 금액으로 시작하는 것이 원칙입니다.

2. 몰빵(올인) 투자 금지 – 반드시 분산한다

'한 방'의 기대감은 코인 시장에서 가장 위험한 심리입니다. 특정 코인 한 종목에 자금을 몰아넣는 것은 도박과 다르지 않습니다. 시장 급락, 해킹, 프로젝트 중단 등 한 가지 변수에도 전체 자산이 흔들릴 수 있습니다.

따라서 ① 코인 종류, ② 거래소, ③ 투자시기를 나누는 3중 분산 전략이 필수입니다.

예를 들어, 장기 코인(비트코인·이더리움) 70%, 성장 코인 20%, 신흥 프로젝트 10%로 분할하면 시장 충격 시에도 리스크를 크게 줄일 수 있습니다.

3. 단톡방·SNS 소문에 휘둘리지 않는다

요즘 SNS, 텔레그램, 유튜브에는 "확실한 급등 코인", "내부자 정보"라는 말이 끊이지 않습니다. 하지만 그 대부분은 마케팅이거나 작전(펌핑) 행위입니다. '전문가'라는 이름으로 접근해도, 실상은 수수료나 추천 보너스를 노린 경우가 많습니다.

따라서 투자자는 정보를 들었을 때 즉시 매수하지 말고 최소 3단계 검증(Cross-Checking)을 해야 합니다.

■ 3단계 검증 원칙

거래소 정보: 해당 코인이 실제로 상장되어 있는지, 거래량이 안정

적인지 확인.

공식 홈페이지·백서: 개발팀, 로드맵, 사용 사례 등 실체 확인.

3자 정보: 뉴스·온체인 데이터·유튜버 해설 등 교차 비교 등, 이 세 단계를 통과하지 못하면 "투자"가 아니라 "추측"에 가깝습니다.

4. 무슨 코인인지 모르고 사지 않는다

"남이 추천해서 샀는데, 뭐 하는 코인인지는 모르겠다"는 말은 초보 투자자의 공통 실수입니다. 주식에서도 '회사를 모르고 주식을 사는 일'은 위험하듯, 코인 역시 기술, 생태계, 발행 구조(Tokenomics)를 이해하지 못하면 프로젝트가 사라질 때 함께 손실을 감수할 수밖에 없습니다.

■ **최소한 다음 3가지는 반드시 확인해야 합니다.**

발행 주체: 누가 만들었고, 어떤 기술을 기반으로 하는가?
유통 구조: 총 발행량, 팀 보유 비율, 락업(lock-up) 일정은 어떤가?
실사용 가치: 실제로 사용되는 플랫폼이나 커뮤니티가 존재하는가?

5. 세금과 규제를 반드시 확인한다

2027년부터 한국에서도 가상자산 양도소득세가 본격 시행될 예정입니다. 또한 OECD의 CRS 2.0(디지털자산 자동정보교환 제도)이 적용되면 국경을 넘는 거래 정보도 자동으로 공유됩니다.

즉, 더 이상 '익명성'에 기대어 세금을 피할 수 없습니다. 투자는 단순히 수익을 내는 것이 아니라, 법적·세무적 투명성을 지키는 것까지가 실무의 일부입니다.

투자 전 반드시 다음을 확인해야 합니다. 거래소의 국적과 인허가 여부(VASP 등록 여부), 세금 신고 기준→ 연간 양도소득 250만 원 초과 시 과세 가능→ 거주국의 세법 및 해외거래소 이용 시 신고 의무 등을 반드시 확인해야 합니다.

6. 마무리 메시지

"코인은 기회와 위험이 공존하는 시장"입니다. 하지만 원칙만 지켜도 그 위험은 충분히 관리할 수 있습니다. 빚내지 않고, 분산하고, 검증하고, 이해하고, 투명하게 -

이 다섯 가지를 습관처럼 지키는 순간, **당신의 투자 여정은 '운'이 아닌 '실력'으로** 변합니다.

BITCOIN
ETHEREUM

좋은 코인 고르는 쉬운 방법

01. 백서 읽는 법 — 코인의 설계도를 읽는 눈
02. 팀과 커뮤니티의 신뢰성 보기
03. 거품 코인과 사기 프로젝트 피하는 법

01 백서 읽는 법
— 코인의 설계도를 읽는 눈

비트코인의 시작은 단 8쪽짜리 '백서(White Paper)'였습니다. 이 짧은 문서 안에는 중앙은행 없는 화폐의 가능성, 즉 "신뢰를 기술로 대체한다."는 인류 최초의 실험이 담겨 있었습니다.

그 이후 수많은 프로젝트들이 이 전통을 따라 각자의 철학과 기술, 비전을 백서라는 이름으로 세상에 공개해 왔습니다. 따라서 백서는 단순한 문서가 아니라, 한 코인의 정신과 존재 이유를 담은 설계도입니다.

투자자가 백서를 읽는다는 것은 단순히 글을 읽는 행위가 아닙니다. 그 코인이 어떤 문제를 해결하려는지, 어떤 세상을 꿈꾸고 있는지를 직접 확인하고 공감하는 과정입니다.

§ 백서, 왜 읽어야 하는가?

많은 초보 투자자는 가격 차트나 커뮤니티 여론만 보고 코인을 판단합니다. 하지만 진짜 투자자는 "그 코인이 무엇을 만들어 가려고 하는가."를 봅니다. 백서를 읽는 것은 마치 기업의 사업계획서(또는 재무제포 등)를 검토하는 것과 같습니다.

- **비전(Vision)**: 이 코인은 왜 존재하는가?
- **문제의식(Problem)**: 어떤 사회적·기술적 문제를 해결하려 하는가?
- **해결방식(Solution)**: 어떤 기술과 구조로 이를 실현하려 하는가?
- **경제모델(Tokenomics)**: 토큰 발행량, 분배 구조, 인센티브 시스템은 합리적인가?

이 네 가지를 파악하면, 단순히 "이 코인 오를까?"가 아니라 "이 코인은 세상에 어떤 의미가 있는가?"를 묻게 됩니다.
이 질문이 바로 성숙한 투자자의 사고방식입니다.

§ 백서 읽는 3단계 실전 가이드

백서를 읽는다는 것은 단순히 기술 문서를 훑는 일이 아닙니다.
그것은 한 프로젝트가 왜 존재하는가, 어떤 철학과 기술로 세상을 바꾸려 하는가, 그리고 그 과정에서 돈은 어떻게 흐르는가를 읽어내는 일입니다.

1. 큰 그림부터 본다 – 철학과 비전 파악

백서의 첫 부분은 대부분 프로젝트 개요(Introduction)나 비전(Vision)으로 시작됩니다. 이 부분은 단순한 인사말이 아니라, 그 코인의 존재 이유와 철학적 방향성을 담고 있습니다.

먼저 스스로에게 질문해 보세요. 이 코인은 왜 만들어졌는가? 기존 금융 시스템의 문제를 해결하려는가, 아니면 블록체인 기술의 확장을 목표로 하는가?

"왜 지금 이 기술이 필요한가?"에 대해 명확한 이유가 제시되어 있는가? 프로젝트의 비전은 거창한 수사가 아니라, 구체적 문제의식에서 출발해야 합니다.

"세계 최초", "혁신적", "세상을 바꾼다." 같은 표현만 넘쳐나면 경계해야 합니다.

그 안에 현실적 목표, 예를 들어 거래 수수료 절감, 데이터 투명성 개선, 사용자 권한 강화가 명확히 제시되어야 합니다.

또한, 백서의 철학적 일관성도 중요합니다. 프로젝트의 목적, 문제의식, 기술적 접근 방식이 서로 조화를 이루고 있는가를 확인해야 합니다. 단순히 돈을 벌기 위한 수단이 아니라, '가치 중심의 서사'가 있는 프로젝트인지 살펴보세요.

백서를 읽을 때 스스로에게 물어보십시오.

"이 프로젝트는 정말 세상을 더 나은 방향으로 바꾸려는 진정성이 느껴지는가?"

이 질문이 첫 관문입니다.

2. 구체적인 기술 구조를 본다 - 실현 가능성 판단

아무리 훌륭한 비전이라도 기술로 구현할 수 없다면 그것은 공상에 불과합니다.

따라서 두 번째로 살펴봐야 할 것은 기술의 구체성과 실행 가능성입니다. 확인해야 할 핵심 포인트는 다음과 같습니다.

■ **기술 설명이 명확하고 검증 가능한가?**

"AI 기반", "블록체인 혁신", "탈중앙화" 등 추상적인 단어만 반복된다면 경계하세요.

실제 시스템 구조(Architecture), 프로토콜 작동 방식, 데이터 흐름이 구체적으로 제시되어야 합니다.

제품이나 서비스가 존재하는가? 개발 로드맵이 현실적인가?

이미 베타 버전이 운영 중인지, 단계별 일정이 명확히 제시되어 있는지를 확인하세요.

"곧 출시 예정"이라는 표현만 반복된다면, 아직 실체가 없을 가능성이 높습니다.

■ **기술 팀의 전문성과 투명성**

깃허브(GitHub)에서 코드가 공개되어 있거나, 개발자의 이름과 경력이 명확히 기재되어 있는지를 보세요. 기술력은 결국 사람의 신뢰에서 나옵니다.

만약 백서의 기술 용어가 어렵다면, 핵심 키워드를 직접 검색해보거나 간단히 이해할 수 있을 만큼 공부해야 합니다.

"무엇을, 어떻게 구현하려는가?"를 이해하지 못한 채 투자하는 것은 마치 눈을 감고 운전하는 것과 같습니다.

③ **경제 구조를 본다 - 돈의 흐름 파악**

세 번째 단계는 백서의 토큰 이코노미(Tokenomics) 부분입니다.
이곳은 프로젝트의 경제 생태계가 지속 가능한 구조인지를 판단하는 핵심 파트입니다. 확인해야 할 주요 항목은 다음과 같습니다.

■ **토큰의 역할(Role)**
이 토큰이 단순한 거래 수단인지, 아니면 생태계의 핵심 동력인지 구분해야 합니다.
예: 수수료 결제용인지, 거버넌스(투표권)용인지, 네트워크 유지 보상용인지 명확히 제시되어야 합니다.

■ **발행량 구조와 인플레이션 관리**
발행량이 한정되어 있는가(비트코인형)?
아니면 무제한 발행인가(인플레이션형)? 발행량 제한이 없다면 토큰 가치가 장기적으로 희석될 위험이 있습니다.

■ **분배 구조와 팀 지분 비율**
팀과 재단이 전체 물량의 30% 이상을 보유하고 있다면 경계 신호입니다. 락업(lock-up) 기간이 명시되어 있는지도 반드시 확인해야 합니다. 락업이 없다면 상장 직후 대량 매도로 인한 급락이 발생할 수 있습니다.
백서를 읽으며 꼭 스스로에게 물어보세요.

"이 프로젝트의 돈은 어디서 생기고, 어디로 흘러가는가?"

이 질문에 명확히 답할 수 없다면, 그 프로젝트는 아직 투자할 준비가 되지 않은 곳일 가능성이 높습니다.

◇ 핵심 요약

단계	점검 포인트	핵심 질문
철학과 비전	존재 이유, 가치중심 서사, 현실적 목표	이 프로젝트는 왜 존재하는가?
기술 구조	구체성, 검증 가능성, 팀의 역량	이 기술은 정말 구현 가능한가?
경제 구조	토큰 역할, 발행·분배 구조, 지속가능성	돈은 어디서 오고, 어디로 가는가?

■ 핵심 메시지

백서를 읽는 일은 단순한 분석이 아니라 프로젝트의 영혼을 읽는 일입니다.

기술보다 철학을, 숫자보다 의도를 먼저 살펴보세요.

현용수 교수 한마디, "백서는 종이 위의 약속이지만, 진정한 투자는 그 약속을 얼마나 현실로 만들 수 있는가에 달려 있다."

[실전 TIP] 1 – 백서를 읽을 때 반드시 주의할 점

백서는 단순한 홍보 문서가 아닙니다.

한 프로젝트의 철학·기술·경제 구조가 모두 응축된 설계도이자, 그 팀이 시장에 내놓는 '약속의 문서'입니다.

따라서 투자자는 화려한 포장보다 진정성·구체성·투명성을 읽어내는 눈을 길러야 합니다. 다음 네 가지는 백서를 읽을 때 반드시 유념해야 할 핵심 원칙입니다.

■ **과도하게 화려한 언어에 속지 말 것**

"혁명적", "세계 최초", "세상을 바꾼다." 같은 표현이 가득한 백서는 경계해야 합니다. 이런 수사는 대체로 실질적 기술 근거를 감추는 장막일 수 있습니다.

진짜 혁신은 말이 아닌 데이터와 구조로 증명됩니다.

• **확인 포인트**: 화려한 수식어 대신 구체적인 기술 설명, 수치, 시연 결과가 제시되어 있는가? "무엇이 혁신적인가?"를 명확히 설명하지 못하면, 그 혁신은 존재하지 않습니다.

■ **팀의 실명과 이력은 신뢰의 첫 단서**

백서에 팀의 이름이 없거나 익명으로 처리되어 있다면, 그 자체가 경고 신호입니다.

투자자의 신뢰는 기술보다 사람에게서 시작됩니다. 개발자, 경영진, 자문단의 실명과 경력이 명확히 공개되어 있는지, 링크드인 (LinkedIn), 깃허브(GitHub), 과거 프로젝트 이력 등을 반드시 확인하세요.

- **기억하세요**: "누가 만드는가"를 모르는 프로젝트는 "어디로 향하는가"도 알 수 없습니다.

■ 로드맵의 구체성 – 시간표 없는 계획은 공허하다

"곧 출시 예정"이라는 문장은 백서에서 가장 흔한 함정입니다. 명확한 일정과 단계별 목표가 제시되어 있지 않다면, 그 계획은 실행 의지보다는 투자 유치용 수사일 가능성이 큽니다.

좋은 백서는 연도·분기별 일정이 명시되어 있고, 각 단계의 개발 목표와 성과 지표(KPI)가 구체적으로 표현되어 있습니다.

- **체크 포인트**: 로드맵이 세밀할수록 그 팀은 현실적인 실행력과 책임 의식을 갖추고 있을 가능성이 높습니다.

■ 참고문헌과 기술 근거 – '말의 증거'를 찾아라.

백서가 외부 논문이나 프로토콜을 인용했다면, 반드시 출처나 링크가 명시되어야 합니다. 이는 단순한 형식이 아니라, 프로젝트의 투명성과 기술적 신뢰도를 보여주는 핵심 지표입니다. 참고자료가 없거나 인용이 불명확하다면, 그 백서는 기술보다 마케팅 중심의 문서일 가능성이 높습니다.

• **실전 팁:** 인용된 논문, 프로토콜, 오픈소스 레퍼런스를 직접 검색해 보고, 실제 존재하는 자료인지 확인해 보세요.

■ 결론 – "백서의 진정성이 곧 프로젝트의 미래다"

결국 백서는 단순한 정보가 아니라, 의지와 철학의 증거입니다. 투자자는 가격 그래프보다 먼저 백서의 깊이와 일관성을 읽어야 합니다.

"이 프로젝트가 정말로 세상을 바꿀 의지가 느껴지는가?"

이 질문에 '예'라고 확신할 수 없다면, 그 백서는 아직 투자할 가치가 없습니다.

[실전 TIP] 2 – 반드시 확인해야 할 백서 핵심 체크 3가지

백서를 읽을 때는 화려한 비전보다 핵심 세 가지 질문에 답을 찾는 것이 중요합니다.

이 세 가지가 명확히 설명되지 않은 백서는, 투자 가치보다 리스크가 더 큽니다.

■ 문제 정의 – "무엇을, 왜 해결하려 하는가?"

좋은 백서는 세상을 바꾸겠다는 막연한 구호 대신, 구체적인 문제의식을 분명히 제시합니다. 어떤 사회적·기술적 문제를 해결하려 하는가? 기존 시스템의 한계를 어떻게 인식하고 있는가?

이 질문에 대한 답이 명확하지 않다면, 그 프로젝트는 출발점부터 흔들리고 있을 가능성이 큽니다.

■ **솔루션 – "그 방법은 현실적인가?"**

두 번째로 살펴봐야 할 것은 해결 방법의 타당성입니다. 코인이 제시하는 기술적 또는 경제적 접근이 실제로 작동 가능한 구조인지, 단순한 아이디어에 불과한지 판단해야 합니다.

기술 구조가 구체적으로 설명되어 있는가?

경제 모델(보상·분배·유통)이 현실적이고 지속 가능한가?

백서가 어려운 기술 용어만 잔뜩 나열한다면, 그것은 실력을 감추려는 "포장용 백서"일 가능성이 높습니다.

"이해할 수 없는 기술은, 대체로 존재하지 않는 기술이다."

■ **팀과 로드맵 – "그 일을 할 사람과 계획이 있는가?"**

아무리 훌륭한 아이디어라도 사람과 시간표가 없다면 실현될 수 없습니다.

좋은 백서는 프로젝트의 핵심 인물, 파트너십, 개발 일정이 명확히 제시되어 있습니다.

팀의 실명, 경력, 개발 이력은 투명하게 공개되어 있는가?

로드맵이 구체적으로 단계별 목표와 시점을 제시하고 있는가?

로드맵이 막연하거나 팀이 익명이라면, 그 백서는 신뢰보다 불확실성을 내포한 문서에 가깝습니다.

■ **핵심 통찰 – "백서는 프로젝트의 거울이다."**

백서는 단순한 계획서가 아니라, 프로젝트의 진심과 실체를 비추는 거울입니다.

거울이 탁하면 속을 알 수 없고, 거울이 맑으면 미래가 보인다. 투자자는 화려한 말보다 데이터·구조·팀의 진정성을 보아야 합니다.

"좋은 백서"는 현실적이고 투명하며,

"위험한 백서"는 추상적이고 감정적입니다.

결국, 백서를 읽는다는 것은 "이 프로젝트가 진짜로 세상에 존재할 수 있는가?"를 스스로에게 묻는 과정입니다.

02 팀과 커뮤니티의 신뢰성 보기

코인은 결코 한 사람의 천재가 만든 작품이 아닙니다. 비트코인조차 사토시 나카모토라는 익명의 창시자 이후, 전 세계의 개발자들과 자발적인 커뮤니티가 함께 만들고 지켜온 결과물입니다.

결국 사람이 곧 프로젝트의 힘입니다. 기술은 사람의 손에서 태어나고, 신뢰는 사람 사이의 관계에서 자랍니다. 따라서 좋은 팀과 건강한 커뮤니티를 가진 프로젝트는 시간이 지나도 쉽게 무너지지 않는 '살아 있는 생태계'를 형성합니다.

1. 팀(Team) – 프로젝트의 뿌리

백서를 읽을 때 가장 먼저 확인해야 할 것은 개발팀의 신뢰도입니다. 아무리 훌륭한 아이디어라도, 그것을 현실로 구현할 사람의 역량과 진정성이 없다면 의미가 없습니다.

■ 실명 공개와 경력 검증
주요 팀원들이 실명으로 공개되어 있는가?
각자의 전문 분야와 역할이 명확하게 구분되어 있는가?
LinkedIn, GitHub, 논문, 기업 경력 등 외부에서 확인 가능한 근거가 존재하는가?

이 세 가지가 갖춰져 있다면, 기본적인 신뢰 기반은 형성되어 있습니다. 반대로 팀 소개에 얼굴 사진·실명·이력·포트폴리오가 전혀 없다면, 그 프로젝트는 경계해야 합니다. 익명 팀은 대체로 책임이 불분명하거나, 사기 프로젝트일 가능성이 높습니다.

■ 경험과 전문성

과거 블록체인·IT·금융 분야에서의 실질적 성과가 있는가?

팀이 단순한 마케팅 중심이 아니라, 개발자·보안 전문가·재무 담당자 등으로 균형 잡혀 있는가?

경험의 깊이와 팀 구성의 다양성은 프로젝트의 지속 가능성을 결정짓는 핵심 요소입니다.

■ 투명한 의사소통

팀이 정기적으로 프로젝트의 진행 상황을 공개하고 있는가?

공식 SNS, 미디엄(Medium), 디스코드(Discord), 트위터(X) 등을 통해 커뮤니티와 소통하고 있는가?

비판적인 의견에도 열린 태도를 보이는가?

팀이 조용하다는 것은 프로젝트가 정체되어 있다는 신호일 수 있습니다. 정기적인 소통과 업데이트는 신뢰의 언어입니다.

현용수 교수 한 마디, "코인의 기술력은 코드에서, 신뢰는 사람의 말과 행동에서 드러난다."

2. 커뮤니티(Community) – 프로젝트의 심장

코인의 가치는 단지 코드로만 만들어지지 않습니다. 커뮤니티는 프로젝트의 심장이며, 그 프로젝트가 얼마나 건강하게 뛰고 있는지를 보여주는 지표입니다.

■ 활발한 참여와 소통

텔레그램, 디스코드, 트위터(X) 등에서 실제 대화와 토론이 활발한가? 개발팀이 커뮤니티의 질문에 빠르고 성실하게 응답하는가?

커뮤니티가 단순히 "가격 이야기"만 하는지, 아니면 "기술과 방향성에 대한 깊은 논의를 하는지" 구분해야 합니다.

활발한 커뮤니티는 단순한 팬클럽이 아니라, 집단 지성의 장(場)입니다. 이곳에서 프로젝트는 끊임없이 검증되고 성장합니다.

■ 분위기와 투명성

커뮤니티 내부가 서로를 존중하며 건설적인 대화를 나누는 공간인가? 비판적인 의견도 허용되는가, 아니면 무조건적인 찬양과 홍보만 허용되는가? 의견이 다양한 커뮤니티일수록 그 프로젝트는 민주적이고 자정 능력이 강한 생태계 가능성이 높습니다.

■ 자생적 확장성

커뮤니티 구성원들이 자발적으로 콘텐츠를 제작하거나, 프로젝트를 홍보하며, 밋업(Meet-up) 같은 오프라인 모임을 주도하는가?

이러한 자발적 움직임은 프로젝트의 생명력이 외부에서 자라나고 있음을 보여주는 증거입니다. 커뮤니티의 활동량이 급격히 줄거나, 공식 채널이 장기간 업데이트되지 않는다면, 그 프로젝트는 이미 동력을 상실했을 가능성이 큽니다.

■ 핵심 메시지

"팀은 뿌리이고, 커뮤니티는 심장이다."

뿌리가 약하면 나무는 자라지 못하고, 심장이 멈추면 생명은 유지될 수 없다. 코인은 기술이 아니라 사람이 만든 신뢰의 생태계입니다. 좋은 팀과 살아 있는 커뮤니티가 있는 프로젝트만이 진정한 시간을 견디며, 투자자의 신뢰를 배신하지 않습니다.

구분	신뢰할 만한 경우	주의해야 할 경우
팀 공개 여부	실명, 경력, 소속 명확	익명, 가명, 이력 불분명
소통 방식	주기적 업데이트, 투명한 공지	장기간 침묵, 질문 무시
커뮤니티 활동	활발한 토론, 개발 참여	가격·루머 중심 대화
피드백 구조	건설적 비판 수용	비판 차단, 관리자 독단적 운영

■ 신뢰성을 평가하는 실전 기준

정리하면, 코인의 진짜 가치는 사람에게서 나옵니다. 믿을 수 있는 팀과 자율적 커뮤니티는 프로젝트의 가장 강력한 보증서이기도 합니다. 투자 전에는 반드시 "누가 만들고, 누가 함께하는가?"를 확인하라.

[실전 TIP] - 투자자가 반드시 확인해야 할 핵심 포인트

투자자는 화려한 기술 설명보다, 그 기술을 만든 사람과 이를 지지하는 커뮤니티의 신뢰도를 먼저 살펴야 합니다. 아래 세 가지는 코인 투자 전 반드시 점검해야 할 기본 원칙입니다.

■ 팀(Team) 확인 - "누가 만들었는가?"

LinkedIn(링크드인), GitHub(깃허브) 등 외부 플랫폼에서 주요 팀원의 실명·경력·활동 내역을 반드시 확인하세요.

깃허브에 실제 코드가 꾸준히 업데이트되고 있다면, 이는 프로젝트가 단순한 아이디어가 아닌 실제로 개발 중인 살아 있는 프로젝트임을 의미합니다.

반대로 깃허브가 비어 있거나, 팀의 신원이 불분명하다면 기술적 실체가 없을 가능성이 높습니다. 현용수 교수의 한마디, "사람의 이력은 프로젝트의 미래를 비추는 거울이다."

■ 커뮤니티(Community) 확인 - "함께 움직이는가?"

트위터(X), 텔레그램(Telegram), 디스코드(Discord) 등에서 커뮤니티가 얼마나 활발하게 활동하고 있는지 살펴보세요. 단순히 팔로워 숫자가 아니라, 실제로 소통이 이루어지고 질문에 답변이 있는가, 개발팀이 커뮤니티와 직접 대화하는가가 중요합니다. 건강한 커뮤니티는 단순한 팬클럽이 아니라, 프로젝트를 비판하고 개선하는 '집단지성의 무대'입니다.

현용수 교수의 한마디 *"조용한 커뮤니티는 이미 멈춘 프로젝트다."*

■ 익명 팀 vs 공개 팀 – **"익명이라도 신뢰를 보완할 수 있는가?"**

팀이 익명이라고 해서 무조건 위험한 것은 아닙니다. 다만 익명 프로젝트는 개발자의 실체가 보이지 않기 때문에 사기 리스크가 상대적으로 높습니다.

만약 익명 팀이라면, 그만큼 커뮤니티의 활동성·투명한 공지·기술 공개 빈도가 활발해야 신뢰를 보완할 수 있습니다. 즉 "익명 + 조용한 커뮤니티" 조합은 가장 위험한 신호이며, 반대로 "익명 + 활발한 커뮤니티 + 투명한 소통"은 일정 수준의 가능성을 보여줍니다.

현용수 교수의 한마디, *"익명성은 죄가 아니지만, 침묵은 위험이다."*

■ 핵심 메시지

"코인에 투자한다는 것은 결국 사람과 신뢰에 투자하는 일이다." 이름이 보이지 않더라도, 행동과 소통은 숨길 수 없습니다. 프로젝트를 움직이는 것은 화려한 기술이 아니라, 신뢰를 쌓는 사람들의 지속적인 참여입니다.

03 거품 코인과 사기 프로젝트를 피하는 법

코인의 역사는 화려한 성공과 동시에 수많은 거품과 붕괴의 역사이기도 합니다. 투자자들의 욕망은 언제나 "이번엔 다를 거야", "이 코인은 곧 대박 날 거야"라는 환상을 만들어냅니다. 그러나 시간이 지나면 대부분은 허상으로 드러납니다.

진짜 투자자에게 필요한 눈은 '본질 없는 약속'을 가려내는 눈, 즉 가짜의 열광 속에서 진짜를 구별하는 통찰력입니다.

1. 거품 코인의 특징 – '이야기'만 있고 '실체'는 없는 코인

거품 코인은 언제나 그럴듯한 '스토리텔링'과 화려한 포장으로 시작합니다.

초기에는 가격이 급등하고, 언론과 커뮤니티가 떠들썩하지만, 시간이 지나면 기술적 실체가 없다는 것이 드러나며 폭락하는 경우가 대부분입니다.

기술보다 마케팅이 앞서는 경우 백서 내용이 부실하거나 기술 구조가 불명확하지만, 광고·홍보·행사에는 막대한 자금을 쏟습니다. 겉보기에 화려한 이벤트와 유행어가 넘치지만, 정작 실질적인 기술은 존재하지 않습니다.

■ 유명인·인플루언서 마케팅 남용

"○○이 투자했다", "유명 연예인과 제휴했다"는 식의 홍보 문구를 내세우지만, 실제 계약서나 공식 증거는 확인되지 않습니다. 이는 신뢰감을 조작하기 위한 전형적인 마케팅 기법입니다.

■ 단기 급등 후 거래량 급감

초기 투자자 유입으로 가격이 폭등하지만, 일정 시점 이후 거래량이 급격히 줄어들고 커뮤니티가 조용해집니다. 이는 "작전 세력의 이탈"을 암시하는 신호일 수 있습니다.

결국, 거품 코인은 '이 코인을 사야 하는 이유'는 많지만, '이 코인이 실제로 무엇을 하는지'에 대해서는 아무도 설명하지 못합니다. 이 한 문장이 바로 진짜와 가짜를 구분하는 가장 단순한 기준입니다.

2. 사기 프로젝트의 공통된 패턴

코인 사기(Scam)는 겉모습만 다를 뿐, 본질은 늘 같습니다.

"단기간 고수익", "보장된 수익률", "추천인 리워드" — 이 세 가지 문장은 사기성 프로젝트의 단골 문구입니다. 대부분의 구조는 피라미드식 혹은 폰지(Ponzi) 방식으로, 후속 투자자의 돈으로 기존 투자자의 수익을 메워갑니다.

■ 불가능한 수익 약속

"매일 5% 이자 지급", "한 달 안에 두 배 수익 보장" 같은 문구는 모두 현실 불가능한 약속입니다. 금융 시장에서 '위험 없는 고수익'은 존재하지 않습니다.

■ 불투명한 운영 구조

개발자와 운영진이 익명이며, 자금 흐름이 공개되지 않습니다.

"블록체인 기반"이라 주장하지만, 실제로는 거래 내역조차 확인할 수 없는 경우가 많습니다.

■ 추천·리워드 중심 구조

신규 회원을 데려오면 수익을 나누어 준다는 식의 구조는 전형적인 폰지 사기입니다.

실제 사업 수익이 아닌, 후속 투자자의 돈으로 수익을 지급하기 때문입니다.

■ 비판 차단과 맹신 유도

커뮤니티 내에서 의문을 제기하면 "지금은 믿음의 시간이다", "의심하지 말라"는 말이 돌아다닙니다. 바로 이 순간이 가장 위험한 신호입니다. "의심하지 말라"는 말이 나오는 순간, 바로 그때가 의심해야 할 때입니다.

투자에서 '의심'은 부정이 아니라 스스로를 지키는 방패입니다. 맹목적인 믿음이 아닌 냉철한 판단이야말로 진짜 투자자를 구분하는 경계선입니다.

3. 투자자가 반드시 점검해야 할 핵심 질문

점검 항목	스스로에게 던진 질문	위험 신호
프로젝트 목적	이 코인은 실제 어떤 문제를 해결하나?	"세상을 바꾼다"는 추상적 설명만 있음
기술 기반	기술 설명이 구체적이고 검증 가능한가?	기술 도식·프로토타입 부재
팀과 운영	개발팀의 실명, 경력, 소통이 투명한가?	익명·비공개, SNS·사이트 자주 폐쇄
토큰 경제 구조	발행량, 분배, 락업이 명확한가?	총 발행량 미공개, 팀 물량 과다
투자 커뮤니티 분위기	질문과 비판이 자유로운가?	맹신 분위기, 비판자 배척
수익 구조	결제 서비스 매출 기반인가?	신규 투자금으로만 수익 발생

4. 실전 대응 전략 – '안전한 거리두기'의 기술

투자는 단순히 '좋은 코인'을 찾는 일이 아니라, 위험한 코인을 멀리하는 기술이기도 합니다. '안전한 거리두기'란 감정이 아니라 데이터와 검증에 근거한 판단 습관을 말합니다.

▣ 핵심 원칙 4가지

• **좋은 말보다 데이터를 보라:** 화려한 홍보 문구보다 중요한 것은 객관적 자료입니다.

→ 백서(Whitepaper), 온체인 데이터(On-chain Data), 거래소 상

장 이력 등 공식 데이터로 근거를 확인하세요. 말이 아니라 증거가 신뢰를 만든다는 원칙을 잊지 마십시오.

• **항상 '2차 검증'을 거쳐라**: '공식 발표'라는 말만 믿지 말고, 다른 채널(뉴스, 트위터, 깃허브 등)을 통해 사실 여부를 교차 확인하세요.
  → 블록체인 세계는 빠르게 변합니다. 최신 정보와 여러 출처의 일치 여부를 반드시 확인해야 합니다.

• **절대 몰빵하지 마라** : 아무리 유망해 보여도 자산의 10~20% 이상을 한 코인에 집중 투자하지 마세요. 분산 투자는 손실을 막는 유일한 방어선입니다.

• **사전 경고 신호에 민감하라**: 개발자 이탈, 공식 SNS 비활성화, 거래소 상장폐지 등의 현상은 '붕괴의 전조'일 수 있습니다.
  → 커뮤니티의 분위기와 개발 활동이 갑자기 조용해졌다면, 바로 '경고등'이 켜졌다는 뜻입니다.

• **정리하자면**

거품 코인은 말은 화려하지만 실체가 없고, 사기 프로젝트는 신뢰를 포장해 탐욕을 자극합니다. 따라서 진짜 투자자는 "좋은 이야기"보다 "실제 데이터와 실행력"을 봅니다. 투자는 믿음이 아니라, 검증의 영역입니다. 의심은 비용이 들지 않지만, 맹신은 모든 것을 잃게 합니다.

[실전 TIP]
투자자가 반드시 확인해야 할 '경고 신호' 5가지

- 원금 보장 약속 → "절대 손해 안 봅니다"라는 말은 100% 거짓입니다.
- 비현실적 수익률 광고 → "하루 5%", "한 달에 두 배"는 금융사기가 즐겨 쓰는 문구입니다.
- 기술·서비스 부재, 가격만 급등 → 실체 없는 투기성 프로젝트일 가능성이 높습니다.
- 백서 부재 또는 구두 설명만 존재 → '투명하지 않음'은 곧 '위험 신호'입니다.
- 소통 단절된 개발팀 → SNS와 깃허브 업데이트가 끊기면, 이미 내부 문제가 생긴 경우가 많습니다.

- **실전 조언**: 투자 전 최소 1주일은 '프로젝트 리서치 기간'을 두세요. 시간을 들여 조사하는 습관이, 손실을 막는 최고의 보험입니다.

- **내가 직접 점검할 수 있는 간단 체크리스트**: 모든 투자자가 전문가일 필요는 없습니다. 그러나 올바른 질문을 던지는 습관만으로도 위험한 투자를 피할 수 있습니다. 이는 마치 집을 살 때 건물 구조와 주변 환경을 확인하는 것과 같습니다.

[실전 TIP]
초보자를 위한 '좋은 코인 체크리스트 5'

- 무엇을 해결하려는 코인인가?
→ 구체적인 문제의식이 있는가, 단순한 유행어가 아닌가?

- 누가 만들었고, 지금도 활동 중인가?
→ 팀의 이력과 깃허브·트위터 등에서의 최신 활동을 반드시 확인하라.

- 커뮤니티는 활발한가?
→ 활발한 소통은 프로젝트의 생명력입니다. 정체된 커뮤니티는 위험 신호입니다.

- 가격이 아니라 가치로 설명이 가능한가?
→ "오를 것이다"보다 "왜 필요한가."로 설명할 수 있어야 합니다.

- 데이터와 투명성이 확보되어 있는가?
→ 백서, 기술문서, 온체인 데이터 공개 여부는 신뢰의 기본입니다.

BITCOIN
ETHEREUM

4장

초보자를 위한 투자 전략

01. 단타보다 장기 — 초보자에게 맞는 투자법
02. 분산투자 — 모든 달걀을 한 바구니에 담지 마라
03. 투자 심리 다스리기 — 탐욕과 공포의 균형
04. 투자와 심리학의 관계 — 감정, 인지, 행동이 만드는 투자 결정의 심리학
05. 명리학으로 바라보는 투자성향-기질, 타이밍, 그리고 운의 흐름
06. MBTI로 바라보는 투자 성향 분석-성격이 곧 투자 패턴을 만든다.
07. 일상 속 투자 습관 만들기
 -투자는 특별한 이벤트가 아니라, 매일의 신경회로가 만든다

01 단타보다 장기
— 초보자에게 맞는 투자법

많은 초보 투자자들은 "오늘 몇 퍼센트 올랐다더라.", "이번 주 안에 두 배 간다더라." 같은 말에 흔들립니다.

하지만 시장은 결코 그런 예측대로 움직이지 않습니다. 코인 가격은 하루에도 수십 번씩 출렁이며, 그 변동은 누구도 정확히 예측할 수 없습니다.

단타(短打)는 숙련된 투자자조차 꾸준히 승리하기 어려운 영역이며, 초보자에게는 심리적 압박, 과도한 스트레스, 손실의 악순환을 가져오기 쉽습니다.

반대로 장기 투자(Long-term Investing)는 단기 변동에 흔들리지 않고, 코인의 본질적 가치와 성장 과정을 함께 바라보게 해줍니다. 시간이 흐를수록 '인내심'이라는 투자자의 자산이 복리처럼 쌓여갑니다.

■ 단타의 함정 — "빨리 벌고 싶은 마음"이 부르는 위험

단타는 겉보기엔 매력적입니다.
하루에도 여러 번 거래해 빠르게 수익을 낼 수 있을 것처럼 보이지

만, 현실은 그 반대입니다.

- **예측 불가능성**: 뉴스 한 줄, 트위터 글 하나로도 가격이 급변합니다. 시장은 개인의 예측을 기다려주지 않습니다.
- **심리 소모전**: 시세를 계속 지켜보며 매수·매도 타이밍을 잡다 보면, 불안과 조급함, 후회가 끊임없이 반복됩니다.
- **거래 수수료와 세금 부담**: 잦은 매매는 수수료와 세금 누적 부담을 키워 실제 수익률을 떨어뜨립니다.

결국 감정이 개입될수록 판단은 흐려집니다. "이번엔 다르겠지"라는 생각이 손실을 키우는 대표적인 함정입니다. 단타는 기술이 아니라 심리의 싸움이며, 시장을 '이기려는 마음'이 아니라 시장에 흔들리지 않는 마음이 중요합니다.

▣ 장기 투자의 힘 — "시간이 복리로 일하게 하라"

장기 투자는 단순히 오래 보유하는 전략이 아닙니다. 이는 "좋은 자산을 믿고 꾸준히 함께 가는 철학"입니다.

- **변동성의 완화**: 단기 가격 변동에 휘둘리지 않고, 장기적으로는 평균 회귀(Mean Reversion)를 통해 수익이 안정화됩니다.
- **복리 효과의 누적**: 꾸준한 장기 보유와 재투자를 통해 복리 효과가 쌓입니다.
- → "시간은 단기 투기꾼의 적이지만, 장기 투자자의 친구"입니다.

- **심리적 안정**: 하루하루의 등락에 일희일비하지 않고, 목표 시점과 방향성에 집중할 수 있습니다.
- **본질적 가치 투자**: 단기 가격이 아닌, 프로젝트의 철학·기술력·커뮤니티 성장을 기준으로 판단합니다.

결국, "좋은 프로젝트를 싸게 사서 오래 보유하는 것"이 가장 단순하면서도 가장 어려운 전략입니다. 그러나 시간이 증명하듯, 그것이야말로 가장 현명한 투자법입니다.

§ 초보자를 위한 장기 투자 실전 가이드

- **목표 기간을 정하라**: 최소 6개월~1년 이상을 기준으로 삼아야 합니다. 장기적 시야가 있어야 조급함을 이길 수 있습니다.
- **좋은 프로젝트만 선택하라**: 백서, 팀 구성, 커뮤니티 활동, 로드맵 등을 꼼꼼히 검토하세요. 단순히 "오를 것 같다"가 아니라, "실제로 성장할 근거가 있는가."를 확인하는 것이 핵심입니다.
- **적립식 분할 매수(DCA: Dollar Cost Averaging)**: 일정 금액을 주기적으로 나누어 투자하면 시장 타이밍에 대한 부담을 줄일 수 있습니다. 꾸준함이 시장의 변동성을 이기는 가장 확실한 방법입니다.
- **보유 자산을 자주 확인하지 말라**: 잦은 시세 확인은 불안과 조급함을 키웁니다.

장기 투자는 "인내의 시간"이 필요합니다. 시장의 잡음을 차단하는 것이 오히려 수익으로 이어집니다.

- **'팔 이유'를 미리 정하라**: 목표가 달성, 프로젝트 방향성 상실, 핵심 인력 이탈 등 명확한 기준을 세워두세요. 감정이 아니라 원칙으로 매도 결정을 내릴 때, 흔들리지 않는 투자가 가능합니다.

요약하자면

단타는 속도와 감정의 싸움이지만, 장기 투자는 철학과 시간의 싸움입니다. 시장에 맞서기보다, 시장의 흐름과 함께 호흡하는 투자자 — 그가 결국 시간의 복리를 맛보는 진짜 승자가 됩니다.

◇ **단타 vs 장기 — 비교 요약표**

구분	단타 투자	장타 투자
목표	단기 수익, 시세차익	자산 성장, 복리 효과
리스크	변동성 높음, 심리 불안 변동성 흡수	안정적 수익
필요 역량	높은 집중력, 빠른 판단	인내심, 꾸준한 학습
시간 투자	매일 시세 확인, 스트레스 큼	정기 점검만으로 충분
결과 패턴	단기 이익 후 장기 손실 위험	시간과 함께 수익 누적

정리하면

단타(短打)는 기술의 싸움이 아니라 감정의 싸움입니다. 순간의 이익을 좇는 마음, 조급함과 두려움이 뒤섞인 감정이 판단을 흐리게 만듭니다.

반면, 장기 투자는 철학이자 습관입니다. 단기 등락에 흔들리지 않고, 좋은 프로젝트의 가치를 신뢰하며 꾸준히 지켜보는 태도입니다.

시장을 예측하려 애쓰지 마십시오.
예측은 불가능하지만, 시간을 아군(味方 미카타)으로 만드는 것은 가능합니다. 좋은 코인을 선택했다면, 그 뒤로는 시간과 인내가 대신 일하게 하십시오.

결국 투자에서 가장 강력한 무기는 '시간(Time)'과 '인내(Patience)'의 결합입니다.
이 두 가지는 계산으로 얻는 수익보다 훨씬 깊은 지속력의 힘을 만들어냅니다. 빠르게 벌려는 욕심보다, 꾸준히 버티는 신념이 진짜 승리를 만듭니다.

02 분산투자
― 모든 달걀을 한 바구니에 담지 마라

투자 세계에서 가장 오래된 교훈 중 하나가 바로 '분산(Diversification)'입니다.

이것은 단순한 속담이 아니라, 수많은 위기와 거품, 그리고 붕괴의 시대를 통과하며 실제로 검증된 생존 전략입니다.

코인 시장 역시 예외가 아닙니다. 기술의 혁신성과 성장 잠재력은 매우 크지만, 동시에 가격 변동성·정책 리스크·시장 심리 등 외부 요인에 따라 언제든 급격한 하락을 경험할 수 있습니다. 따라서 분산투자는 선택이 아니라, 위험으로부터 자신을 지키는 필수적인 생존 기술입니다.

1. 왜 분산투자가 필요한가?

코인 시장은 전통 주식시장보다 훨씬 변동성이 크고 예측이 어렵습니다.

어제까지만 해도 "혁신의 상징"으로 떠오르던 프로젝트가 하루아침에 해킹이나 규제 이슈로 폭락하는 경우도 많습니다.

- **예측 불가능한 시장 구조:** 기술 발전, 규제 변화, 글로벌 뉴스, 투

자자 심리 등 다양한 변수가 한꺼번에 작용합니다. 코인 시장은 "논리보다 심리", "데이터보다 속도"가 앞서는 세계입니다.

• **프로젝트별 리스크 차이**: 모든 코인이 같은 리스크를 갖는 것은 아닙니다. 어떤 코인은 기술력이 탄탄하지만 성장 속도가 느리고, 또 어떤 코인은 성장 잠재력은 크지만 안정성이 떨어집니다. 결국 시장은 언제나 '내 예측'을 비웃습니다.

그래서 "예측"보다 중요한 것은 "대비"입니다. 예측하려는 투자자보다 대비하는 투자자가 오래 살아남습니다.

2. 분산투자의 기본 원리

분산투자는 "아무 코인이나 여러 개 사는 것"이 아닙니다.
리스크의 성격이 다른 자산에 나누어 투자함으로써, 한쪽이 흔들릴 때 다른 쪽이 지탱해주는 구조를 만드는 것이 핵심입니다.

•**프로젝트 성격별 분산**: 예, 비트코인(보수형) + 이더리움(성장형) + 디파이·게임·NFT 코인(혁신형)
→ 이렇게 성격이 다른 코인들을 혼합하면 시장 전반의 위험을 크게 줄일 수 있습니다.

• **기간별 분산**: 장기 보유 코인과 단기 트렌드 코인을 구분해 관리합니다. 장기 코인은 안정적 가치 축적에, 단기 코인은 유동성 확보에 도움이 됩니다.

• **매수 시점 분산 (적립식 투자, DCA)**: 일정 금액을 정기적으로 나

누어 투자하면 '언제 사야 하지?'라는 불안에서 벗어날 수 있습니다. 타이밍보다 꾸준함이 시장의 변동성을 이기는 힘입니다. "분산은 불안한 마음을 평정시켜주는 최고의 방패입니다."

3. 분산투자 실전 전략

- **비트코인을 중심축으로 세워라:** 비트코인은 시장의 기준이자 비교 잣대입니다. 전체 포트폴리오의 30~50%를 비트코인으로 구성하는 것이 일반적입니다. 알트코인은 성장 가능성에 비례해 소액만 분배하라 기술력·커뮤니티 활동·백서 완성도를 기준으로 비중을 조정하세요. 알트코인 전체 합계는 포트폴리오의 40%를 넘기지 않는 것이 바람직합니다.
- **스테이블코인 비중 확보:** 스테이블코인은 시장이 급락할 때 매수 기회를 잡을 수 있는 '현금 대기 자산' 역할을 합니다.
- **섹터(산업군) 분산:** 블록체인 산업 내에서도 분야가 다양합니다. 예, 디파이(DeFi), NFT, 인프라, 게임, AI, 메타버스 등 서로 다른 분야에 투자하면, 특정 섹터의 하락에도 전체 포트폴리오가 안정적으로 유지됩니다.
- **정기 리밸런싱(Rebalancing):** 3개월 또는 6개월마다 포트폴리오를 점검해 지나치게 커진 자산의 비중을 줄이고, 안정화를 유지합니다. 리밸런싱은 단순히 비율을 조정하는 일이 아니라, 탐욕을 관리하는 투자 습관입니다.

4. 초보자를 위한 포트폴리오 예시

자산 구분	예시 코인	비중(예시)	투자 성격
비트코인(BTC)	—	40%	안정적 기반 자산
이더리움(ETH)	—	30%	기술·생태계 중심
디파이·NFT 관련 코인	AAVE, UNI, MANA 등	20%	성장형·혁신형 자산
스테이블코인(USDT 등)	—	10%	현금 유동성 확보용

☆ 한 코인이 60% 이상 비중을 차지한다면, 그것은 투자라기보다 '베팅'에 가깝습니다.

■ 결론

분산투자란 손실을 줄이고, 생존 확률을 높이는 기술입니다.

시장은 누구에게도 완벽하게 예측 불가능하므로, "한 코인 올인"은 가장 위험한 선택입니다. 좋은 투자자는 수익률이 아니라 리스크 관리 능력으로 구분됩니다.

결국 분산투자는 단순한 전략이 아니라, 탐욕을 제어하는 지혜이자, 장기 투자자의 생명줄입니다.

03 투자 심리 다스리기
— 탐욕과 공포의 균형

1. 코인 시장은 인간 심리의 거울

코인 시장은 기술이 아닌 인간의 감정이 가격을 움직이는 공간입니다. 가격이 오르면 탐욕이 몰려들고, 내리면 공포가 시장을 덮습니다. 이는 단순한 경제 현상이 아니라, 인간의 본능적 심리 반응입니다.

- 탐욕(Greed)은 '더 벌고 싶다'는 욕망이 불러오는 확증 편향(confirmation bias)의 결과입니다.
- 공포(Fear)는 손실을 회피하려는 뇌의 자동 방어 메커니즘, 즉 손실회피(loss aversion)에서 비롯됩니다.

하버드 행동경제학 연구에 따르면, 인간은 같은 크기의 손실이 이익보다 약 두 배 강하게 느껴집니다. 그래서 시장이 하락하면 사람들은 합리적 판단보다 감정에 따라 '패닉 셀'을 합니다. 결국, 코인 시장의 진짜 적은 다른 투자자가 아니라, 자신의 감정입니다.

2. 탐욕의 심리학 — '더 벌고 싶다'는 착각의 메커니즘

탐욕은 투자자를 가장 빠르게 무너뜨리는 감정입니다. 처음엔 합리적이었던 판단이, 수익이 나기 시작하면 '내가 옳았다'는 자기 강화로 바뀝니다. 이때 생기는 대표적 인지 오류들이 있습니다.

■ 확증 편향(Confirmation Bias): 내 믿음을 뒷받침하는 정보만 선택적으로 받아들이고, 반대 정보는 무시함.
• 후광 효과(Halo Effect): 한 번 수익을 본 코인을 '무조건 좋은 코인'이라 착각함.
• 도박사의 오류(Gambler's Fallacy): "이번에도 오를 거야"라는 근거 없는 기대감에 따라 행동함.

심리학적으로 탐욕은 '성공의 감정'을 반복 경험할 때 강화됩니다. 따라서 이익이 났을 때 스스로에게 **"운이 좋았을 뿐"**이라는 거리두기 대화를 하는 습관이 필요합니다.

3. 공포의 심리학 — '잃을까 봐'의 본능을 다스리기

공포는 생존 본능에서 비롯된 감정이지만, 투자에서는 종종 가장 비합리적인 판단의 원인이 됩니다. 시장 급락 시, 공포에 휩쓸려 매도하는 것은 본능적이지만, 대부분의 경우 그것이 손실을 확정짓는 행동입니다.

■ 손실회피 성향(Loss Aversion): 사람은 '돈을 버는 기쁨'보다 '잃는 고통'을 훨씬 강하게 느낍니다.
• 군중심리(Herd Effect): "다른 사람들도 파니까 나도 팔아야 한다."

→ 인간은 불확실한 상황에서 타인의 행동을 모방함으로써 안정을 찾으려 합니다.

심리학적으로 공포에 휩싸일 때는 즉시 **'판단 행동을 멈추는 것'**이 중요합니다. 감정이 극대화된 상태에서는 합리적 사고가 작동하지 않기 때문입니다.

4. 감정 조절의 기술 — 심리적 리밸런싱 하기

투자자는 단지 코인을 사는 사람이 아니라, 자신의 감정을 관리하는 사람입니다.
심리적 리밸런싱이란, 포트폴리오만큼이나 감정의 균형을 조정하는 것을 의미합니다.

- **투자 일지 쓰기**: 매수·매도 이유, 감정 상태, 판단 근거를 기록하면, 자신의 패턴을 객관적으로 볼 수 있습니다.
- **의도적 거리두기**: 시세를 하루에 한 번만 확인하거나, 앱 알림을 꺼두세요. 특히, '시장 소음'으로부터 자신을 보호하는 것이 감정 통제의 첫걸음입니다.
- **사전 시나리오 작성**: 미리 "이 가격이 되면 어떻게 행동할지"를 정해두면, 감정적 결정을 예방할 수 있습니다.
- **명상·호흡 훈련 활용**: 심리학 연구에 따르면, 3분간의 복식호흡은 감정 조절과 전두엽의 판단 기능 회복에 큰 도움을 줍니다.

5. 장기적 관점의 마음가짐 — '평정심이 최고의 무기'

성공적인 투자자들은 단순히 돈을 많이 번 사람이 아닙니다. 그들은 시장의 소용돌이 속에서도 평정심을 잃지 않는 사람들입니다.

시장은 언제나 오르고 내립니다. 감정은 통제할 수 없지만, 그 감정에 반응하는 나의 행동은 통제할 수 있습니다. 진정한 고수는 "시장을 예측하는 사람"이 아니라 "스스로를 관리하는 사람"입니다.

심리학적으로 불안한 시장에서 평정심을 유지하는 것은 '감정의 억제'가 아니라, 감정을 인식하고 받아들이는 메타 인지적 태도입니다. 즉 "나는 지금 불안하구나."라고 자각하는 순간, 감정은 힘을 잃습니다.

[참고] 탐욕·공포 지수(Fear & Greed Index)
— 시장 심리를 객관화하는 도구

코인 시장은 이성보다 감정이 먼저 움직이는 공간입니다.

가격이 오를 때는 탐욕이 몰려들고, 내릴 때는 공포가 순식간에 시장을 덮습니다.

이런 감정의 파도 속에서 투자자가 자신의 판단을 객관화하기 위해 사용할 수 있는 유용한 도구가 바로 탐욕·공포 지수(Fear & Greed Index)입니다.

▣ 탐욕·공포 지수란 무엇인가

탐욕·공포 지수(Fear & Greed Index)는 시장에 참여하는 사람들의 심리 상태를 수치로 표현한 지표입니다. 즉 현재 시장이 '불안과 공포'에 휩싸여 있는지, 아니면 '탐욕과 과열'에 빠져 있는지를 한눈에 보여주는 심리적 온도계라고 할 수 있습니다.

이 지수는 0에서 100 사이의 숫자로 표시되며, 구간별 의미는 다음과 같습니다.

구간	심리 상태	시장 의미
0 - 24	극단적 공포 (Extreme Fear)	투자자들이 불안과 손실 우려로 매도를 서두르는 구간
25 - 49	공포(Fear)	불확실성이 높고 방어적 심리가 강한 구간
50 - 74	탐욕(Greed)	낙관론이 퍼지고 매수 심리가 확산되는 구간
75 - 100	극단적 탐욕 (Extreme Greed)	과도한 기대와 과열로 시장 거품이 커지는 구간

이 지수는 단순히 감정을 측정하는 것이 아니라, 시장 참여자들의 행동 패턴을 데이터로 분석한 '집단 심리의 지표'입니다.

가격 변동성, 거래량, 소셜미디어 언급량, 비트코인 점유율, 트렌드 데이터 등을 종합해 산출되며, 결과적으로 "지금 시장의 온도가 얼마나 뜨겁거나 차가운가."를 객관적으로 알려줍니다.

• **정리하면**, 탐욕·공포 지수는 숫자가 아니라 심리의 나침반입니다.

탐욕이 극단에 달할 때는 조심하고, 공포가 극에 이르렀을 때는 오히려 기회를 볼 수 있습니다.

"이성은 흔들리지만, 데이터는 거짓말하지 않는다." 감정이 아니라 지표로 시장을 바라보는 습관이 결국 투자자의 생존 확률을 높이는 길입니다.

▣ 심리학적 의미 — 집단 감정의 반영

이 지수는 행동경제학의 대표 개념인 군중심리(Herd Behavior)와 밀접한 관련이 있습니다. 인간은 불확실한 상황에서 타인의 행동을 모방함으로써 안정감을 얻습니다.

즉, **시장이 상승하면 →** '놓칠까 봐' 사들이는 FOMO(Fear of Missing Out, 놓칠까 두려움). **시장이 하락하면 →** '더 떨어질까 봐' 파는 Panic Selling(공포 매도)이 반복됩니다. 이처럼 시장은 이성보다 감정의 평균값으로 움직이기 때문에, 탐욕·공포 지수는 개별 투자자의 감정이 아니라 집단 심리의 집합체를 보여줍니다.

심리학적으로 인간은 자신의 감정은 잘 느끼지만, **"전체 분위기"**는 잘 모릅니다. 탐욕·공포 지수는 **'시장 전체가 어떤 감정에 지배되고 있는가?'**를 객관화하는 거울입니다.

▣ 실전 활용법 — 감정의 역이용

지수가 보여주는 숫자를 단순히 따라가는 것이 아니라, 역발상적 사고로 활용해야 합니다.

지수 구간	시장 심리 상태	투자자 행동 전략
0 - 24 (극단적 공포)	"이제 끝났다", "아무도 안 산다"	오히려 매수 기회일 수 있음(저가 매수)
25 - 49 (공포)	불안하지만 관망세	분할 매수 구간
50 - 74 (탐욕)	낙관론 우세, 기대감 확산	보유 유지·이익 일부 실현 고려
75 - 100 (극단적 탐욕)	"이 코인은 무조건 오른다"	경고 신호, 분할 매도·현금 비중 확대

- **투자 철칙:** "공포 속에서 사고, 탐욕 속에서 팔아라." –워런 버핏

지수가 낮을수록 기회가 많고, 지수가 높을수록 위험이 커진다는 점을 잊지 말아야 합니다.

■ 주의할 점 — 맹신이 아니라 '참고 지표'로 활용하라

탐욕·공포 지수는 강력한 참고 지표이지만, 절대적인 판단 기준은 아닙니다.

다음 사항을 유념해야 합니다.

지수는 과거 데이터를 기반으로 계산되므로, 단기 급변 시 반응이 늦을 수 있습니다.

일부 극단적 상황(예: 정치 이슈, 해킹, 전쟁 등)에서는 심리보다 외부 요인이 우세합니다. 코인 시장 외에도 글로벌 주식·금리·환율 등 거시경제 흐름을 함께 고려해야 합니다.

■ 요약-Summary

탐욕·공포 지수는 시장 전체의 감정 흐름을 수치로 보여주는 심리 지표입니다. 시장이 공포에 빠졌을 때는 오히려 기회가, 탐욕에 물들었을 때는 위험이 커집니다.

중요한 것은 지수를 믿는 것이 아니라, 그 지표를 통해 내 감정을 객관화하고 스스로의 행동을 조율하는 것입니다.

04 투자와 심리학의 관계
— 감정, 인지, 행동이 만드는 투자 결정의 심리학

1. 투자 결정은 '이성의 계산'이 아니라 '감정의 반응'

고전경제학은 인간을 합리적 존재(Homo Economicus)로 가정했습니다.

즉, 모든 선택은 이익을 극대화하고 손실을 최소화하려는 논리적 계산의 결과라고 보았습니다. 하지만 실제 투자자는 감정적 존재(Homo Emotionalis)입니다.

뇌 과학적으로도, 투자 결정을 내릴 때 활성화되는 영역은 **이성(전두엽)보다 감정(편도체, 도파민 회로)**과 관련된 부위입니다. 즉 투자 판단은 "분석의 결과"보다 "감정의 반응"에 의해 좌우됩니다. 이 때문에 우리는 종종 '이익을 내는 정보'를 알고 있어도 '감정이 흔드는 순간'을 이기지 못해 잘못된 결정을 내립니다. 그래서 투자를 지식보다 마음이 관리하는 영역이라고 합니다.

2. 주요 심리학 이론으로 본 투자자 행동

■ 프로스펙트 이론(Prospect Theory) — **손실의 고통은 이익의 기쁨보**

다 2배 크다

대니얼 카너먼과 아모스 트버스키의 연구는 사람이 이익보다 손실에 훨씬 민감하게 반응한다는 사실을 밝혔습니다.

같은 100만 원의 이익보다 100만 원의 손실이 두 배 이상 아프게 느껴집니다.

이 때문에 사람들은 손실을 인정하지 않으려 하고, 오히려 손실을 만회하려 무리한 투자를 반복한다는 이론입니다.

- **투자 적용**: "손실이 확정되는 순간의 고통"을 피하려다 손실을 더 키우는 '미련한 보유'가 발생할 수 있습니다. 이를 대응하는 전략으로는 사전에 손절 기준을 명문화하고, 감정이 아닌 원칙으로 실행합니다.

■ **인지 부조화 이론(Cognitive Dissonance)** — 불편한 진실을 외면하는 심리

내가 산 코인이 떨어질 때, 사람들은 "일시적인 조정이야"라고 스스로 위안합니다. 이는 내 선택이 틀릴 수 있다는 생각을 받아들이기 어렵기 때문입니다.

'내가 틀렸을 수도 있다'는 생각은 자존감에 충돌을 일으킵니다. 그래서 사람들은 스스로의 결정을 합리화하기 위해 불리한 정보를 무시하곤 합니다.

- **투자 적용**: 자신이 매수한 코인에 불리한 뉴스가 나와도 "FUD(공포 조장)"이라고 부정하기 쉽습니다. 이에 따른 대응 전략으로는 스

스로의 의견과 반대되는 시각을 일부러 찾아보는 습관을 길들여야 합니다.

■ 확증 편향(Confirmation Bias) — 듣고 싶은 말만 듣는 마음

사람은 자신이 믿고 싶은 정보만 찾습니다.

예를 들어, 이더리움을 매수한 투자자는 "이더리움 긍정 기사"만 클릭합니다. 이는 뇌의 '도파민 보상 회로'가 '자기 확신'을 강화하기 때문입니다. 즉 자신의 믿음을 확인할 때 뇌가 쾌감을 느낍니다.

• **투자 적용**: 확증 편향은 잘못된 포지션을 오래 끌고 가게 만듭니다. 이에 따른 대응 전략으로는 뉴스·데이터를 볼 때마다 "이 정보는 내 생각을 반박하는가?"를 자문하세요.

■ 군중심리(Herd Behavior) — 다수가 옳다고 믿는 착각

"다른 사람들도 사니까 나도 사야겠다."

이는 인간이 사회적 동물로서 소속 욕구와 안전 본능을 따르는 자연스러운 행동입니다. 집단 속에서 판단하면 불안을 덜 느낍니다. 그러나 시장에서는 '대다수의 판단'이 종종 '거품'으로 이어집니다.

• **투자 적용**: 가격이 급등하면 '놓칠까 봐'(FOMO) 뛰어들고, 급락하면 '무서워서'(Panic) 도망칩니다. 이에 따른 대응 전략은 다른 사람의 움직임이 아니라, 데이터와 나의 원칙을 기준으로 삼는 것입니다.

■ 자기통제 이론(Self-Control Theory) — 즉각적 쾌락 vs 장기적 보상

우리의 뇌는 즉각적인 보상(단타 수익)을 장기적 보상(꾸준한 복리 수익)보다 더 강하게 원합니다. 이는 도파민 시스템의 본질적인 성향 때문입니다.

• **투자 적용**: "지금 팔면 수익 확정인데…"라는 즉각적 만족의 유혹은 장기 투자 전략을 무너뜨립니다. 이에 따른 대응 전략은 자동화된 매수·매도 시스템을 설정해 감정의 개입을 최소화시킵니다.

3. 투자 심리와 행동경제학의 교차점 — 감정이 가격을 만든다.

행동경제학의 핵심은 "시장 가격은 합리적 계산의 결과가 아니라, 인간의 감정·편향·인지 오류의 총합이라는 것"입니다. 〈목원 현용수〉

공포는 저평가된 시장을 만들고, 탐욕은 거품을 키우며, 무관심은 기회를 놓치게 합니다. 결국 시장은 '감정의 평균값'으로 움직이며, 그 평균에서 벗어나 '감정을 객관화할 수 있는 사람'만이 장기적으로 승리합니다. 그래서 행동경제학 "시장은 인간의 감정으로 움직이고, 감정의 균형을 잡는 자만이 시장을 통제한다."라고 경고합니다.

■ 실전에서 심리를 다스리는 다섯 가지 전략

코인 시장은 이성보다 감정이 먼저 움직이는 전장(戰場)입니다.

그래서 진짜 투자자는 기술보다 '심리 관리 능력'으로 구분됩니다. 다음의 다섯 가지 방법은, 흔들리는 마음을 다스리고 스스로를 객관화하기 위한 실전 전략입니다.

1. 기록의 힘 — 감정을 데이터로 전환하라

투자 일지를 쓰는 것은 단순한 습관이 아니라 자기 통제 훈련입니다. 매매 시점, 판단 근거, 감정 상태(불안·욕심·조급함 등)를 함께 기록해 보세요. 시간이 지나면 내 감정 패턴이 보이고, "왜 그때 그런 결정을 내렸는가."를 되돌아볼 수 있습니다. 즉 감정을 데이터화하면, 감정에 휘둘리지 않게 됩니다.

- **핵심**: 감정을 적는 순간, 감정은 통제 가능한 정보로 바뀝니다.

2. 거리두기 훈련 — 시장의 소음에서 벗어나라

가격 알림, 뉴스 속보, SNS 트렌드는 투자자의 불안을 자극하는 '심리적 소음'입니다. 시세 알림을 꺼두고, 하루 한 번만 차트를 점검해도 충분합니다. 시장과 일정한 거리를 두면 감정의 파도 대신 객관의 시야가 생깁니다. 때로는 "아무것도 하지 않는 것"이 가장 현명한 투자일 수 있습니다.

현용수 교수의 한마디: 투자는 반응이 아니라 관찰이다.

3. 시나리오 투자 — 감정보다 계획이 먼저다

시나리오 투자는 '만약'을 미리 대비하는 전략입니다.
"가격이 ○○까지 떨어지면 매수, △△까지 오르면 일부 매도"처럼 미리 행동 기준을 정해 두면, 순간의 감정이 결정을 지배하지 못합니다. 시장을 통제할 수는 없지만, 내 행동을 통제하는 것은 언제나 가능합니다.

- 원칙이 없는 투자는 감정이 지배하고, 원칙이 있는 투자는 감정을 통제한다.

4. 탐욕·공포 지수 활용 — 감정이 시장과 같다면 잠시 멈춰라

탐욕·공포 지수는 시장의 집단 심리를 수치화한 '심리 온도계'입니다. 만약 내 감정이 그 지수와 똑같이 움직이고 있다면, 지금은 판단이 아니라 '휴식'이 필요한 시점일 수 있습니다. 대부분의 실수는 감정이 최고조에 달했을 때 일어납니다.

시장보다 한 발 떨어져 자신의 마음을 관찰하세요.

- 탐욕이 커질수록 속도를 늦추고, 공포가 커질수록 시야를 넓혀라.

5. 메타인지적 관찰 — '나는 지금 어떤 감정으로 투자하고 있는가?'

메타인지(Metacognition)는 '생각을 바라보는 생각', 즉 내 감정을 한 발짝 떨어져 바라보는 능력입니다. 투자 결정을 내릴 때, 스스로에게 이렇게 물어보세요.

"나는 지금 불안해서 사고 있는가, 확신이 있어서 사고 있는가?"
"이 결정은 분석의 결과인가, 감정의 반응인가?"

이 한 번의 질문이 충동을 막고, 실수를 줄이며, 나를 성장시킵니다. 감정의 노예가 아닌 관찰자의 자리에 설 때, 비로소 진짜 투자자가 됩니다.

- **정리하자면,** 시장은 언제나 흔들리지만, 스스로를 다스릴 줄 아는 사람만이 흔들리지 않습니다. 투자는 정보의 싸움이 아니라, 결국 '마음의 싸움'입니다.

기록하고, 거리두고, 계획하고, 관찰하고, 스스로를 인식하는 사람 — 그가 진정으로 심리적 복리(Compound Mindset)를 누리는 투자자입니다.

- **요약** — 이성적 투자란 감정을 부정하는 것이 아니라, 감정을 이해하는 것이다.

감정	잘못된 반응	심리학적 원인	이성적 대처
탐욕	과도한 매수·몰빵	도파민 보상 회로	목표 수익률 설정, 분할 매도
공포	급락 시 패닉셀	손실 회피 성향	감정적 행동 유보, 객관적 분석
조급함	단타 반복	즉각적 보상 추구	장기 목표 재확인, 루틴 유지
과신	위험 과소 평가	통제의 환상	검증 피드백 습관화

결론적으로, 투자는 차트를 읽는 기술이 아니라, 자기감정을 해석하는 심리적 언어 능력입니다. 시장을 이기려 하기보다, 먼저 내 마음의 패턴을 읽는 연습을 하세요.

그것이 바로 진정한 투자자의 첫 번째 훈련입니다.

05 명리학으로 바라보는 투자 성향
— 기질, 타이밍, 그리고 운의 흐름

1. 명리학이 투자에서 의미를 갖는 이유

명리학(命理學)은 흔히 '운세를 보는 학문'으로 오해받지만, 실제로는 인간의 기질(氣質), 리듬, 사고방식, 의사결정 패턴을 해석하는 체계적 인문학입니다.

사람이 태어난 연(年)·월(月)·일(日)·시(時)를 기준으로 구성되는 사주(四柱), 즉 천간(天干)과 지지(地支)의 조합 속에는 그 사람의 감정 흐름, 사고 구조, 리스크 감수 성향, 그리고 결단의 타이밍이 고스란히 반영되어 있습니다.

다시 말해, 명리학은 "운명을 맞히는 기술"이 아니라 "자신의 에너지를 이해하고 조율하는 자기경영의 도구"입니다.

2. 투자에 적용되는 명리학적 통찰

투자에서 중요한 것은 "무엇을 살까?"가 아니라 "내가 어떤 투자자인가?"를 아는 것입니다. 같은 시장 상황에서도 어떤 사람은 기회를 보고, 또 어떤 사람은 불안을 느낍니다. 이 차이는 지식이 아니라 기질의 차이에서 비롯됩니다.

명리학은 바로 그 '타고난 투자 심리 코드'를 읽어내는 지도(地圖)와 같습니다.

예를 들어, 화(火)의 기운이 강한 사람은 결단력과 추진력이 뛰어나지만, 조급함과 과열 투자에 주의해야 하고,

수(水)의 기운이 강한 사람은 분석력과 정보 감수성이 탁월하지만, 과도한 신중함이 기회를 놓치게 만들 수 있습니다.

토(土)의 기운은 안정과 신뢰를 중시하므로 장기 보유형 투자자로 적합하고,

목(木)과 금(金)의 균형은 성장과 실리, 즉 균형 잡힌 투자 감각을 만들어냅니다.

이처럼 자신의 기질을 이해하면, 무모한 베팅이나 감정적 매매에서 벗어나 "나에게 맞는 투자 방식"을 선택할 수 있습니다.

3. 운(運)과 타이밍의 조율

명리학은 '운(運)'을 외부의 힘이 아니라, 나와 환경의 흐름이 맞물리는 리듬으로 봅니다. 즉 좋은 운이란 "기회가 오는 때"이기도 하지만, 동시에 "그 기회를 감당할 내 에너지 상태가 조화된 때"를 의미합니다.

따라서 현명한 투자자는 "운을 기다리는 사람"이 아니라, 자신의 리듬을 조율하여 운의 파도에 올라탈 수 있는 사람입니다. 명리학은 그 흐름을 읽고, 내 행동의 타이밍을 맞추는 나침반이 되어줍니다.

- **정리하자면,** 명리학은 점술이 아니라, 자기이해와 리스크 관리의 언어입니다.

자신의 사주를 통해 기질과 의사결정 패턴을 이해하면, 시장의 변동성 속에서도 "감정이 아니라 리듬으로 투자하는 법"을 배울 수 있습니다.

투자는 지식의 싸움이 아니라, 자기 이해의 싸움이다. 나의 기질을 알고, 나의 리듬을 읽을 때, 비로소 시장의 흐름과 조화를 이루는 진정한 투자자가 된다.

4. 오행(五行)별 투자 성향과 심리적 기질

명리학에서 오행(五行) —목(木)·화(火)·토(土)·금(金)·수(水)— 은 단순한 자연의 원소가 아니라, 인간의 사고방식·감정 반응·결정 성향을 상징하는 심리적 코드입니다.

이 다섯 가지 기운은 투자자에게도 서로 다른 판단 패턴과 리스크 대응 방식을 만들어냅니다.

■ **목(木)형 — 성장과 확장의 기운, 그러나 조급함 주의**

목(木)의 기운을 가진 사람은 성장과 변화를 중시하며, 새로운 기회와 시장의 흐름을 빠르게 포착하는 능력이 뛰어납니다. 혁신적이고 진취적인 사고 덕분에 신사업, 신기술, 신 코인에 민감하게 반응합니다.

그러나 "더 빠르게, 더 크게"라는 성향이 강해 리스크 관리 루틴이 부실하면 손실이 커질 수 있습니다. 따라서 투자 전 체크리스트와 손절 기준을 명확히 세워 속도보다 안정의 균형을 잡는 훈련이 필요합니다.

현용수 교수의 한마디, 목형 투자자에게 필요한 키워드: 속도보다 균형, 성장보다 지속.

■ 화(火)형 — 열정과 추진력의 에너지, 그러나 과열 경계

화(火)형은 에너지가 강하고 결단력이 탁월합니다. 시장의 변화에 빠르게 반응하며, "직감적인 타이밍 감각"이 좋은 편입니다. 새로운 트렌드나 유행을 과감히 시도하는 용기도 가지고 있습니다.

하지만 감정의 온도가 급격히 오르내리기 쉬워, 탐욕이나 흥분 상태에서 충동적 매매를 할 경향이 있습니다. 화형 투자자는 반드시 쿨다운(Cool Down) 전략, 즉 "한 번 더 생각하고 결정하는 습관"을 통해 자신을 제어해야 합니다.

현용수 교수의 한마디, 화형 투자자에게 필요한 키워드: 속도 조절, 감정의 온도 관리.

■ 토(土)형 — 안정과 신뢰의 기운, 그러나 기회 상실주의

토(土)형은 현실적이고 신중하며, 안정성을 중시하는 장기 투자형 성향입니다.

계획을 세우고 꾸준히 실행하는 능력이 뛰어나며, 변동성보다 예측 가능성을 선호합니다. 다만 지나친 안정 지향은 '기회를 놓치는 보수성'으로 이어질 수 있습니다.

새로운 시장의 변화를 두려워하기보다는, 검증된 범위 안에서 조금씩 확장하는 실험 정신을 더하는 것이 좋습니다.

현용수 교수의 한마디, 토형 투자자에게 필요한 키워드: *안정 속의 유연함, 변화에 대한 열린 시선.*

■ 금(金)형 — 분석과 효율의 기운, 그러나 과도한 통제 주의

금(金)형은 논리적이고 계산적인 사고를 바탕으로 데이터 중심 투자자가 많습니다.

객관적인 근거와 수치에 강하며, 감정에 휘둘리지 않는 냉정한 판단력을 가지고 있습니다.

그러나 지나친 완벽주의나 통제 욕구는 "시장에 맡겨야 할 부분"까지 스스로 조정하려는 경직된 태도로 나타날 수 있습니다. 금형 투자자는 때로는 불확실성을 수용하는 유연함을 배워야 합니다.

현용수 교수의 한마디, 금형 투자자에게 필요한 키워드: *완벽보다 유연, 분석보다 신뢰.*

■ 수(水)형 — 직관과 통찰의 기운, 그러나 중심축 설정이 관건

수(水)형은 감수성과 정보 감도가 뛰어나며, 복잡한 흐름 속에서도 본질을 읽어내는 직관적 통찰력이 강합니다. 새로운 트렌드와 사람 간 네트워크에 민감하고, 변화에 적응하는 능력도 우수합니다.

하지만 정보가 너무 많을수록 자기 기준이 흔들릴 위험이 있습니다. 따라서 수형 투자자는 명확한 투자 철학과 의사결정 원칙을 세워 "정보의 바다 속에서 중심을 잡는 연습"이 필요합니다.

현용수 교수의 한마디, 수형 투자자에게 필요한 키워드: *중심 유지, 기준의 명확화.*

■ **정리하자면**

오행 유형	강점	주의점	보완 전략
목(木)	성장, 도전, 추진력	조급함, 무리한 확장	리스트 관리 루틴 확립
화(火)	열정, 직감, 행동력	감정적 매매, 과열	쿨다운·재확인 습관
토(土)	안정, 계획, 지속성	보수성 기회 상실	작은 변화를 수용
금(金)	분석력, 효율성	완벽주의, 경직성	불확실성 수용 훈련
수(水)	직관, 정보, 감도	기준 불명확, 우유부단	자기 원칙·철학 확립

- **결론:** 오행은 투자에서 단순한 성격 유형이 아니라, '에너지의 사용 방식'을 보여주는 거울입니다. 자신의 기질을 이해하면, 시장을 바꾸려 하기보다 자신의 리듬에 맞는 투자법을 찾게 됩니다. 결국 현명한 투자는 "나를 아는 것에서 시작된다."

5. 명리학과 행동경제학의 접점 ―타고난 기질이 투자 판단을 만든다.

행동경제학이 말하는 '편향(bias)'은 명리학적으로 보면 기질의 기운이 특정 방향으로 과도하게 치우친 상태입니다.

행동경제학 개념	명리학적 대응	설명
확증 편향	목(木)의 확장성 과잉	낙관적 사고, "내 생각이 맞을 거야"
과신 편향	화(火)의 에너지 과잉	즉흥적 결단, 단기 매매 과다
손실 회피	토(土)의 보수성 과잉	안전 집착, 기회 손실
분석 마비	금(金)의 냉정성 과잉	완벽주의 실행력 저하
군중 추종	수(水)의 유동성 과잉	트렌드 의존, 방향성 상실

• **심리학적 통찰**: 명리학의 '균형(調和)'은 행동경제학의 '편향 인식(bias awareness)'과 동일한 개념이다. 즉 자신의 기운이 어디로 치우쳐 있는지 자각하는 순간, 투자 판단이 성숙해진다.

6. 사주 구성별 투자 행동 패턴 (실전 해석 예시)

"명리학(命理學)은 미래를 예언하는 학문이 아니라,
  나의 에너지를 시장의 리듬에 맞추는 심리적 과학(心理的 科學)이다." [목원 현용수]

명리학에서 사주(四柱)는 타고난 성향을 보여주는 '기본 코드'입니다. 즉 투자를 대하는 행동 습관·결정 패턴·리스크 감수 태도는 우연이 아니라, 각자의 기질적 조합에서 비롯됩니다.

예를 들어, **재성(財)이 강한 사주**는 수익 창출 욕구가 크고, 자산 운용 감각이 발달했지만 탐욕이 과해질 수 있습니다.

관성(官)이 강한 사주는 원칙과 질서를 중시해 안정적이지만, 과도한 규율로 인해 기회를 놓칠 수 있습니다.

식상(食傷)이 강한 사주는 아이디어와 실행력이 뛰어나며 새로운 투자 모델을 만들어내지만, 충동성이 약점이 됩니다.

인성(印)이 강한 사주는 학습력과 분석력이 뛰어나지만, 지나친 이론 중심으로 행동이 늦을 수 있습니다.

비겁(比劫)이 강한 사주는 도전 정신이 강하고 시장 흐름을 선도하지만, 경쟁심이 과하면 무리한 베팅으로 이어질 수 있습니다.

이처럼 사주 구성은 단순히 "운의 좋고 나쁨"이 아니라, 내가 어떤 방식으로 위험을 인식하고, 어떤 심리 패턴으로 결정을 내리는가를 알려주는 지도입니다.

따라서 명리학은 '투자의 방향을 맞히는 학문'이 아니라, '나의 리듬을 시장의 흐름에 조율하는 심리적 나침반'이라 할 수 있습니다.

7. 명리학적 '타이밍'과 투자 사이클

명리학에서 말하는 운(運)은 단순한 '행운'이 아닙니다. 이는 시간 속에서 반복되는 '기운의 리듬(Rhythm of Energy)'이며, 투자 시장의 사이클(Cycle) 개념과 정확히 맞닿아 있습니다.

구분	명리학 개념	투자 해석	특징
대운(大運)	장기 흐름 (10년 단위)	인생의 방향성과 투자 철학이 형성되는 시기	"큰 물줄기"를 보는 관점
세운(歲運)	중기 흐름 (1년 단위)	연간 트렌드, 산업·시장 변화의 영향	"올해의 바람"을 읽는 시기
월운(月運)	단기 흐름 (월 단위)	시장의 단기 변동성, 리스크 관리 중심	"파도에 올라타는 기술"의 영역

■ 투자 적용 예시:

재성(財)이 왕한 시기: 자산 확장과 적극적 투자에 유리한 "공격기(攻擊期)"

관성(官)이 강한 시기: 규제·안정 중심의 "방어기(防禦期)"

인성(印)이 중심인 시기: 학습과 준비에 적합한 "내실기(內實期)"

즉, 나의 운의 리듬이 시장의 파동과 '공명(共鳴)'할 때, 큰 기회의 문이 열립니다. 그 반대의 시기에는 과감함보다 '휴식과 점검'이 더 현명한 전략입니다.

■ **현용수 교수의 생각**: "운이 좋다"는 말은 하늘이 돕는다는 뜻이 아니라, '내 에너지와 시장의 파장이 같은 진동수로 맞아떨어질 때'를 의미합니다.

■ **시사점 — 명리학은 '내면의 투자 지도'를 읽는 도구**

명리학의 가치는 미래 예언이 아니라 자기이해(Self-Understanding)에 있습니다.

투자에서 성공을 좌우하는 것은 지식보다 심리적 일관성과 타이밍 감각입니다. 타이밍은 재능보다 중요합니다.

내 기운이 강한 시기에는 자신감을 가지고 전진하고, 약한 시기에는 방어적 전략으로 리스크를 줄여야 합니다. 강약의 흐름을 인식할 수 있다면, 백 번 싸워도 위태롭지 않습니다(百戰百勝).

심리적 편향은 사주의 기운 불균형에서 비롯됩니다.
예를 들어, 화(火)가 과하면 조급함이, 수(水)가 과하면 우유부단이 나타납니다. 나의 기질적 강·약을 이해하면 감정의 파동을 예측하고, 불안이나 탐욕을 스스로 제어할 수 있습니다.

명리학은 '운의 점술'이 아니라 '리스크 심리 매뉴얼'입니다. 사주를 핑계로 삼는 것이 아니라, 내 기운을 이해하고 조율하는 자기경영의 프레임워크로 활용해야 합니다. 시장과 인간의 기운은 결국 하나의 리듬입니다.

시장이 과열되면 냉정함을, 시장이 침체되면 용기를 내는 것 — 이것이 명리학이 전하는 '중용(中庸)의 투자 정신'입니다.

§ 명리학과 심리학의 통합 도표

구분	핵심 개념	투자 해석
명리학 (理學)	인간의 기질과 운의 리듬을 이해하는 자기경영 도구	내면의 에너지를 분석하고, 타이밍과 리스크를 조율하는 학문
심리학 (Psychology)	감정·사고 행동 패턴의 과학적 이해	투자 행동의 감정적 원인을 객관적으로 분석
행동경제학 (Bahrenhoral Community)	인간의 편함과 의사결정 과정을 실증적으로 연구	시장 참여자의 비합리적 선택을 이해하는 학문
투자 설전 (Practical Investing)	자기 기질 기반의 리스크 조절과 감정 통제	나를 이해한 투자자가 시장을 통제한다

현용수 교수의 생각, 명리학은 운명을 바꾸는 학문이 아니라, 나를 이해해 '투자의 리듬'을 맞추게 하는 심리적 과학이다.

스스로의 기운과 시장의 흐름을 함께 읽을 때, 투자는 더 이상 불안한 도박이 아니라, 자기 리듬과 조화를 이루는 '의식적 행위'가 된다.

06 MBTI로 바라보는 투자 성향 분석
— 성격이 곧 투자 패턴을 만든다

1. MBTI와 투자 심리의 관계

MBTI(Myers-Briggs Type Indicator)는 인간의 사고와 행동 방식을 네 가지 인지 축으로 구분하는 성격 유형 지표입니다. 이 네 축은 투자 상황에서도 정보 수집, 리스크 감수, 행동 속도, 감정 반응을 결정짓는 중요한 심리 코드로 작용합니다.

차원	의미	투자적 해석
E / I	외향 vs 내향	시장 참여 방식, 정보 탐색의 폭과 방향
S / N	감각 vs 직관	데이터 중심 vs 비전 중심 판단 경향
T / F	사고 vs 감정	논리적 판단 vs 공감적·감정적 의사 결정
J / P	판단 vs 인식	계획적 매매 vs 유연한 대응 태도

따라서 MBTI는 "수익을 예측하는 도구"가 아니라, "나는 어떤 심리적 패턴으로 투자 결정을 내리는가?"를 이해하게 해주는 자기 인식의 지도(Self-Awareness Map)입니다.

2. MBTI 네 가지 성격 축별 투자 경향

■ 외향형(E) vs 내향형(I)

E형 투자자는 사람들과의 교류, SNS, 커뮤니티 등에서 활발히 정보를 교환합니다. 새로운 트렌드와 시장 이슈에 민감하고, 빠른 행동력과 참여 의욕이 강합니다. 그러나 이러한 개방성은 때때로 군중심리(Herd Bias)로 이어질 수 있습니다.

→ 다수가 움직일 때 함께 뛰어드는 충동을 조심해야 합니다.

I형 투자자는 혼자 분석하고 조용히 판단하는 것을 선호합니다. 정보의 질을 중요시하고, 시장의 소음보다는 데이터 중심으로 사고합니다. 하지만 지나친 분석은 정보과부하(Information Overload)를 초래하여 "너무 늦은 결정"으로 기회를 놓칠 위험이 있습니다.

현용수 교수의 조언: E형은 '속도'를 줄이고, I형은 '결단'을 높여라.

■ 감각형(S) vs 직관형(N)

S형 투자자는 현실 감각이 뛰어나며, 수치·데이터·실적을 기반으로 판단합니다. 실체 없는 코인이나 과대광고에는 비교적 냉정합니다. 그러나 과거 데이터에 지나치게 의존하면 새로운 흐름을 놓칠 수 있습니다.

N형 투자자는 큰 그림과 가능성을 보는 타입입니다. 미래의 혁신, 기술적 비전, 철학적 스토리에 끌립니다. 그러나 자신의 확신을 과도

하게 강화하는 확증 편향에 빠질 위험이 있습니다.

→ "이 프로젝트는 운명이다"라는 생각은 감정적 몰입으로 이어질 수 있습니다.

현용수 교수의 조언: S형은 '상상력'을 보완하고, N형은 '현실 검증'을 보완하라.

■ 사고형(T) vs 감정형(F)

T형 투자자는 논리적 분석과 근거 중심의 결정을 선호합니다. 데이터·차트·백서에 집중하며, 객관성을 유지하려 노력합니다. 하지만 때로는 앵커링(Anchoring), 즉 특정 수치나 관념에 집착하는 경향이 있습니다.

→ "이 가격 아래로는 절대 안 떨어질 거야"라는 고정관념이 판단을 흐릴 수 있습니다.

F형 투자자는 관계, 분위기, 감정적 신호에 민감합니다. 사람의 말, 커뮤니티의 공감대, 시장의 '분위기'를 중시합니다. 그러나 감정 휴리스틱(Affect Heuristic)에 의해 순간적인 기분이나 분위기에 휘둘릴 위험이 있습니다.

현용수 교수의 조언: T형은 '유연한 감성'을, F형은 '한 걸음 거리 두기'를 배우라.

■ 판단형(J) vs 인식형(P)

J형 투자자는 계획적이고 체계적입니다. 매수·매도 기준, 목표 수익

률, 손절 라인을 명확히 정해두는 것을 선호합니다. 그러나 지나친 확신은 통제의 환상(Illusion of Control)으로 이어질 수 있습니다.

→ 모든 것을 통제할 수 있다고 믿을 때, 시장은 그 예측을 무너뜨립니다.

P형 투자자는 유연하고 즉흥적입니다. 변화를 두려워하지 않으며, 새로운 기회에 빠르게 적응합니다. 하지만 즉각적 보상 욕구(Instant Gratification)가 강해 단기적 만족에 집중하다가 장기 전략을 놓칠 수 있습니다.

현용수 교수의 조언: J형은 '열린 계획'을, P형은 '규율 있는 자유'를 가져라.

■ 정리하자면

축	핵심 성향	장점	주의점	개선 포인트
E / I	외향 vs 내향	정보수집·분석력	군중심리/과분석	균형잡힌 정보 탐색
S / N	감각 vs 직관	현실 감각/비전	보수성/확증편향	현실·미래 균형
T / F	사고 vs 감정	논리적/공감형	집착/감정 휘둘림	이성과 감정의 조화
J / P	판단 vs 인식	체계적/유연	경직/충동	계획속 유연함

■ 결론

MBTI는 '투자 성격'을 규정하는 틀이 아니라, 자신의 의사결정 패턴을 자각하게 하는 거울입니다. 시장은 변덕스럽지만, 자기 성향을 이해하는 사람은 흔들리지 않습니다.

결국 현명한 투자는 '나 자신을 읽는 것'에서 시작합니다.

3. 16유형별 대표 투자 성향 요약

MBTI 유형	투자 성향	강점	주의점
ENTJ	전략가형, 공격적 성장 투자	대담함·분석력	과신·리스크 과소평가
INTJ	계획형 장기 투자자	비전·논리	완벽주의로 타이밍 놓침
ENTP	혁신형, 테마 투자 선호	창의적 안목	집중력 분산, 급변 대응 약함
INTP	연구형, 백서 분석형	객관성·지식력	실행력 부족, 실전 경험 약함
ENFP	감성적 모험형	직관·열정	감정적 투자, 변덕
INFP	이상적 가치 투자자	윤리적 관점, 장기 비전	시장 현실과 괴리
ENFJ	리더형, 커뮤니티 기반 투자	관계망 활용	타인 영향 과도
INFJ	통찰형, 사회적 가치 투자	통찰력·책임감	변동성에 불안, 손절 어려움
ESTJ	규칙형, 시스템 투자자	철저한 계획·관리	융통성 부족
ISTJ	안정형, 실적 중시	신중·리스크 관리	변화 대응 느림
ESTP	실전형, 단타 감각 탁월	기회 포착·즉각 반응	충동적 매매손절 늦음
ISTP	기술형, 차트 분석가	데이터 기반 매매	감정 단절, 시장 정서 무시
ESFJ	협력형, 주변 조언 중시	인간관계 중심	여론 의존, 정보 왜곡
ISFJ	수호형, 보수적 장기 투자	꾸준함·책임감	기회 포착 느림
ESFP	감각형 트레이더	시장 트렌드 민감	FOMO·충동성
ISFP	감성형 투자자	유연성·감각	체계적 전략 부족

4. 이론적 보충 — MBTI와 행동경제학의 통합 시각

MBTI는 기질적 성향, 행동경제학은 환경적 반응 패턴을 설명합니다. 둘을 결합하면 투자자의 '심리적 DNA'를 명확히 파악할 수 있습니다.

MBTI 축	대응되는 경제학적 개념	심리학 이론 연결
E / I	정보탐색 경향(Information Seeking)	사회적 자극 민감도 이론
S / N	리스크 인지 프레임(Risk Framing)	인지스타일 이론
T / F	의사결정 감정 참여도	감정 휴리스틱 이론
J / P	행동 실행력·자율성	자기통제(Self-regulation) 이론

■ 요약하면

MBTI는 투자 편향의 원인을 '기질적 성향'에서 설명하고, 행동경제학은 이를 '상황적 선택 패턴'으로 분석합니다.

두 관점을 통합하면, "나는 왜 이런 투자 행동을 반복하는가?"라는 질문에 대해 보다 구체적이고 심층적인 답을 찾을 수 있습니다.

즉, 투자에서의 실수나 성공은 단순한 운의 문제가 아니라, 나의 성격 구조와 인지 편향이 만들어내는 패턴의 결과임을 이해하게 됩니다.

5. 실전 적용 — MBTI 기반 투자 전략

각 MBTI 유형은 서로 다른 강점과 약점을 가지고 있습니다. 이를 인식하고 투자에 맞게 조율한다면, 성격은 약점이 아니라 전략이 될 수 있습니다.

■ 외향형(E) 투자자

커뮤니티·SNS·뉴스 등 정보의 양을 줄이고, 검증된 신호만 선별적으로 취사 선택하세요. 지나친 정보 노출은 감정적 반응을 키우므로, '소음 차단(Noise Control)'이 핵심 전략입니다.

■ 내향형(I) 투자자

분석력은 강하지만 혼자 판단하려는 경향이 있습니다. 주기적으로 외부의 시각을 수용하고, 토론·피드백 루틴을 만들어 객관성을 확보하세요.

■ 감각형(S) 투자자

과거 데이터, 실적 분석 능력이 탁월하지만, 새로운 혁신 코인이나 신흥 트렌드 탐색 능력을 보완해야 합니다. 안전한 영역을 벗어나 작은 실험의 습관을 길러보세요.

■ 직관형(N) 투자자

비전과 직관이 강하지만, 아이디어가 현실과 분리되면 공상적 확신에 빠질 위험이 있습니다. "근거 있는 비전"으로 구체화하고, 데이터로 스스로의 믿음을 검증하세요.

■ 사고형(T) 투자자

분석 중심으로 접근하지만, 차트와 지표만으로는 시장의 흐름을 완전히 읽을 수 없습니다. Fear & Greed Index(탐욕·공포 지수) 등 심리 지표를 병행하여 시장의 집단 감정을 함께 고려하세요.

■ 감정형(F) 투자자

사람 중심적이며 감정의 흐름에 민감합니다. 손실 후 자기비난에 빠지기 쉬우므로, 감정 일지를 써서 감정의 패턴을 객관화하세요.
감정은 억누르는 것이 아니라 인식하고 정리하는 대상입니다.

■ 판단형(J) 투자자

계획적이고 통제력이 강하지만, 계획에 집착하면 시장의 유연한 변화를 놓칠 수 있습니다. 분기별 리밸런싱을 통해 스스로의 계획을 주기적으로 점검하고 조정하세요.

■ 인식형(P) 투자자

유연하고 적응력은 뛰어나지만, 즉흥적 매매로 이어질 가능성이 높습니다. 매수·매도 시점과 금액을 자동화(DCA, 적립식 투자)하면 충동성을 제어하고 꾸준함을 유지할 수 있습니다.

6. 시사점 — MBTI는 '전략적 자기이해'의 도구

MBTI는 단순한 성격 진단이 아니라, 투자라는 심리 게임 속에서 나를 이해하고 조율하는 전략 도구입니다.

- **투자는 자기 성격의 거울이다**: 감정과 행동의 패턴을 알면, 리스크의 방향을 예측할 수 있습니다. 투자 실패의 대부분은 정보 부족이 아니라 감정 통제 실패에서 비롯됩니다.
- **유형에 따라 '승부처'가 다르다**: ENTJ, ESTP형은 자신감이 크고 리더십이 강하므로 '과신(Overconfidence) 관리'가 핵심입니다.

INFP, ISFJ형은 신중하고 내향적이므로 '행동력 강화'가 중요합니다. 즉 생각에 머무르지 말고 실천으로 옮기는 습관이 필요합니다.

- **성격은 고정이 아니라 '조율의 대상'이다**: MBTI는 "나는 원래 이런 사람"이라는 낙인이 아니라, "이런 기질을 어떻게 투자에 활용할 것인가?"라는 자기 성장의 질문입니다.

성격을 바꾸는 것이 아니라, 기질의 방향을 조정하여 시장과 조화시키는 것이 목표입니다.

- **MBTI가 전하는 궁극적 교훈**: 이성적 판단은 감정의 자각에서 시작된다. 자신의 한계를 이해하는 순간, 투자는 비로소 심리적 균형 위에서 안정됩니다.

현용수 교수의 한마디, "투자는 숫자의 싸움이 아니라, 자기 성격과 감정의 패턴을 이해하는 내면의 싸움이다."

▣ MBTI 투자 심리 워크북-"성격이 곧 투자 습관이다"

■ 워크북 개요

파트	대응되는 경제학적 개념	참여 방식
Part 1. MBTI와 투자 심리의 이해	MBTI 축별 투자 경향 및 심리학적 해석	자기 MBTI 기록 + 인지 스타일 진단
Part 2. 16유형 자가진단 테스트	나의 투자 감정·행동 경향 점검	체크리스트 선택형
Part 3. 유형별 투지 성향 분석표	MBTI 16유형별 투자 성향·편향 강점	비교표 참조
Part 4. 행동경제학적 해석과 보완 전략	편향 인식 - 감정 제어 루틴 설계	투자 상황별 실전 대응표
Part 5. 나만의 투자 심리 리셋 플랜	감정 로그+실천 전략표 작성	개별 루틴 설계
부록: 투자 심리 선언문	자기 확언 및 다짐	서명식 페이지

Part 1. MBTI와 투자 심리의 이해

MBTI는 투자 행동의 무의식적 패턴을 드러내는 심리적 나침반입니다. 각 축은 투자 상황에서의 판단 방식과 감정 반응을 보여줍니다.

MBTI 축	의미	투자 장면에서의 작동 방식
E ↔ I	외향 ↔ 내향	시장 정보 반응 속도, 타인의 영향력
S ↔ N	감각 ↔ 직관	현실 데이터 vs 비전 중심 판단
T ↔ F	사고 ↔ 결정	이익·손실 판단의 기준
J ↔ P	판단 ↔ 인식	계획성 vs 즉흥성, 매매 타이밍 조절력

■ 참여 활동

• 나의 MBTI: _____

나는 투자 결정을 내릴 때 감정적/이성적 경향이 강하다.

투자 전·후 감정 변화는 (   ) 때 가장 크다.

Part 2. MBTI 투자 자가진단 테스트

아래 문항 중 '나에게 해당된다'고 느끼는 항목에 체크하세요.

(문항: 예/아니오)

1. 나는 다른 투자자들의 반응에 쉽게 영향을 받는다. (E)
2. 시장의 데이터를 분석하기보다 큰 흐름을 직감으로 느낀다. (N)
3. 수익보다 '내 판단이 옳았다'는 확신이 중요하다. (T)
4. 손실을 보면 감정적으로 크게 흔들린다. (F)
5. 매매 계획을 세우지 않고 상황에 맞춰 즉흥적으로 대응한다. (P)
6. 손익 계산표를 꼼꼼히 기록하고 점검한다. (J)
7. 주변과 토론하면서 투자 결정을 내리는 편이다. (E)
8. 잘 아는 기업/코인에만 투자한다. (S)

■ 결과 해석:

E/S/T/J 점수가 높으면 → 현실적·계획형 투자자 (관리자형)

I/N/F/P 점수가 높으면 → 직관적·감성형 투자자 (탐험가형)

Part 3. MBTI 16유형별 투자 성향 요약표

유형	투자 스타일	강점	위험 요인	실전 팁
ENTJ	장기 비전형	논리·계획·집중	완벽주의로 실행지연	일정 리밸런싱 루틴화
INTJ	공격형 전략가	추진력·데이터 분석	과신·편향	손실관리 규칙 설정
ENTP	창의적 트레이더	혁신 포착·아이디어	집중력 부족	분산투자 규율 수립
INTP	연구형 분석가	이론·분석적 사고	실행력 부족	소액 실전경험 병행
ENFP	직관형 기회주의자	미래통찰·감각	감정기복·과몰입	목표 수익 고정
INFP	가치 중심 투자자	윤리의식·추구	현실감 부족	실제 데이터 검토
ENFJ	커뮤니티 리더형	협력·조직관리	타인 영향 과다	독립적 판단 연습
INFJ	통찰형 분석가	장기 안목·책임감	변동성 불안	명상·심리 루틴화
ESTJ	체계형 관리자	계획·리스크 통제	융통성 부족	시장 변화 점검
ISTJ	안정형 투자자	신중·성실	과도한 보수성	신사업 관심 확대
ESTP	실전형 트레이더	빠른 판단·기회 포착	충동 매매	거래 전 체크리스트
ISTP	기술형 분석가	객관적·냉정	감정 차단·소통부족	시장 심리 관찰
ESFJ	감각형 트렌더	실전감각·분위기	FOMO·단타 과잉	투자 루틴 확립
ISFJ	감성형 감각 투자자	유연성·공감	체계 부족	목표 수립·점검
ESFP	조화형 협력자	사회적 네트워크	여론 의존	정보 검증 철저
ISFP	수호형 안정 투자자	꾸준함·책임감	변화 적응 약함	정기 리밸런싱 점검

Part 4. 행동경제학적 해석 + 실전 전략

성향 그룹	대표 성향	심리적 특징	실전 전략
E형	군중심리	타인의견·유행에 민감	정보 최소화·루틴화
I형	정보 과부하	분석 지연·실행력 저하	간결한 기준표 작성
S형	손실 회피	안정 지향	리스크 대비 기대수익 계산
N형	확증편향	직관 몰입	반대 관점 검토 습관화
T형	통제 환상	지표 집착	심리지표 병행 관찰
F형	감정휴리스틱	손실 불안·후회	감정 로그·호흡법 실천
J형	계획집착	유연성 부족	분기별 규칙 점검
P형	즉흥행동	충동매매·루틴 부재	자동 투자·알림 활용

■ **실습: 나의 주요 편향은 무엇인가?**

(예: 확증편향, 손실회피, 충동매매 등)

이를 줄이기 위한 나만의 실천법: _____

Part 5. 나만의 투자 심리 리셋 플랜

항목	나의 기준	실천 루틴
감정 조절 방법	예: 시장 급락 시 호흡 3회 + 뉴스 차단	
일일 점검 습관	예: 손익 로그 기록	
주간 루틴	예: 금요일마다 리밸런싱	
스트레스 완화법	예: 산책, 명상, 독서	
나의 '위험 신호'	예: 급등 시 흥분, 손실 시 불면	

§ 부록 | 투자 심리 선언문

나는 내 성격이 투자 행동에 미치는 영향을 이해한다.

나는 감정의 파도에 휩쓸리지 않고,

스스로의 원칙과 계획에 따라 행동한다.

나는 오늘도 한 걸음 더 심리적으로 독립된 투자자로 성장한다.

서명: _____

날짜: _____

■ MBTI 요약 –시사점

MBTI는 '투자 습관의 기질적 지도'이다. 유형은 '리스크 감수'와 '의사결정의 패턴'을 결정한다. 투자 성과는 지식보다 감정의 인식 수준에 비례한다. 심리의 균형은 최고의 리스크 관리 전략이다.

[톺아보기-참고하세요]

투자와 양자의학(심리)
― 파동, 에너지, 공명으로 보는 투자자 마음의 과학

1. 양자적 사고(Quantum Thinking) ― 투자는 '확률'이 아닌 '파동'이다.
고전 물리학은 세상을 고정된 실체로 봅니다. 그러나 양자역학은 전혀 다른 관점을 제시합니다. 이 세계는 고정된 물질이 아니라 끊임없이 진동하는 에너지 파동으로 이루어져 있습니다.

인간의 생각과 감정, 그리고 투자 판단 역시 모두 에너지 파동의 한 형태입니다. 즉 우리가 내리는 결정은 단순한 계산 결과가 아니라, 의식(Consciousness)의 진동 패턴에서 비롯됩니다.

시장의 움직임 또한 '가격'이라는 숫자에 불과하지 않습니다. 그것은 집단 심리의 파동이 만들어내는 간섭무늬입니다. 따라서 투자는 단순한 분석 행위가 아니라, 에너지 공명의 예술입니다. 내가 내보내는 파동이 결국 나에게 되돌아오는 현실의 흐름을 결정 합니다.

결국 투자 성과는 지식의 양보다 마음의 진동수(Frequency), 즉 내면 에너지의 품질에 의해 좌우됩니다.

2. 양자심리학(Quantum Psychology) ― 마음의 파동이 행동을 만든다.
인간은 동시에 '입자'이면서 '파동'입니다.
입자적 자아는 논리적이고 목표 지향적이며, 결과에 집착하는 성향을 가집니다. (예: "이번 투자로 얼마나 벌었는가?")

 파동적 자아는 직관적이고 감응적이며, 과정과 조화를 중시합니다. (예: "나의 에너지가 지금 조화로운가?") 투자자는 이 두 영역의 균형이 깨질 때 흔들립니다.

 이성적 분석(입자)과 감성적 파동(에너지)의 조화가 바로 양자심리의 핵심입니다.

 감정 역시 파동입니다. 불안·탐욕·조급함은 혼탁한 저주파 진동을, 신뢰·평정·감사는 맑고 안정된 고주파 진동을 만들어냅니다. 이 파동은 뇌의 도파민·세로토닌 회로를 자극해 실제 의사결정에 영향을 줍니다.

 즉, 감정은 단순한 느낌이 아니라 실질적인 '뇌파 데이터'이자 투자 신호인 셈입니다.

3. 공명(Resonance)의 법칙 — 시장은 '집단의식의 파동'이다.

 양자물리학의 공명 법칙은 진동수가 비슷한 에너지끼리 서로 끌어당기고 증폭된다는 원리입니다. 불안한 투자자는 불안한 시장과 공명하고, 탐욕의 파동은 결국 거품과 붕괴의 파동을 동시에 부릅니다.

 반면 평정과 확신의 주파수를 가진 투자자는 장기적으로 시장의 리듬과 조화(Entrainment)를 이루며 흐릅니다.

■ 과학적 근거

EEG(뇌파) 연구에 따르면, 감정이 안정될 때 알파파(8~12Hz)가 우세합니다.

이때 인간의 판단력, 직관력, 패턴 인식 능력이 극대화됩니다. 즉 투자자가 마음을 고요히 유지하고 집중된 알파 상태에 있을 때, 시장 리듬과 공명하여 더 명료한 판단을 내릴 수 있습니다.

4. 에너지 의학적 관점 — 인간과 시장의 파동은 상호작용한다.

양자의학은 인간을 단순한 물질이 아닌 에너지 장(Field)으로 봅니다.

우리의 몸과 뇌는 초미세한 전기적·자기적 진동 체계로 작동하며, 감정이나 스트레스 상태가 변하면 세포의 전자적 진동 또한 달라집니다.

손실이 커질 때는 코르티솔이 과도하게 분비되어 세포막 전위가 약화되고(-70mV → -50mV), 안정된 상태에서는 세로토닌·옥시토신이 분비되어 심박동 변이도(HRV)가 안정화됩니다. 결국 심리적 에너지의 질, 즉 파동의 순도가 투자자의 회복력, 직관력, 지속력에 직접적으로 작용합니다.

양자적 관점에서 투자자는 돈을 다루는 존재이기 이전에, 에너지를 다루는 존재입니다.

5. 과학적 접근 — '에너지와 의식의 상호작용' 연구 사례

하트매스 연구소(HeartMath Institute) 감정 상태에 따라 심

박 리듬(HRV)이 달라지고, '감사'와 '평정'의 상태가 뇌파 동조(coherence)를 강화한다는 사실이 입증되었습니다.

• **MIT 미디어랩 신경경제학 연구팀**: 투자 중 스트레스는 전전두엽의 판단 능력을 약 30% 저하시킨다는 fMRI 결과를 발표했습니다.
• **양자신경망(QNN, Quantum Neural Network) 모델**: 인간의 의사결정은 고전 확률이 아니라 파동의 중첩(Superposition) 상태에서 일어나며, 투자자는 여러 가능성의 파동 중 하나를 '선택하여 현실화'하는 존재라는 점을 수학적으로 보여주었습니다.

6. 시사점 — 투자는 '파동 의학적 자기조율'이다.

투자 성과의 출발점은 정보 분석이 아니라 내면의 파동 조율(Self-Tuning)입니다. 불안한 마음은 신체의 저주파로 전이되어 사고력과 직관을 모두 약화시킵니다.

반면, 평정한 에너지는 뇌의 회로를 안정시켜 명료한 판단을 도와줍니다.

따라서 시장을 예측하려 애쓰기보다, 자신의 진동을 정렬하는 것이 진정한 투자 준비입니다. 양자적 관점에서 투자는 "정보의 정확성만큼이나 진동수의 정합성(Coherence)이 중요하다"고 정의할 수 있습니다.

■ **실천 가이드: 양자심리 3-3-3 루틴**

• 3분 호흡: 복식호흡 3회 × 3세트
• 3분 기록: 감정·생각·에너지 상태를 간단히 기록
• 3분 정화: 눈을 감고 '감사'라는 단어를 세 번 마음속으로 되뇌기

이 루틴은 전전두엽과 편도체의 균형을 회복시켜 감정적 충동대신 양자적 직관(Quantum Intuition)을 활성화합니다.

결국 투자의 핵심은 "시장을 이기는 것이 아니라, 자신의 에너지를 조율하는 것"입니다.

07 일상 속 투자 습관 만들기
— 투자는 특별한 이벤트가 아니라, 매일의 신경회로가 만든다

투자는 특별한 이벤트가 아니라, 일상의 습관에서 비롯됩니다. 매일 뉴스를 읽고, 시장을 체크하며, 짧게 기록하는 습관은 투자자의 사고를 단단하게 만듭니다.

작은 습관이 결국 큰 손실을 막고, 큰 기회를 포착하게 합니다.

1. 경제학적 관점 — 습관은 '기대효용의 누적 구조'이다

경제학에서 인간의 의사결정은 기대효용(Expected Utility)을 극대화하려는 과정으로 설명됩니다. 즉 사람은 '한 번의 대박'보다 '지속 가능한 평균적 이익'을 더 선호하도록 학습됩니다.

그러나 실제 투자에서는 단기적 감정(탐욕·불안)이 효용 계산을 왜곡시킵니다.

이를 보완하는 방법이 바로 습관화(Habituation)입니다. 매일 시장을 확인하는 루틴은 불확실성 속에서도 기대효용의 안정화를 가져옵니다.

반복되는 루틴은 **"확률적 사고 → 행동적 일관성 → 리스크 완화"**로 이어집니다.

경제학적 관점에서 습관은 리스크를 줄이는 '비가시적 자산'입니

다. 꾸준히 반복된 작은 행동이, 시장의 불확실성을 이기는 경제학적 복리효과를 만들어 줍니다.

2. 뇌 과학적 관점 — 습관은 '신경회로의 자동화'이다

• **습관의 뇌 메커니즘**→ 뇌의 기저핵(Basal Ganglia)은 반복된 행동을 '자동화 루틴'으로 저장합니다. 처음엔 전전두엽(Prefrontal Cortex)이 인지적 결정을 내리지만, 반복이 쌓이면 행동이 무의식적 패턴으로 전환됩니다.

즉, "매일 뉴스를 읽고 기록하는 행동"은 처음엔 의식적이지만, 90일 이상 지속되면 '자동 실행 신경경로'로 자리를 잡아갑니다.

• **보상 시스템(Reward System)**→ 뇌의 도파민 회로(Dopamine Pathway)는 "보상 예측"에 따라 작동합니다. 투자자가 **"오늘의 시장 점검 → 기록 → 작은 인사이트 발견"**을 반복하면, 그 '작은 성취감'이 도파민을 분비하여 긍정적 학습 강화가 일어납니다.

3. 실천 가이드 — '일상 루틴형 투자자'로 성장하기

시간대	루틴	뇌과학적 효과	경제학적 효과
아침	주요 지표 뉴스 5분 확인	주의 집중 회로 활성화	정보비용 최소화
낮	시장 흐름 메모 3줄	작업 기억 강화	데이터 체화
저녁	감정·판단 기록	전전두엽 통제력 회복	비합리적 선택 감소

"습관 루틴은 '시간'이 아니라 '뉴런의 리듬'을 재편해 줍니다." 즉 일정한 패턴이 뇌의 안정적 도파민 분비를 유도하여 탐욕·공포의 급등락을 완화시킵니다.

4. 실전 루틴 — 3·5·1 원칙

원칙	내용	예시
3분	하루 3분이라도 투자일지 기록	오늘 느낀 점 한 문장
5개	하루 5개 경제 뉴스만 보기	정보 과잉 방지
하루 1리뷰	전일 결정 복기	자기 피드백 강화

이 단순한 습관만으로도 뇌는 "예측 가능한 리듬"을 인식하며, 투자 불안을 크게 낮춥니다.

5. 과학적 시사점

• **신경경제학(Neuroeconomics) 연구에 따르면,** 꾸준한 투자 루틴을 가진 사람의 보상회로 반응(도파민 피크)이 단기 매매자보다 평균 25% 낮게 나타납니다. 즉 감정에 덜 흔들린다는 의미입니다.

하버드 의대 습관 연구(2018)는 "매일 같은 시간의 기록 루틴이 자기 조절력을 30% 강화한다."고 보고했습니다.

- **심리적 안정감 = 투자 지속력**, 뇌는 "예측 가능성"을 '안전 신호(Safety Signal)'로 인식합니다. 매일 반복되는 루틴은 불확실한 시장 속에서도 '뇌의 안전지대'를 만들어 줍니다.

6. 결론
— 작은 습관이 뇌의 회로를 바꾸고, 뇌가 투자의 결과를 바꾼다

시장을 예측하려 애쓰기보다, 내 뇌의 리듬을 조율하는 것이 더 중요합니다. 꾸준함은 감정의 진폭을 줄이고, 합리적 판단의 확률을 높여 줍니다.

결국 "일상의 1% 습관"이 "투자의 100% 심리"를 결정합니다. 투자는 지식의 싸움이 아니라, 매일의 도파민을 다루는 습관의 싸움입니다. 작은 루틴 하나가 결국 투자자의 뇌를 바꾸고, 그 뇌가 미래의 수익곡선을 바꿔 놓습니다.

Part 2

실전 투자자 편

-성장과 전략의 기술

시장을 읽는 눈

01. 비트코인과 알트코인의 경제학
-디지털 '금'과 혁신의 실험실의 공조 구조

02. 밈코인 현상과 군중 심리
— "농담이 돈이 되는 시대, 시장은 감정의 극장이다"

03. 스테이블코인·CBDC의 글로벌 패권 경쟁
-가치의 언어가 바뀌는 시대, 우리는 참여자가 된다.

04. NFT와 디파이, 토큰 이코노미의 확장
-가치의 언어가 바뀌는 시대, 우리는 참여자가 된다

-시장을 읽고, 스스로 전략을 설계하는 힘-

투자는 단순히 코인을 '사는 행위'가 아닙니다. 그것은 자신의 생각·감정·판단을 시험하는 '내면의 기술'입니다. 시장은 매일 수많은 정보와 소음으로 우리 마음을 흔들어 댑니다.

하지만 진짜 투자자는 그 속에서 신호와 본질을 구분해냅니다. 이제부터는 단순한 호기심이 아닌, 전략적 시야로 시장을 바라봐야 할 때입니다.

이 파트는 실제 투자자의 관점에서, '무엇을 볼 것인가', '어떻게 판단할 것인가', 그리고 '어떤 순간에 움직일 것인가'를 구체적으로 다룰 것입니다.

또한, Part2는 초보 투자자에서 한 단계 성장한 독자에게 "투자는 결국 자신을 알아가는 과정"임을 일깨워 줍니다. 당신이 스스로의 투자 철학을 세우는 순간, 시장은 더 이상 두려움의 공간이 아니라 기회의 무대로 바뀔 것입니다.

-[목원 현용수]

시장은 숫자로 말하지만, 그 안에는 사람의 감정과 집단의 심리가 숨어 있습니다.

비트코인과 알트코인의 경제적 구조, 밈코인의 군중심리, CBDC와 스테이블코인의 패권 경쟁, NFT와 디파이의 혁신 등 이 모든 현상은 단순한 차트가 아닌, 인간 행동의 파동으로 이해해야 합니다.

이 장은 시장의 흐름을 '경제학'과 '심리학'의 시선에서 읽는 훈련이 될 것입니다.

01 비트코인과 알트코인의 경제학
— 디지털 금과 혁신 실험실의 공존 구조

비트코인은 '디지털 금'이라 불립니다. 공급량이 2,100만 개로 한정되어 있기 때문에, 희소성이 내재적 가치의 핵심입니다.

반면 알트코인은 끊임없는 실험실입니다. 더 빠른 속도, 더 낮은 수수료, 더 다양한 기능을 실험하며 시장을 확장합니다.

이 둘의 관계는 마치 '안정된 기축통화(비트코인)'와 '성장주 시장(알트코인)'에 비유할 수 있습니다.

1. 비트코인 — 디지털 시대의 '기축통화'

2009년, 사토시 나카모토가 발표한 논문에서 비트코인은 "중앙기관 없는 신뢰 시스템"으로 정의되었습니다. 즉 은행이나 정부의 개입 없이도 거래의 신뢰를 '수학적 증명'으로 보장할 수 있는 첫 화폐입니다.

- **발행량 한정**: 2,100만 개로 고정 (인플레이션 방지).
- **탈중앙성**: 중앙 통제 없음, 네트워크 참여자 모두가 기록 검증.
- **희소성 기반 가치**: 금처럼 한정된 자원 → 디지털 희소성(Digital Scarcity) 형성.

이러한 특성 덕분에 비트코인은 '디지털 금(Digital Gold)'이라 불립니다. 금이 산업적 효용보다 '신뢰의 상징'으로 기능하듯, 비트코인은 **"디지털 경제의 기축자산"**, 즉 글로벌 가치 저장소(Store of Value)로 자리를 잡았습니다.

■ 경제학적 해석

비트코인은 공급이 고정된 준(準)통화 자산으로서, 전통적 통화정책의 한계를 넘어선 탈 인플레이션 헤지 수단 역할을 합니다.

2. 알트코인 — 끊임없이 진화하는 혁신 실험실

비트코인이 '디지털 금'이라면, 알트코인은 **디지털 경제의 '연구소이자 실험시장'**입니다. 이는 'Alternative Coin'의 줄임말로, 비트코인의 기술적 한계를 보완하거나 새로운 기능을 실험하기 위해 등장했습니다.

구분	대표 코인	핵심 목표	경제적 의미
결제 속도 개선형	라이트코인(LTC), 리플(XRP)	트랜젝션 속도, 비용 개선	효율적 결제 네트워크 실험
스마트계약형	이더리움(ETH)	블록체인 위 프로그래밍 가능	탈중앙 앱 생태계 구축
스토리지·인프라형	파일코인(FIL), 폴카닷(DOT)	데이터 분산 저장, 연결성 강화	Web3 인프라의 기초자산
밈 커뮤니티형	도지코인(DOGE), 시바이누(SHIB)	유머, 커뮤니티 중심	사회적 확산력 실험
스테이블코인형	USDT, USDC, DAI	가치 고정, 교환 매개	디지털 결제 시스템의 혁신

■ **기술적 진화와 기능 확장**

즉, 알트코인은 "기술·경제·사회 실험의 집합체"입니다. 각 코인은 특정 문제(속도, 수수료, 확장성, 거버넌스 등)를 해결하려는 시도로 등장하며, 성공한 프로젝트는 새로운 경제영역을 창출합니다.

■ **경제학적 구조 — 네트워크 효과와 혁신 경쟁**

경제학적으로 알트코인은 "네트워크 외부성(Network Externality)"의 경쟁 시장에 속합니다. 사용자가 많을수록 코인의 효용이 커짐(네트워크 효과), 이는 기술 혁신이 빠르게 가치에 반영되는 성장주(High Beta Asset) 성격을 의미합니다.

■ **코인에 대한 역할, 기능을 비유**

비트코인: 금처럼 변하지 않는 '기축자산' → 안전자산 역할

알트코인: 스타트업 주식처럼 변동성 크지만 혁신의 상징 → 성장자산 역할을 합니다.

이 구조는 전통 금융의 **'통화 vs 성장주'** 관계와 유사합니다. 즉 비트코인이 **'기축 안정성'**을 제공한다면, 알트코인은 **혁신적 유동성**을 공급합니다.

3. 투자 심리와 행동경제학 관점

비트코인과 알트코인의 투자는 경제학적 계산보다 심리적 요인이 더 강하게 작용합니다. 이에 비트코인은 신뢰와 안정의 심리 자산이

◇ 심리적 차이

구분	비트코인 투자자	알트코인 투자자
심리동기	안정, 장기 신뢰	도전, 빠른 성장 욕구
투자 프레임	가치 저장(Store of Value)	가치 창출(Value Creation)
행동 패턴	장기 보유(HODL)	회전 매매, 탐색적 투자
보상 메커니즘	확신→안정적 도파민 분비	기대감→급격한 도파민 피크

고, 알트코인은 탐험과 모험의 심리 자산입니다.

■ 뇌 과학적 해석

알트코인 투자 시, 뇌의 보상 예측 회로(ventral striatum)가 강하게 활성화되어 "성공적 투자의 도파민 보상"을 예측하는 경향이 있습니다. 이것이 높은 변동성에도 불구하고 시장 참여가 유지되는 이유입니다.

4. 시사점 ― '금융 생태계의 양 날개'

비트코인은 신뢰의 화폐이자, '디지털 시대의 금본위제' 기반이며, 알트코인은 기술혁신·거버넌스 실험·유동성 확장의 장입니다. 두 자산군의 균형은 "안정성과 혁신성의 동시 추구"를 가능하게 합니다.

그래서 비트코인은 신뢰의 토대이고, 알트코인은 가능성의 무대라고 표현합니다.

결론적으로, 비트코인은 과거의 **'가치 저장 시스템'**을 디지털로 옮긴 경제적 뿌리이고, 알트코인은 **'미래의 경제 실험'**을 현실화하는 혁신의 가지입니다.

결국, 투자자의 지혜는 비트코인의 희소성과 신뢰성을, 알트코인의 창조성과 속도감이라는 두 가지 파동을 조화롭게 공명시키는 것에서 완성됩니다.

즉, "*비트코인은 시간을 이기고, 알트코인은 변화를 이끈다.*"는 의미입니다.

02 밈코인 현상과 군중 심리
— "농담이 돈이 되는 시대, 시장은 감정의 극장이다"

밈코인은 '농담 같은 돈'에서 출발했지만, 군중 심리가 몰리면 실제 시가총액 수십억 달러로 성장하기도 합니다. 이는 단순한 투자 자산을 넘어, "문화와 집단 심리"가 어떻게 시장을 움직이는지 보여주는 실험실과도 같습니다.

밈코인 현상은 투자 = 심리학 + 사회학임을 극명하게 드러냅니다.

1. 밈코인의 탄생 — '인터넷 농담'이 자산이 되다

'밈코인(Meme Coin)'은 이름 그대로 인터넷 밈(Meme, 문화적 유행 이미지)에서 시작된 암호화폐입니다. 대표적인 예로는 도지코인(Dogecoin)과 시바이누(SHIB)가 있습니다.

도지코인은 2013년, 시바견 사진에 "Such Wow, Much Coin"이라는 농담을 덧붙인 인터넷 밈에서 태어났습니다. 처음에는 장난이었지만, 커뮤니티의 자발적 참여가 폭발적으로 증가하면서 '농담 같은 코인'이 실제 수십억 달러 규모의 시장가치를 갖게 되었습니다.

밈코인Meme Coin은 기술의 산물이 아니라, 집단 감정과 문화의 산물이다. 유머·공감·유행이 투자 행위를 이끄는 새로운 경제 현상입니다.

2. 문화적 해석 — 밈코인은 '인터넷 문화의 경제화'

• 유머의 경제학

코인Meme Coin은 '웃음'이라는 감정 에너지를 경제로 전환한 현상입니다. 기존의 화폐가 '신뢰'를 바탕으로 했다면, 밈코인은 **'공감'과 '놀이성'**을 바탕으로 합니다.

투자자들은 "이 코인은 웃기니까, 재밌으니까"라는 이유로 참여합니다. 하지만 바로 그 '유희성'이 커뮤니티 결속과 확산력을 만들어냅니다. 이는 곧 집단적 정체성(identity)으로 발전하여, 경제적 가치로 전환됩니다.

■ 문화사회학적 관점

밈코인Meme Coin은 단순한 화폐가 아니라, "온라인 커뮤니티가 스스로 만든 문화적 놀이경제(Cultural Play Economy)"입니다.

■ 팬덤과 집단 정체성

밈코인은 종종 **"디지털 팬덤 자산"**으로 작동합니다. 팬들은 자신이 응원하는 프로젝트를 '자기표현의 수단'으로 소비합니다. 도지코인은 단순한 투자 대상이 아니라, "커뮤니티의 유머 코드에 공감하는 상징물"입니다.

특히, SNS 시대의 밈코인은 '경제화된 밈(Economized Meme)'입니다. 좋아요(Like)·리트윗(Retweet)·댓글이 주식 매수처럼 작동하며, 디지털 문화의 주식화(Stockification of Culture) 현상이 나타납니다.

3. 군중 심리 — 투자 시장의 '사회적 도파민'

밈코인 급등은 단순히 경제적 판단의 결과가 아닙니다. 그 밑에는 집단 심리적 에너지가 작동합니다. '놓칠까 두려운 심리(FOMO, Fear of Missing Out)' SNS에서 누군가 "10배 올랐다"는 소식이 확산되면, 뇌의 보상회로(Ventral Striatum)가 활성화됩니다. 이 회로는 도파민을 분비시켜 "나도 그 열차에 올라타야 한다"는 욕구를 자극합니다.

■ **'사회적 증거의 법칙(Social Proof)'**

군중이 움직이면, 개인은 그것을 '정답'으로 받아들입니다. 실제로는 정보의 불균형이 있지만, 심리는 "다수가 옳다"는 착각에 빠집니다.

◇ **행동 경제학적 요약**

심리 메커니즘	투자 행동	결과
FOMO	급등 추종 매수	고점 매수, 손실 위험
확증 편향	좋은 뉴스만 선택적 수용	과도한 확신
집단 정체성	커뮤니티 결속 강화	가격 유지력 증가

4. 밈코인의 유행 주기 — '밈-버블-순환 구조'

밈코인의 생명 주기는 일반 자산보다 짧지만, 그 흐름에는 일정한 유행의 사이클(Trend Cycle) 이 존재합니다. 처음에는 농담이나 재미로 시작된 아이디어가 SNS를 통해 빠르게 확산되고, 이내 투자자들의 관심이 몰리면서 단기적인 수요 폭발(Short-term Demand Shock) 이 일어납니다.

경제학적으로 보면, 밈코인은 가격 탄력성이 매우 높은 자산입니다. 즉 시장의 분위기나 유행의 파도에 따라 가격이 급등하거나 급락하기 쉽습니다. 이러한 급격한 변동은 단순한 투자 판단보다 '집단 심리(Mob Psychology)'에 의해 움직이는 경향이 강하기 때문에, 이를 '군중 주도형 변동성(Mob-driven Volatility)'이라고 부를 수 있습니다.

결국 밈코인은 밈의 탄생 → 대중의 확산 → 과열과 버블 → 급락과 소멸 → 새로운 밈의 등장이라는 순환 구조를 반복합니다.

즉, 밈은 사라지지만, 유행의 에너지는 형태를 바꿔 다시 돌아옵니다. 이 순환을 이해하는 것이야말로 밈코인 시장을 읽는 첫걸음입니다.

5. 사회심리학적 해석 — '밈코인은 거울이다'

밈코인은 단순한 가상화폐가 아니라, 시대의 감정을 비추는 디지털 심리 거울입니다.

시장이 흥분할 때는 과장된 유머로, 불안할 때는 조롱과 풍자로 세상의 긴장을 풀어냅니다. 불안한 시대에는 사람들은 웃음과 해학을 통해 불안을 해소하려 합니다.

불신의 시대에는 중앙 권력이나 제도를 믿지 못하기에, '중앙 없는 신뢰(Decentralized Trust)'에 대한 열망이 밈코인을 향하게 됩니다. 또한 외로움의 시대에는 같은 밈을 공유하고 즐기는 과정 속에서 '나도 이 집단의 일부다'라는 소속감의 회복을 경험합니다.

■ 심리학적 관점에서 본 밈코인

밈코인은 결국 불확실한 세상을 유머로 통제하려는 인간의 본능에서 비롯된 현상입니다. 예측할 수 없는 세상에서, 사람들은 유머와 풍자를 통해 두려움을 다루고 복잡한 현실을 '가볍게' 해석함으로써 심리적 균형을 되찾습니다.

즉, 밈코인은 단순한 투기 상품이 아니라 집단적 스트레스와 불안을 완화하는 심리적 배출구이자, 시장 감정을 조절하는 사회적 밸브(Social Valve)로 기능합니다.

■ 실전 시사점 - 밈코인을 다룰 때의 세 가지 관점

1. 투자 관점: 유머 뒤에 숨은 '집단 감정의 힘'을 읽어라

밈코인은 단순히 농담이 아닙니다. 짧은 시간 안에 전 세계 수백만 명이 같은 밈을 공유하며 웃고 반응할 때, 그 감정의 에너지는 가격을 실제로 움직이는 경제적 힘으로 전환됩니다.

따라서 밈코인을 분석할 때는 '재미'가 아니라 참여의 강도, 확산 속도, 커뮤니티의 결속력을 봐야 합니다. 이 세 가지가 바로 밈코인의 생명 주기를 결정하는 핵심 지표입니다. 현용수교수의 생각 "밈은 농담으로 시작하지만, 투자자는 그 안의 군중심리를 읽는다."

2. 사회심리학 관점: 밈코인은 시대의 정서를 반영하는 거울이다

밈코인은 언제나 시대의 집단 무의식에서 탄생합니다. 불안한 시대에는 '웃음과 해학'을, 불신의 시대에는 '탈중앙 신뢰'를, 외로운 시대에는 '소속감과 공감'을 대체재로 제공합니다.

즉, 밈코인은 경제적 상품이자 사회적 위로 장치입니다. 그것은 "지금 사람들이 무엇을 두려워하고, 무엇을 열망하는가."를 가장 빠르게 드러내는 문화적 지표입니다.

현용수 교수의 생각, "밈코인은 차트보다 사람의 마음을 먼저 읽는다."

3. 철학·미래 관점: 감정의 시대, '유머가 자산이 되는 경제'

밈코인은 21세기형 감정 자산(Psychological Asset)입니다. 사람들의 웃음, 참여, 소속감이 결합되어 만들어지는 새로운 형태의 가치 창출 구조입니다. 이는 단순한 투기가 아니라, '감정이 화폐가 되는 시대'의 신호탄입니다.

정보의 시대가 끝나면, 다음은 '감정의 시대', 즉 인간의 감정이 곧 시장의 언어가 되는 단계로 진입하게 됩니다. 현용수교수의 생각 "시장은 정보가 아니라 감정으로 움직인다. 밈코인은 그 증거다."

■ **투자 격언**

밈코인을 단순히 '돈의 농담'으로만 보지 마십시오.

그 안에는 "집단의 감정이 어떻게 시장의 방향을 바꾸는가."를 보여주는 거대한 실험이 숨겨져 있습니다. 즉 밈코인은 인간 심리의 실험실이며, 시장의 집단 무의식을 드러내는 무대입니다.

■ **결론 — 시장은 정보가 아니라, 감정으로 움직인다.**

밈코인은 단순히 '가치 없는 화폐'가 아닙니다. 그것은 감정이 거래되는 경제, 즉 '감정의 유통경제(Emotion Economy)'의 대표적 사례입니다.

이 안에서는 유머가 커뮤니케이션이 되고, 소속감이 신뢰가 되며, 도파민이 곧 자본의 에너지로 작동합니다.

밈코인은 사람들의 웃음 속에서 태어나, 집단의 열정 속에서 불타오르고, 버블이 꺼진 후에는 한 가지 진리를 남깁니다. "시장을 움직이는 것은 정보가 아니라, 인간의 감정이다."

결국, 밈코인을 이해한다는 것은 가격의 등락을 예측하는 일이 아니라 '사람의 마음이 어떻게 움직이는가'를 읽는 일입니다. 그 심리를 꿰뚫는 자만이 밈의 파도를 타되, 거품에 삼켜지지 않을 것입니다.

▣ 밈코인 심리학 워크북
― "농담에서 시작된 집단의 파동, 투자자의 심리를 비추다"

Part 1. 밈코인의 본질 이해

• **핵심 질문**: 밈코인은 왜 '가치 없는 농담'에서 '가치 있는 자산'으로 진화했는가?

사람들은 왜 웃음을 화폐로 바꾸는가?

• **핵심 개념**: 밈코인은 기술보다 집단 감정의 공명으로 움직인다.
시장은 데이터보다 도파민의 강도로 요동친다.

Part 2. 나의 군중심리 진단 테스트

아래 항목에 O/X로 체크하세요.

문항	예 / 아니오
1. 주변 사람들이 특정 코인을 사면 나도 사고 싶다	
2. SNS에서 '급등' 소식을 보면 가슴이 두근거린다	
3. 남들이 부자가 되는 걸 보면 조급해진다	
4. 가격이 내리면 '이제 다 끝났다'고 느낀다	
5. 코인을 살 때 여유보다 분위기에 끌린다	

■ 결과 해석

4개 이상 '예': 군중심리형 투자자

2~3개 '예': 감정민감형 투자자

1개 이하 '예': 분석·관찰형 투자자

Part 3. 행동경제학 × 투자심리

심리편향	설명	밈코인 투자 시 영향
FOMO(놓칠까 두려움)	남보다 뒤처질까 불안함	급등 추종, 고점 매수
확증 편향	듣고 싶은 정보만 수용	편향된 의사결정
도파민 과잉	단기 보상에 대한 중독	잦은 거래, 피로감
집단 동조 효과	다수가 옳다고 믿음	비이성적 매수·매도
후회 회피	실수 두려움으로 행동 회피	기회 상실, 소극적 대응

■ 요약

밈코인은 "정보의 전쟁"이 아니라 "감정의 전염"이다. 내 감정의 온도를 파악하는 것이 시장 분석보다 중요하다.

Part 4. 감정-시장 연동 일지

날짜	시장 상황	내 감정 상태	나의 행동	되돌아보기
	급등/하락/횡보	흥분/불안/무관심	매수/매도/관망	다음엔 어떻게?

Part 5. '밈-버블-순환' 인식 훈련

단계	시장 현상	심리 반응	대응 전략
밈 등장	유머, 밈 확산	호기심	관찰자 모드
커뮤니티 확산	SNS 참여 급증	기대감	감정 다스리기
급등	투자자 유입	흥분	분할 매도
냉각기	피로감·이탈	후회	학습, 기록
잔존기	핵심 팬덤 유지	평정	재진입 검토

■ 실습

현재 내가 관찰 중인 코인은 어느 단계에 있을까?
☐ ① 밈 ☐ ② 확산 ☐ ③ 급등 ☐ ④ 냉각 ☐ ⑤ 잔존

Part 6. 감정 리밸런싱 루틴 (3·3·3)

3분 호흡: 심호흡 3회로 마음 안정

3줄 기록: 오늘의 감정, 이유, 배운 점

3분 명상: "나는 시장이 아니라, 나의 평정에 투자한다."

뇌 과학적으로, 이 루틴은 편도체(공포 반응 중추)를 진정시키고 전전두엽(판단력 담당)의 활성화를 회복시킵니다.

Part 7. 나의 밈코인 투자 선언문

나는 '군중의 소음'이 아닌, '나의 리듬'을 따라 투자한다. 나는 웃음을 돈으로 바꾸지 않고, 배움을 자산으로 바꾼다.

나는 오늘도 감정이 아닌 원칙으로 거래한다.

서명: _____

날짜: _____

▣ 실전 TIP — Summary

밈코인은 어디까지나 투기적 성격이 강한 자산입니다. 짧은 기간 급등할 수도 있지만, 그만큼 빠르게 무너질 수도 있습니다.

따라서 밈코인은 '재미로 경험하는 영역'이지, 생존을 걸 자산이 아닙니다.

■ 투자 원칙 1. 반드시 소액 체험 수준으로만 접근하라.

밈코인은 감정과 유행에 따라 급격히 흔들리기 때문에, 생활 자금이나 장기 투자금으로 접근하는 것은 매우 위험합니다.

"잃어도 괜찮은 돈"으로만 참여하는 것이 생존의 기본입니다.

■ 투자 원칙 2. 투자 전 반드시 세 가지를 확인하라.

• 커뮤니티의 크기: 참여자가 많을수록 밈의 확산력이 커집니다.

• **활동성**: 실제 소통이 활발한가, 봇(bot)이나 홍보성 계정이 아닌가를 점검해야 합니다.

• **상장 거래소**: 신뢰할 수 있는 주요 거래소에 상장되어 있는지 확인해야 합니다.

■ **투자 원칙 3. '재미로 배우되, 욕심으로 망하지 말라.'**

밈코인은 시장의 감정 실험이자, 투자 심리를 배우는 훌륭한 교재입니다. 그러나 진짜 자산을 지키는 힘은 흥분을 절제하고, 원칙을 지키는 태도에서 나옵니다.

현용수 교수의 생각 "밈코인은 경험의 교훈이지, 생존의 수단이 아니다."

03 스테이블코인 · CBDC의 글로벌 패권 경쟁
— 가치의 언어가 바뀌는 시대, 우리는 참여자가 된다

달러 패권은 단순한 화폐 문제가 아니라, 국제 정치·군사·경제의 축이었습니다. 이제 스테이블코인과 각국의 CBDC는 새로운 '디지털 패권' 전쟁의 무대가 되고 있습니다.

달러 기반 스테이블코인은 글로벌 디지털 달러의 지위를 차지하려 하고, 중국·유럽·한국 등은 CBDC로 금융 주권을 지키려 합니다.

1. 화폐 권력은 곧 국제 권력

디지털 시대, 화폐는 단순한 결제 수단을 넘어 주권·영향력·통제의 도구가 되고 있습니다. 스테이블코인과 중앙은행 전자화폐(CBDC)는 이제 각국이 미래 금융 질서를 놓고 벌이는 패권 전장이 되었습니다.

■ 기본 개념 다시 보기
- **스테이블코인 (Stablecoin):** 민간 발행 코인이지만, 일반 화폐(예: 미국 달러)나 자산으로 가치를 고정(pegged)시켜 발행합니다.

예를 들어 USDT, USDC 등이 달러 연동 스테이블코인→ 빠른 송금, 블록체인 생태계 결제 수단, 디파이(DeFi) 기반 자산 운용 수단 등으로 활용합니다.

그러나 스테이블코인은 "가치 고정 유지"를 위해 충분한 준비금(reserve backing)을 갖춰야 하고, 레버리지나 중개 구조 등이 들어가면 신용 리스크·운영 투명성 이슈가 생길 수 있습니다. 이런 긴장 관계를 "스테이블코인 패러독스(stablecoin paradox)"라 부르기도 합니다.

• 중앙은행 디지털 화폐(CBDC, Central Bank Digital Currency): 각국 중앙은행이 발행하는 디지털 형태의 법정 화폐→ 종이 화폐·동전 대신 디지털 지갑이나 계좌 형식으로 존재→ 리테일형(일반 시민용) 또는 도매형(은행·금융기관 간) 모델→ 분산원장기술 또는 중앙집중형 시스템 혼합형 구조 등이 연구되고 있습니다.

CBDC는 스테이블코인과 달리 중앙은행의 신뢰로 보증되며, 금융 포용성 강화, 결제 비용 절감, 통화정책 수단 확대 등의 잠재력을 지닙니다. 하지만 사생활 보호, 은행 기능 약화, 데이터 감시 위험 같은 문제도 함께 제기됩니다.

2. 미국 vs 중국: 패권 경쟁의 핵심 갈림길

디지털 화폐를 둘러싼 패권 경쟁은 단순한 기술력 싸움이 아니라, 정책·국제 관계·제도 설계의 종합 전쟁입니다. 특히 미국과 중국은 서로 다른 접근 전략으로 세계 금융 질서의 주도권을 놓고 치열하게 맞서고 있습니다.

■ 중국의 전략 — e-CNY(디지털 위안) 중심의 중앙집권형 모델

중국은 이미 디지털 위안(e-CNY)을 다수의 도시에서 시범 운용하고 있으며, 누적 거래 규모 역시 세계 최대 수준으로 평가됩니다. 이 프로젝트의 핵심 목표는 다음 세 가지입니다.

- **위안화의 국제화** - 해외 결제 및 무역 거래에 e-CNY를 연결하여, 달러 중심 국제결제망(SWIFT 등)에 대한 의존도를 줄이려는 시도입니다.
- **금융 주권 강화** - 중앙은행이 직접 통화 흐름을 통제함으로써, 자국 내 금융 시스템의 안정성과 통제력을 높이는 방향입니다.
- **감시·통제 기능 결합** - 디지털 위안은 모든 거래가 중앙 서버에 기록되기 때문에, 정부가 경제 흐름을 실시간으로 모니터링할 수 있는 구조를 가집니다. 이는 효율성과 투명성을 높이는 동시에, 국가의 통제력 강화로 이어질 가능성도 큽니다.

결국 중국의 CBDC는 '중앙집권적 디지털 통화 모델'로, 금융 주권을 강화하면서도 자국 내 통화 흐름을 정밀하게 관리하려는 국가 전략의 일환이라 할 수 있습니다.

■ 미국의 전략 — 스테이블코인 중심의 민간·분권형 접근

반면 미국은 아직 소매용 CBDC(일반 국민이 직접 사용하는 디지털 달러)를 공식 도입하지 않았습니다. 그 대신 민간 부문이 발행하는 스테이블코인(Stablecoin)을 중심으로 디지털 달러 생태계'를 자연스럽게 확장시키는 전략을 택하고 있습니다.

최근 미 의회에서는 GENIUS Act 등 관련 법안을 통해 스테이블코인 발행·준비금·감독 기준을 명확히 하려는 움직임이 활발히 진행 중입니다. 이 법적 기반은 "달러의 디지털 버전"을 민간 주도로 안전하게 유통시키기 위한 장치로 볼 수 있습니다.

다만, 미국 내부에서도 논쟁이 존재합니다. 일부는 "CBDC를 통해 달러의 글로벌 영향력을 유지해야 한다."고 주장하지만, 다른 한편에서는 개인정보 침해·감시 강화 우려를 이유로 신중론이 우세합니다. 그 결과, 미국은 민간의 혁신을 활용하면서도 정부의 직접 개입은 최소화하는 '점진적 분권형 모델'을 유지하고 있습니다.

◇ 경쟁 포인트 비교

항목	중국 중심 전략	미국 중심 전략
발행 주체	중앙은행 주도(e-CNY)	민간 스테이블코인 중심+규제
국제화 전략	디지털 위안의 해외 사용 확대	달러 기반 스테이블코인이 디지털 달러 역할 가능성
통제 & 감시	강한 중앙 통제 가능, 거래 추적 가능성	프라이버시 우려 반발 강함
금융 시스템 영향	은행·금융기관 통합 구조 조정 가능	상업은행 역할 유지하려는 저항 존재

〈출처:gsb.stanford.edu,cepr.org,store.aicerts.ai,China-USFocus, Kiplinger, 의회.gov, Atlantic Council, 위키백과〉

3. 경제·사회·무역에 미치는 영향

디지털화폐(CBDC·스테이블코인)의 확산은 단순히 결제 방식을 바꾸는 수준을 넘어, 세계 금융 질서와 경제 구조를 근본적으로 재편할 가능성을 내포하고 있습니다. 그 변화는 금융, 통화, 무역, 사회 전반에 걸쳐 광범위하게 나타날 것입니다.

■ 글로벌 금융 구조의 변화

기존의 국제 금융망은 은행과 SWIFT 시스템이 중심이었습니다. 하지만 CBDC나 스테이블코인이 본격적으로 사용되면, 국경을 초월한 실시간 결제·청산 네트워크가 등장하면서 기존 질서가 흔들리게 됩니다.

이러한 변화는 거래 속도 향상과 비용 절감이라는 효율성을 가져오지만, 동시에 국가 간 금융 제재력 약화와 통화정책의 전달 경로 변화라는 새로운 문제를 야기합니다. 즉 디지털 화폐의 기술적 혁신이 곧 금융 권력의 이동으로 이어질 수 있다는 점이 핵심입니다.

■ 환율 및 통화정책에 미치는 영향

CBDC나 스테이블코인이 자유롭게 국경을 넘어 사용되면, 전통적인 환율 관리 메커니즘이 약화될 수 있습니다.

예를 들어, 해외 투자자나 기업이 디지털 달러·위안을 쉽게 보유·이동시킬 수 있게 되면 자본 유출입의 속도와 규모가 기존보다 훨씬 커집니다.

이는 곧 환율 변동성 확대, 외환시장 불안정, 통화당국의 정책 부담 증가로 이어질 수 있습니다.

반면 중앙은행 입장에서는 CBDC가 도입될 경우 통화정책의 전달력을 높이는 새로운 수단이 생길 수 있습니다. 예를 들어, 국민 개개인의 디지털 지갑으로 즉각적인 금리·정책 효과를 전달할 수 있기 때문입니다.

■ 은행·금융기관의 역할 재조정

CBDC가 본격적으로 도입되면 금융 중개 구조가 크게 바뀝니다. 현재는 상업은행이 예금을 받아 대출을 공급하지만, CBDC가 등장하면 국민이 중앙은행에 직접 디지털 계좌를 보유하게 될 가능성이 있습니다.

이 경우 예금의 중앙은행 집중 → 상업은행의 예금 기반 약화, 이자마진 감소 → 기존 비즈니스 모델의 수익성 악화, 중개 기능 축소 → 새로운 역할(자산관리, 컨설팅, 디지털 신탁 등)로의 전환이 불가피합니다.

반면, 핀테크 기업과 디지털 결제 플랫폼은 새로운 인프라를 구축하며 금융 생태계의 주도권을 확보할 가능성이 커집니다.

■ 프라이버시 및 통제 이슈

CBDC의 핵심 쟁점 중 하나는 바로 개인정보와 통제의 균형입니다. 중앙은행이 모든 거래 기록에 접근할 수 있다면, 자금세탁 방지나 세금 투명성 확보에는 도움이 되겠지만, 동시에 정부의 과도한 감시와 디지털 검열 가능성도 커집니다.

따라서 각국은 개인정보 보호와 익명성을 일정 부분 보장하는 '프라이버시 설계', 데이터 접근 권한을 명확히 제한하는 법적 안전장치 마련이 필수적입니다. 시민사회에서도 이러한 감시 우려에 대한 반발이 이미 제기되고 있으며, CBDC의 성공적 도입은 '기술의 신뢰'보다 '사회적 수용성'에 달려 있다고 할 수 있습니다.

4. 한국에 대한 파급효과 및 전략

한국은 세계적으로 디지털 인프라가 강하고, 글로벌 금융·무역과 밀접히 연결된 나라입니다. 따라서 미국·중국 등 주요국의 CBDC 경쟁이 본격화될수록 그 영향은 경제·금융·무역·사회 전 영역에 깊이 미칠 가능성이 큽니다.

■ 경제적 영향
- **환율 압력 증가**: 디지털 달러나 위안의 국제 결제가 활성화되면, 한국 원화는 이들 통화와의 교환 비율 변화에 직접적인 영향을 받게 됩니다. 결과적으로 환율 변동성이 커지고, 통화 안정성 확보 비용이 증가할 수 있습니다.
- **금융 주권 약화 가능성**: 외국 기반의 디지털 화폐가 국내 거래에서 사용된다면, 한국 정부와 금융당국의 통화 정책·자본 흐름 통제력이 줄어들 수 있습니다.
- **은행 산업 재편 압력**: CBDC 확산은 은행 예금 이탈을 유발하고,

핀테크와의 경쟁이 심화되며 수수료 인하 압박이 커질 것입니다. 따라서 은행들은 디지털 자산 관리, 결제 솔루션, 보안 기술 등으로의 사업 전환이 필요합니다.

■ **무역·외교적 측면**

- **수출 결제 구조의 변화:** 중국이나 미국이 자국 디지털 화폐를 국제 거래에 본격 도입하면, 한국 기업은 다양한 결제 수단을 지원할 수 있는 멀티통화 결제 시스템을 갖추어야 합니다.
- **디지털 화폐 협력 경쟁 참여:** 한국은 동북아 블록체인·지급결제 허브로 도약할 수 있는 위치에 있습니다. 향후 한·중·일 3국은 CBDC 상호운용성(Interoperability)을 논의하며 무역 결제의 효율성과 안정성을 높이는 협력 체계를 모색할 가능성이 높습니다.

■ **사회적·제도적 과제**

- **법·제도 정비:** CBDC와 스테이블코인의 도입에 대비해 개인정보 보호법, 전자금융거래법, 디지털자산 관련 법률 등을 재정비해야 합니다.
- **기술 기반 강화:** 디지털 지갑, 스마트 계약, 익명성 보호, 양자암호 보안 등 핵심 인프라 기술에 대한 국가적 투자와 인력 양성이 필요합니다.
- **시민 수용성 제고:** 프라이버시 침해, 정부 감시, 디지털 격차 등의 사회적 불안에 대비해 국민이 안심하고 사용할 수 있는 투명한 제도와 교육 시스템이 뒷받침되어야 합니다.

■ 결론

CBDC와 스테이블코인은 단순한 결제 수단이 아니라, 국가의 통화 주권과 사회적 신뢰 구조를 다시 설계하는 거대한 실험입니다. 한국은 기술력과 개방성을 모두 갖춘 만큼, 이 흐름을 위협이 아닌 '기회'로 전환하는 전략적 대응이 필요합니다.

현용수 교수의 생각 "디지털 화폐는 기술의 문제가 아니라, 신뢰의 문제이다."

5. 미래 전망과 전략 시사

◇ 미래 시나리오 예측

시나리오	특징	가능 타임라인
디지털 달러 패권 지속	미국 스테이블코인 중심이 국제 결제 중심 유지	단기~중기
디지털 위안의 급부상	중국 CBDC가 국제 수용 확대, 일부 국가 중심 채택	중기
다중 패권 체제	유럽·아시아 등 지역별 CBDC 블록이 경쟁	중장기
분산·플랫폼 주도 체제	스테이블코인+CBDC+오픈 플랫폼이 공존	중장기

■ 전략적 대응 포인트

디지털 화폐 시대의 경쟁은 단순히 기술의 싸움이 아니라, 국가 주권·신뢰·제도·사회 수용성이 얽힌 복합적 전략 게임입니다. 한국이 주도적 역할을 하기 위해서는 다음 다섯 가지 대응 포인트를 중심으로 접근해야 합니다.

■ **기술 주권 확보**

한국은 세계 최고 수준의 IT 인프라와 블록체인 개발 역량을 갖추고 있습니다.

이를 바탕으로 국내 독자 블록체인 플랫폼과 국가 단위의 디지털 화폐 인프라를 구축해야 합니다.

이는 단순한 기술 독립을 넘어, 국가 금융 시스템의 자주권을 지키는 핵심 기반이 됩니다.

■ **제도적 유연성 확보**

CBDC와 스테이블코인은 기존 금융법으로는 완전히 포괄하기 어렵습니다.

따라서 정부는 민간과 공공이 협력하는 새로운 규제 프레임워크를 마련해야 합니다.

혁신을 막지 않으면서도 안전장치를 갖춘 '유연한 규제 환경(Sandbox Regulation)'이 중요합니다.

■ **국제 협력 및 표준 주도**

한국은 지리적으로 동북아 중심에 있으며, 기술적 신뢰도 또한 높습니다. 따라서 중국·일본·싱가포르 등 아시아 국가들과의 CBDC 상호운용성 협약(Interoperability)을 통해 디지털 결제·무역 표준을 주도하는 중추 국가로 자리매김할 수 있습니다.

이는 향후 국제 무역 결제에서 '한국형 디지털 원화(K-Digital Won)'의 신뢰를 높이는 기반이 됩니다.

■ 사회 수용성 확보

CBDC나 스테이블코인의 성공 여부는 기술보다 국민의 신뢰에 달려 있습니다. 따라서 정부는 프라이버시 보호 모델, 공공 데이터 신뢰 메커니즘, 그리고 디지털 격차를 완화할 사회적 교육·참여 프로그램을 설계해야 합니다. 디지털 화폐의 본질은 결국 신뢰의 기술이기 때문입니다.

■ 금융기관의 전환 전략

CBDC가 보급되면 상업은행은 단순 예금기관에서 디지털 금융 플랫폼 제공자로 전환해야 합니다. 예금 기반이 줄어드는 대신, 자산관리·결제 인프라·데이터 보안 서비스 등의 부문에서 새로운 부가가치를 창출해야 합니다.

즉, 은행의 경쟁력은 금리가 아니라 '디지털 신뢰 플랫폼'으로의 변신에서 결정됩니다.

■ 요약 — SUMMARY

스테이블코인과 CBDC는 단순한 기술이 아니라, 디지털 패권을 건 금융 전쟁의 무대입니다. 중국은 중앙집권형 CBDC(e-CNY)를 통해 통화 주권과 글로벌 영향력을 강화하려 하고, 미국은 민간 주도의 스테이블코인을 중심으로 '디지털 달러 네트워크'를 확대하며 패권을 유지하려 합니다. 이 두 흐름 속에서 한국은 외부 충격에 취약하지만, 탁월한 기술력·금융 인프라·제도적 역량을 바탕으로 디지털 화폐 질서의 중추 국가로 부상할 잠재력이 있습니다.

미래 금융 경쟁의 핵심 키워드는 다음 네 가지로 요약됩니다.
주권(sovereignty)·신뢰(trust)·기술(technology)·프라이버시(privacy) 이 네 요소를 어떻게 조화롭게 설계하느냐가 향후 10년간 한국의 금융 경쟁력과 국제적 위상을 결정할 것입니다.

[실전 TIP]

스테이블코인 투자시: 반드시 발행사의 투명성과 준비금(Reserves) 공개 여부를 확인하라(감사받지 않은 스테이블코인은 돌발 위험이 크다). CBDC는 투자 대상이 아니다. 대신, 정책 방향과 미래 금융 트렌드를 읽는 신호등으로 활용하라.

글로벌 규제 뉴스: 각국의 법안·감독 변화는 코인 시장의 급등락 트리거(Trigger)가 되므로, 반드시 '규제 헤드라인'을 함께 모니터링하라.

현용수 교수의 생각 "디지털 화폐는 기술의 문제 이전에, 신뢰의 설계 문제이다."

04 NFT와 디파이, 토큰 이코노미의 확장

NFT는 '디지털 소유권'을, 디파이는 '은행 없는 금융'을 실험합니다. 토큰 이코노미는 이제 단순한 코인이 아니라, 참여와 분배의 구조로 진화하고 있습니다. 예술, 게임, 음악, 부동산, 심지어 교육까지 토큰화가 진행되며, '가치 교환'의 방식이 완전히 바뀌고 있습니다.

1. NFT — '디지털 소유권'의 탄생

NFT(Non-Fungible Token)는 복제 가능한 디지털 세계에서 유일한 원본성을 증명한 최초의 기술입니다. 그전까지 인터넷의 콘텐츠는 무한 복제·공유가 가능했지만, NFT는 "이 파일의 진짜 주인은 누구인가?"라는 질문에 블록체인으로 답을 제시했습니다.

■ 핵심 개념

Fungible(대체 가능): 비트코인, 달러처럼 서로 교환 가능한 자산입니다.

Non-Fungible(대체 불가): 각각 고유한 속성을 가진 자산(예: 예술 작품, 인증서, 아이템) 이 구조는 디지털 아트뿐 아니라 음악, 게임, 부동산, 교육 이력, 심지어 감정 데이터까지 확장됩니다.

"NFT는 단순한 소유권이 아니라, 디지털 정체성의 증명서입니다."

2. 디파이(DeFi) — 은행 없는 금융의 실험

디파이(DeFi, Decentralized Finance)는 은행·증권사·브로커 등 중앙기관 없이 운영되는 탈중앙화 금융 시스템입니다. 여기서는 사람이 아니라 블록체인 코드(스마트 계약, Smart Contract)가 거래를 자동으로 집행하고, 계약의 신뢰를 보장합니다.

예금, 대출, 보험, 자산운용 등 기존 금융이 수행하던 거의 모든 기능이 스마트계약으로 구현되며, 이자율·담보 비율·유동성 등 주요 지표 역시 알고리즘에 의해 자동으로 계산·관리됩니다.

따라서 전 세계 어디서나 인터넷만 연결되어 있다면, 누구든 중개인 없이 직접 금융 서비스에 참여할 수 있습니다.

■ 디파이의 3대 핵심 가치

• **투명성(Transparency)**: 모든 거래 기록이 블록체인에 공개되어, 누구나 열람하고 검증할 수 있습니다. 이는 "보이지 않는 금융의 벽"을 허물어, 신뢰의 새로운 형태를 만들어냅니다.

• **개방성(Openness)**: 국가, 신분, 은행 계좌 유무와 상관없이 누구나 접근할 수 있습니다. 이로써 금융 서비스는 더 이상 특정 계층의 전유물이 아니라 모든 개인의 권리가 됩니다.

• **자동화(Automation)**: 중개인이나 서류 절차 없이, 코드가 스스로 실행됩니다. 인간의 개입이 줄어드는 만큼 부패·지연·오류의 가능성이 줄어들고, 효율성은 극대화됩니다.

■ 경제적 의미 — "금융의 민주화, 권한이 개인으로 이동하다"

디파이는 단순히 새로운 기술이 아니라 '금융 주권의 이동'을 상징하는 혁명입니다.

과거에는 중앙은행과 금융기관이 돈의 흐름을 통제했지만, 이제는 그 권한이 '개인의 디지털 지갑'으로 옮겨가고 있습니다.

즉, 누가 돈을 빌리고, 얼마의 이자를 받고, 어떤 자산을 담보로 맡길지, 이 모든 의사결정이 중앙이 아닌 참여자 개인의 선택으로 바뀌는 것입니다. 디파이는 말 그대로 '금융의 민주화(Democratization of Finance)'입니다.

중앙의 신뢰 대신 시스템의 투명성으로, 권력의 집중 대신 참여의 분산으로 작동하는 새로운 금융 질서입니다. 현용수 교수의 생각 "과거엔 은행이 중심이었지만, 이제는 지갑 하나가 은행이 된다."

3. 토큰 이코노미 — '참여 = 가치'의 새로운 공식

토큰 이코노미(Token Economy)는 한마디로 말해 "참여가 곧 자산이 되는 경제 구조"입니다. 과거의 경제에서는 사람들은 단순히 제품을 '소비하는 존재'였습니다. 그러나 이제는 참여자이자 공동 창조자(Co-Creator)로서, 각자의 기여가 실제 경제적 가치로 환산되고 보상받는 시대가 열렸습니다. 토큰은 기업의 주식처럼 네트워크의 지분(Ownership in the Network) 역할을 합니다.

누군가 콘텐츠를 만들거나, 플랫폼을 이용하거나, 커뮤니티 운영에 기여하면 그 행위 자체가 '가치 창출의 증거'가 되고, 그에 상응하는 경제적 리워드(보상)가 토큰 형태로 주어집니다.

즉, 토큰 이코노미는 "노동"과 "소비"의 경계를 허물고, 참여·기여·공유가 곧 경제 활동이 되는 새로운 가치 공식을 만들어 냅니다.

■ 예시:

• 음악 플랫폼의 사례

사용자가 노래를 들으면, 단순한 스트리밍 소비가 아니라 생태계 기여 행위로 인식됩니다. 창작자·팬·플랫폼 모두가 토큰 형태로 수익을 분배받는 구조가 만들어집니다. 즉 음악을 듣는 '즐거움'이 동시에 '경제적 보상'으로 연결되는 것입니다.

• 교육 생태계의 사례

학습자가 콘텐츠를 제작하거나, 장학금 NFT를 기여하면 학습 토큰(Edu Token)을 획득합니다. 이 토큰은 다른 강좌를 수강하거나 장학금으로 전환할 수 있습니다. 배움과 나눔이 연결된 새로운 순환형 학습경제가 탄생하는 것입니다.

현용수 교수의 생각 "참여는 더 이상 시간 낭비가 아니라, 가치 창조의 출발점이다."

4. 문화적 확장 — "예술과 놀이, 소유와 공감이 교차하다"

NFT와 토큰 이코노미의 본질은 기술이 아니라 '문화적 언어의 전환'입니다. 디지털 자산은 이제 단순한 투자 상품이 아니라, 사람들의 감정·취향·정체성을 표현하는 새로운 사회적 언어로 기능하고 있습니다.

■ 예술의 변화 — '작품'에서 '경험'으로

NFT 예술은 더 이상 캔버스 위의 작품만을 의미하지 않습니다. 그것은 경험과 감정, 그리고 연결의 기록을 거래하는 형태로 진화했습니다. 팬은 이제 단순한 '구매자'가 아니라 공동 소유자(Co-Owner)로 참여합니다.

블록체인은 작가와 수집가를 직접 연결시켜, 과거에 존재하던 중개자(갤러리·플랫폼)의 역할을 대폭 축소시킵니다.

현용수 교수의 생각, "NFT 예술은 '소유'보다 '공감'을 거래한다."

■ 게임과 메타버스 — '플레이 투 언(Play-to-Earn)'

게임의 세계에서도 경제의 논리가 바뀌고 있습니다. '플레이 투 언(Play-to-Earn)' 구조 속에서, 게이머는 단순한 이용자가 아니라 경제의 생산자이자 투자자가 됩니다.

게임 속 아이템은 이제 디지털 자산(NFT)으로 전환되어 현실 화폐로 교환 가능한 가치로 기능합니다. 결국, 게임은 더 이상 '놀이'가 아닌 노동·투자·창작의 융합 공간이 됩니다.

■ 음악과 팬덤 — "좋아하는 아티스트의 성공이 나의 자산이 된다."

음악 산업에서도 NFT는 팬덤의 문법을 바꾸고 있습니다. 팬이 아티스트의 곡이나 앨범 NFT를 구매하면, 향후 발생하는 수익의 일부를 직접 분배받을 수 있는 구조가 만들어집니다.

이것은 "좋아하는 아티스트를 응원하는 행위"가 동시에 "그의 성공에 함께 투자하는 행위"로 바뀐다는 의미입니다. 즉 문화 소비가 곧 공동 투자이며, 공감이 곧 자산이 되는 시대가 열린 것입니다.

■ 결론 – "가치는 더 이상 만들어지는 것이 아니라, 함께 자라난다."

토큰 이코노미와 NFT 문화는 기술적 혁신을 넘어, '참여로 가치를 창조하고, 공감으로 자산을 확장하는 인간 중심 경제'로의 진화를 보여줍니다. 이제 우리는 소비자가 아니라, 가치를 함께 설계하는 시대의 주체로 서 있습니다.

현용수 교수의 생각 "참여는 자산이 되고, 공감은 통화가 된다."

5. 사회적 해석 — '소유'에서 '공유와 정체성'으로

NFT·디파이·토큰 이코노미- 기술이 바꾼 인간관계의 구조 NFT, 디파이, 토큰 이코노미는 단순한 기술 혁신이 아닙니다. 이들은 사람과 사람의 관계, 신뢰의 방식, 그리고 경제의 작동 원리를 근본적으로 바꿔놓았습니다.

과거에는 신뢰가 '제도'와 '기관'에 의해 보장되었습니다. 은행이 돈의 신뢰를, 언론이 정보의 신뢰를, 갤러리가 예술의 신뢰를 대표했습니다. 하지만 이제는 블록체인 코드가 그 신뢰의 역할을 대신하고 있습니다. 즉 "신뢰가 사람에서 코드로 이동한 사회"가 열린 것입니다.

과거 자본주의	새로운 디지털 자본주의
자본 → 생산 → 소비	참여 → 네트워크 → 가치
소유 중심	참여 중심
거래는 계약	거래는 신뢰의 공명
중앙집중 플랫폼	분산된 커뮤니티 경제

■ 문화사회학적 요약

디지털 자산은 단순한 데이터가 아니라, "인간의 신뢰를 코드로 번역한 새로운 문화적 언어"입니다. 이제 기술은 사람들을 분리시키는 장벽이 아니라, 감정과 경험을 연결하는 '감정의 네트워크'로 기능합니다.

NFT는 예술가와 팬의 관계를, 디파이는 개인과 금융의 관계를, 토큰 이코노미는 공동체와 경제의 관계를 다시 짜고 있습니다. 즉 기술이 사람들의 감정을 연결하고, 그 감정의 연결이 새로운 경제 질서를 만들어내는 것입니다.

현용수 교수의 생각 "디지털 자산은 기술이 아니라, 인간의 신뢰와 감정을 담은 새로운 문화 구조다."

6. 토큰 이코노미의 유행과 한계

토큰 이코노미는 새로운 경제 질서의 실험장이자, "참여가 곧 가치가 되는 사회"를 상징하는 혁신 모델입니다. 그러나 빠른 성장 뒤에는 언제나 조정과 성찰의 시기가 따릅니다.

이 장에서는 그 유행의 핵심 포인트와 동시에, 지속 가능한 발전을 가로막는 한계를 함께 살펴봅니다.

■ **유행 포인트 ― 새로운 경제와 문화의 결합**

• **팬덤 경제의 부상**: NFT와 토큰은 이제 단순한 투자 수단이 아니라, 팬이 직접 아티스트나 브랜드, 커뮤니티의 성장에 투자하는 참여형 자본이 되었습니다.

좋아하는 가수의 NFT를 보유함으로써 수익을 나누고, 커뮤니티 토큰을 통해 브랜드 의사결정에 참여하는 등 소비자는 단순한 '팬'을 넘어 공동 창조자(Co-Creator)로 진화했습니다.

• **공유 자산 모델의 확산(DAO 구조)**: 블록체인 기술은 협동조합의 철학과 결합하면서 '분산형 자율조직(DAO, Decentralized Autonomous Organization)'이라는 새로운 형태를 만들어냈습니다. DAO는 구성원이 공동의 자산을 관리하고, 의사결정을 투표와 스마트 계약으로 수행하는 디지털 협동조합이라 할 수 있습니다.

이를 통해 자본의 흐름이 소수에서 다수로 이동하고, 참여자 모두가 투명하게 소유와 보상을 공유할 수 있게 되었습니다.

• **스마트 계약 기반의 공정한 인센티브**: 토큰 이코노미의 또 다른 강점은 보상 시스템의 자동화입니다. 스마트 계약(Smart Contract)

이 모든 참여자의 기여도를 기록하고, 정해진 조건이 충족되면 즉시 보상을 배분합니다. 이는 과거 기업 중심의 불투명한 인센티브 구조를 대체하며, "신뢰를 사람 대신 코드가 보장하는 시대"를 열었습니다.

■ **한계와 과제 — 기술과 신뢰 사이의 간극**

• **투기 과열과 '거품 경제'의 위험**: NFT나 토큰 프로젝트 중 상당수는 실질적 가치보다는 단기적 이익과 기대심리에 의해 움직입니다.
이로 인해 시장이 과열되고, 실제 자산보다 가격이 과도하게 부풀어 오르는 버블 현상이 반복되고 있습니다. 결국 진정한 혁신 프로젝트까지 신뢰를 잃게 만드는 악순환이 생기고 있습니다.

• **'진정한 소유'의 모호성**: NFT를 구매하더라도, 그것이 파일의 링크인지 저작권의 소유권인지가 불분명한 경우가 많습니다. 법적으로 명확한 소유 개념이 정립되지 않은 탓에, "무엇을 진짜로 소유한 것인가?"라는 질문이 여전히 남아 있습니다. 이는 디지털 자산 시장의 가장 근본적인 신뢰 문제로 작용합니다.

• **기술적 복잡성과 진입장벽**: 지갑 연결, 시드 문구 관리, 스마트 계약 이해 등
기술적 과정이 어렵고 실수에 대한 복구가 어렵다는 점은 일반 사용자가 쉽게 접근하기 어렵게 만듭니다. 즉 '참여의 민주화'가 기술 난이도에 가로막혀 있는 현실입니다.

- **법·세제 미비와 제도적 불확실성**: 아직 대부분의 국가에서 NFT·토큰 거래에 대한 법적 정의, 과세 기준, 회계 처리 방식이 완전히 정립되지 않았습니다. 이로 인해 투자자 보호와 신뢰 기반이 취약하며, 사기·불법 발행 등 부작용이 발생할 여지가 큽니다.

■ 결론 — 유행을 넘어, 지속 가능한 신뢰로

토큰 이코노미의 진정한 힘은 기술이 아니라 신뢰에 있습니다. 참여의 투명성, 소유의 명확성, 그리고 사회적 합의가 뒷받침될 때 비로소 이 시스템은 일시적 유행을 넘어 지속 가능한 경제 생태계로 자리 잡을 수 있습니다.

현용수 교수 생각, *"코드는 신뢰를 만들 수 있지만, 신뢰를 유지하는 것은 결국 사람이다."*

7. 미래 전망 — "경제는 점점 인간의 감정에 가까워진다."

경제는 더 이상 숫자와 그래프만으로 설명되지 않습니다. 기술이 인간의 감정을 이해하고, 감정이 다시 경제의 흐름을 만들어내는 '감성 경제(Emotional Economy)'의 시대로 이동하고 있습니다.

디지털 자산의 진화는 바로 이 전환의 최전선에 서 있습니다.

■ AI + NFT + DeFi의 융합 — 자동화된 창작과 분배의 생태계

인공지능(AI)이 예술을 창작하고, 그 결과물을 NFT(Non-Fungible Token)로 발행합니다. 이 NFT는 블록체인 위에서 디파이

(DeFi) 시스템과 연결되어 작가·플랫폼·팬에게 자동으로 수익을 분배하는 구조를 형성합니다.

즉, 창작의 주체가 인간에서 인간+AI로 확장되며, 창작과 보상의 과정이 완전히 자동화되고 투명하게 이루어집니다. 예술의 가치가 개인의 손끝이 아닌 집단 지능과 알고리즘의 협업으로 재탄생하는 셈입니다. 현용수 교수의 생각 *"AI가 작품을 만들고, 블록체인이 신뢰를 보증하며, 사람은 감정을 더한다."*

■ **DAO 시대 — 기업을 넘어선 자율적 공동체의 부상**

미래의 조직은 더 이상 법인이 아니라 커뮤니티가 될 것입니다. DAO(Decentralized Autonomous Organization, 분산형 자율조직)는 중앙 경영진 없이 토큰을 기반으로 구성원 모두가 의사결정에 참여하는 새로운 형태의 사회경제 시스템입니다.

DAO는 기업보다 빠르고, 유연하며, 투명합니다. 참여자들은 단순한 직원이 아니라,

네트워크의 공동 주인(Stakeholder)으로서 함께 운영과 수익을 공유합니다. 이 구조는 이미 예술, 투자, 교육, 사회운동 등 다양한 분야로 확장되고 있습니다.

현용수 교수의 생각 *"조직은 더 이상 소속이 아니라, 선택과 공감의 네트워크가 된다."*

■ **교육·복지의 토큰화 — 인간 중심의 새로운 경제 구조**

다가오는 시대에는 학습·봉사·공동체 참여 등 인간의 선의와 활동

이 토큰 형태로 보상받는 경제 구조가 자리 잡게 될 것입니다.

예를 들어, 학생이 공부한 시간을 '학습 토큰(Learning Token)'으로 축적하고, 봉사활동이나 지역공헌을 하면 '공동체 토큰(Community Token)'을 지급받으며, 이러한 토큰은 장학금·복지 포인트 등으로 교환될 수 있습니다.

이처럼 "노동과 소비를 넘어, 존재와 참여가 가치가 되는 경제", 즉 '인간형 경제 구조(Human-Centered Economy)'가 현실로 다가오고 있습니다.

■ 요약 — SUMMARY

디지털 자산의 진화는 "가치를 소유하던 시대"에서 이제 "가치를 함께 만드는 시대"로 전환되고 있습니다. 과거에는 소수가 가치를 생산하고 다수가 그것을 소비했다면, 이제는 모든 참여자가 창작자·소비자·투자자·운영자로서 동시에 존재합니다. 경제의 중심축이 '소유'에서 '참여', '자본'에서 '공감' 으로 이동하고 있는 것입니다.

■ 본 장을 정리해 보면, "디지털 시대의 부는 연결과 공감의 속도로 결정된다"

NFT는 디지털 희소성(Digital Scarcity)의 상징입니다.

DeFi는 금융 민주화(Financial Democracy)의 실험실입니다. 토큰 이코노미는 참여의 경제학(Economics of Participation)입니다.

이 세 가지는 단순한 기술이 아니라 문화적 변화의 흐름입니다.

그 방향은 명확합니다 — 가치를 만드는 힘이 중앙에서 개인으로,

소수에서 다수로 이동하는 과정. 미래의 부는 더 이상 자본이 아니라 연결(Connectivity)에서, 그리고 신뢰와 공감을 얼마나 빠르게 확산시키느냐에서 결정될 것입니다.

현용수 교수의 생각 *"디지털 자산의 진화는 기술의 이야기가 아니라, 인간의 이야기다."*

◼ NFT·디파이·토큰 이코노미 워크북
— *"디지털 시대, 가치는 나누고 함께 만든다."*

Part 1. 개념 한눈에 보기

키워드	핵심 정의	인간적 의미	실생활 예시
NFT	디지털 자산의 고유성·소유권 증명	'나만의 것'에 대한 욕구	디지털 아트, 음악 NFT, 디지털 졸업장
DeFi	중앙기관 없이 운영되는 탈중앙 금융	신뢰를 기술로 대체	탈중앙 대출·스테이킹
Token-Economy	참여와 기여에 따른 보상 시스템	공동체적 경제	DAO, 학습·콘텐츠 보상 시스템

◼ 핵심 문장

"Web3의 핵심은 기술이 아니라, 신뢰와 소유의 방식을 다시 설계하는 인간의 의지다."

Part 2. 디파이(DeFi): 나의 '은행 없는 금융' 전략표

금융 행위	기존 방식	디파이 방식	장점	위험 요소
예금	은행 예금	스테이킹, 유동성 풀	높은 이자율	변동성, 해킹
대출	신용평가 후 대출	담보기반 스마트 계약	개방적 접근	청산 리스크
보험	중앙 보험사	분산형 보상 시스템	신뢰·투명성	규제 불확실

■ 실습란

내가 디파이 서비스를 이용한다면,

① 어떤 목적(수익/대출/투자)을 위해

② 어떤 리스크까지 감수할 수 있을까?

Part 3. 토큰 이코노미 이해 실험

구조 요소	설명	내 관점
인센티브(보상)	참여자 행동을 유도하는 동기	
거버넌스(의사결정)	투표 · DAO로 결정	
분배(Distribution)	기여도 기반의 가치 배분	
네트워크 효과	참여자 증가 → 가치 상승	

■ 작성 질문

나는 '참여형 경제'에서 어떤 역할을 하고 싶은가?
□ 크리에이터 □ 기획자 □ 투자자 □ 커뮤니티 운영자

Part 4. 문화와 트렌드 읽기

분야	NFT / DeFi 활용 사례	문화적 변화 포인트
예술	디지털 작품 NFT 거래	'소유의 민주화'
음악	팬토큰, 수익 공유	'팬덤이 경제가 된다'
교육	학습 NFT, 포인트 토큰	'배움의 경제화'
부동산	실물 자산 토큰화	'분산된 부의 구조'
사회	DAO 기반 공익활동	'공동체적 의사결정'

■ 문화적 통찰

NFT는 '자산'이 아니라 '문화적 언어'다. 참여는 새로운 사회적 화폐가 된다.

Part 5. 실전 토큰 시뮬레이션

◇ 나만의 토큰 설계표

요소	내용
토큰 이름	
발행 목적	
참여 조건	
분배 방식	
커뮤니티 기능	
장기 목표	

■ 질문:

내 토큰이 지속 가능한 가치를 가지려면

① 실질적 유용성, ② 참여자의 신뢰, ③ 지속적 커뮤니티 순환 중 어떤 요소가 가장 중요한가?

Part 6. 미래 전망과 나의 포지션

트렌드	나의 해석	기회 요인
NFT 2.0(AI+실물 결합)		
ReFi (Regenerative Finance)		
DAO 경제		
Tokenized Real Estate)		

• 성찰

나는 NFT·DeFi 시대를 "기술의 시장"으로 볼 것인가, 아니면 "인간관계의 진화"로 볼 것인가?

◨ 실전 TIP — NFT·DeFi·토큰 투자자의 기본 원칙

■ NFT 투자 시 — '커뮤니티·희소성·활용성' 세 가지 필터를 적용하라.

NFT의 가치는 단순히 '이미지'가 아니라 그 이미지 뒤에 있는 사람과 네트워크에서 나옵니다.

• 커뮤니티(Community): 활발히 소통하고 지속적으로 성장하는 커뮤니티인가?
• 희소성(Rarity): 발행 수량이 제한되어 있으며, 복제 불가능한 고유성이 있는가?
• 활용성(Utility): 단순 소장용이 아니라, 실제로 사용할 수 있는 기능(회원권, 혜택, 콘텐츠 접근 등)이 존재하는가?

이 세 가지 필터를 통과하지 못한다면, NFT는 일시적 유행에 그칠 가능성이 큽니다.

■ 디파이(DeFi) 활용 시 — '수익'보다 '리스크'를 먼저 계산하라.

스테이킹(Staking), 이자농사(Yield Farming) 등은 높은 수익률로 주목받지만, 동시에 스마트 계약 오류·해킹·유동성 부족 등 다양한 위

험이 존재합니다. 따라서 투자 전 반드시 다음을 확인해야 합니다.

프로젝트의 보안 감사(Audit)가 완료되었는가?

담보 비율과 청산 조건이 명확하게 제시되어 있는가?

예상 수익률이 '비현실적으로 높지 않은가?' 디파이는 리스크 관리 능력이 곧 생존력임을 잊지 말아야 합니다.

■ 투자 원칙 — "유행을 쫓기보다, 사용성과 지속성을 본다."

NFT·토큰·디파이 시장은 유행이 빠르고 화제가 쉽게 바뀝니다. 하지만 진정한 가치는 실제 사용성(Use Case)과 지속 가능한 생태계(Sustainability)에서 나옵니다.

즉, "사람들이 계속 사용하고 싶어 하는가?", "시간이 지나도 기능과 가치가 남는가?"를 먼저 살펴야 합니다.

이렇게 세 가지 원칙을 기억한다면, 당신은 단순한 투기자가 아니라 디지털 자산 시대의 전략적 투자자가 될 수 있습니다.

BITCOIN REUM

"코인은 가격이 아니라, 비전과 구조를 보라"
"좋은 코인을 어떻게 구분할 것인가?"
이 질문에 답하려면 기술과 비전뿐 아니라 거버넌스와 데이터의 신뢰도를 읽을 줄 알아야 합니다.
온체인 데이터, 거래량, 유동성, 차트 분석, 규제 리스크—
숫자와 법, 사람과 시장이 얽힌 복합적 구조를 해석하는 능력이 필요합니다.
이 장은 투자자가 '분석가'로 성장하는 첫 단계가 될 것입니다.

투자 대상을 분석하는 법

01. 프로젝트 가치 평가 —기술·비전·거버넌스
02. 온체인 데이터 읽기: 거래량·지갑 분포·유동성
—숫자가 말하는 신뢰, 데이터가 보여주는 생명력
03. 차트와 캔들, 기본적인 기술 분석
—숫자는 감정을 숨기지 않는다.
04. 규제·정책 리스크 확인하기
-차트만 보지 말고 법,세금,정책의 바람을 읽어라

01 프로젝트 가치 평가
— 기술·비전·거버넌스

코인의 진짜 가치는 가격이 아니라 '문제를 해결하려는 의지와 구조'에 있습니다.

비트코인이 '은행 없는 금융'을 꿈꾸었다면, 이더리움은 '스마트 계약(Smart Contract)'을 통해 신뢰를 코드로 구현한 새로운 경제 질서를 만들었습니다.

따라서 코인 투자는 단순히 가격의 등락을 추적하는 게임이 아니라 어떤 철학과 기술, 사람을 믿고 그 미래에 동참할 것인가를 결정하는 과정입니다.

투자자는 단순한 매수자가 아니라, 프로젝트의 세계관을 함께 설계하는 초기 주주(Stakeholder)인 셈입니다.

1. 왜 '프로젝트 가치 평가'가 중요한가

많은 초보 투자자들은 차트의 방향에만 시선을 빼앗깁니다.
하지만 진짜 투자자는 가격보다 '사람과 철학'을 본다는 점을 잊지 말아야 합니다.

비트코인은 '탈중앙 신뢰 시스템'이라는 철학을 세상에 던졌고, 이더리움은 '스마트 계약'을 통해 법과 신뢰의 구조를 기술로 재설계했습니다. 이처럼 코인의 가치는 단순한 코드가 아니라 세상을 바라보는 철학적 관점의 깊이에서 비롯됩니다. 현용수 교수의 생각, "좋은 코인은 가격이 아니라 방향으로 증명된다."

■ 핵심 포인트

코인은 투기 대상이 아닌 '미래 프로젝트'이다. 투자자는 단기 매매자가 아니라, 그 세계관에 투자하는 초기 주주다. 결국 중요한 것은 '지금의 가격'이 아니라 '미래의 존재 이유'다.

2. 세 가지 분석 축 — 기술 · 비전 · 거버넌스

이 세 가지는 프로젝트의 '심장'입니다. 기술이 허술하거나, 비전이 모호하거나 거버넌스가 불투명하면, 그 프로젝트는 단기적 성공은 가능하더라도 장기 생존 가능성은 낮습니다.

분석 축	핵심 질문	평가 포인트
기술(Technology)	무엇을 새롭게 가능하게 하는가?	혁신성, 구현력, 보안성
비전(Vision)	세상을 어떻게 바꾸려 하는가?	철학적 일관성, 현실성, 사회적 가치
거버넌스(Governance)	누가, 어떻게 운영하고 결정하는가?	투명성, 참여 구조, 커뮤니티 신뢰도

어느 하나라도 불투명하거나 허점이 있으면, 장기 생존 가능성은 낮습니다.

3. 기술적 가치 평가 — "문제를 해결하는 구조를 보라"

모든 기술의 가치는 '얼마나 빠른가'가 아니라, '무엇을 해결하느냐'에 달려 있습니다.

속도나 수수료 같은 기능적 요소보다 중요한 것은, 그 기술이 세상에 없던 가능성을 열어주는가입니다.

예를 들어, 비트코인은 신뢰의 문제를 해결했고, 이더리움은 계약의 자동화를 가능하게 했으며, 폴리곤이나 솔라나는 확장성(Scalability)이라는 난제를 풀기 위해 등장했습니다.

기술적 가치를 볼 때는 단순한 '논문 수준의 개념'에 머무르는지, 아니면 실제 구현과 네트워크 효과(Network Effect)로 이어지는지를 구분해야 합니다.

현용수 교수의 생각, "기술은 아이디어가 아니라, 문제 해결의 구조다."

평가 요소	핵심 질문	참고 포인트
블록체인 구조	퍼블릿? 프라이빗? 하이브리드?	분산 정도, 보안성
합의 알고리즘	PoW, PoS, DAG 등	효율성, 탈중앙화 정도
확장성	초당 거래량(TPS)	실사용 가능성
상호 운용성	다른 체인과 연결 가능한가?	브리지 기술
개발 생태계	활발한 GITHub, 커뮤니티 기여	기술 가능성

■ **실전 TIP**

기술적 이론과 실제 구현력을 함께 보라. 화려한 백서보다 작동하는 코드, 사용자의 반응, 개발자 커뮤니티의 활동성이 중요하다.

현용수 교수의 생각 "논문은 많지만, 실행은 적다." — 이것이 기술 평가의 현실이다.

4. 비전 평가 — "철학이 명확한 코인이 오래간다."

비전은 단순한 슬로건이 아닙니다. 그 프로젝트가 "세상을 어떻게 바꾸려 하는가?"를 보여주는 근본 철학입니다. 철학이 분명할수록 공동체는 단단하며, 시장의 폭풍 속에서도 쉽게 무너지지 않습니다.

■ **분석 포인트**

백서의 일관성: 기술적 구조와 비전이 실제로 연결되어 있는가?
로드맵의 현실성: 단계적 목표와 실행 일정이 구체적으로 제시되어 있는가?
시장 적합성: 현재 산업 구조에서 해결 가능한 문제를 다루는가?
철학적 기반: 단순한 수익 모델이 아니라, 사회적 가치까지 내포하는가?

■ **대표 사례**

비트코인: "신뢰 없는 신뢰 시스템" –제3자 없이도 작동하는 자유의 금융.

이더리움: "코드가 법이 되는 사회" –계약의 신뢰를 인간이 아닌 코드에 맡긴 실험.

폴카닷: "체인 간 협력의 인터넷" –블록체인 간 연결과 상호운용성의 비전.

파일코인: "데이터의 탈중앙 저장소" –데이터를 권력에서 해방시키는 구조.

철학이 단단한 프로젝트일수록 가격이 일시적으로 하락해도 커뮤니티는 떠나지 않습니다. 그 철학이 곧 신뢰의 근본이며, 신뢰가 있는 프로젝트는 언제나 다시 일어섭니다.

현용수 교수의 생각, *"비전은 가격을 버티게 하는 내적 에너지다."*

■ **결론**

좋은 프로젝트는 단순히 기술이 뛰어난 것이 아니라 철학이 일관되고, 거버넌스가 투명하며, 커뮤니티가 살아 있는 생명체입니다. 코인을 평가할 때 가격보다 먼저 "그들의 꿈이 현실이 될 가능성"을 물어보십시오.

현용수 교수의 생각, *"투자는 숫자가 아니라, 신념을 보는 일이다."*

5. 거버넌스 평가 ― "사람과 구조를 신뢰할 수 있는가"

거버넌스(Governance)는 프로젝트의 정치 구조이자 의사결정 시스템입니다. 기술이 아무리 훌륭해도, 운영이 불투명하고 리더십이 불안정하다면 그 프로젝트는 장기적으로 신뢰를 잃을 수밖에 없습니다.

거버넌스는 단순히 "누가 운영하는가"의 문제가 아니라, "어떻게 의사결정을 내리고, 그 과정이 얼마나 투명한가"의 문제입니다.

따라서 투자자는 다음 세 가지를 반드시 점검해야 합니다.

투표 기록: 주요 결정이 투명하게 공개되고, 참여 비율이 높으며, 공정하게 집행되는가?

DAO 운영 구조: 분산형 자율조직(DAO)이 실제로 작동하며, 구성원의 권한이 균형 있게 분배되어 있는가?

개발자 포럼 활동: 개발진과 커뮤니티 간의 대화가 활발한가, 문제 제기에 대한 응답이 신속한가?

거버넌스가 투명한 프로젝트는 단기 시장 변동에도 흔들리지 않습니다. 커뮤니티가 스스로 위기를 복구하고, '집단 신뢰의 힘'으로 회복력을 보여줍니다.

현용수 교수의 한마디, *"거버넌스가 투명한 코인은 위기 때 커뮤니티가 스스로 구한다."* 투표 기록, DAO 운영, 개발자 포럼을 반드시 확인하라.

요소	질문	평가 기준
팀 구성	누가 이끌고 있는가?	실명공개, 기술·사업 경력
커뮤니티	얼마나 활발한가?	포럼·SNS·토론 참여도
의사결정 구조	중앙집중인가, 투표 기반인가?	DAO(탈중앙 거버넌스) 유무
토큰 분배	공정한가? 내부자 비중은?	불균형 시 리스크 증가

6. 투자자 시각의 통합 평가 매트릭스

코인 프로젝트를 분석할 때는 감(感)이 아니라 구조화된 기준이 필요합니다. 다음은 기술, 비전, 거버넌스 세 축을 중심으로 구성한 통합 평가 매트릭스 예시입니다.

항목	점수(1~5)	메모
기술 혁신성		
실행 가능성		
시장 적합성		
팀 신뢰도		
커뮤니티 활력		
토큰 분배 구조		
규제·법적 리스크		
장기 생존력		

· **활용법**

35점 이상: 장기 성장형 프로젝트/ 25~34점: 변동성은 있으나 주목할 만함/ 24점 이하: 단기 이벤트성 가능성 높음

7. 행동경제학적 시사점

— "좋은 프로젝트를 알아보려면, 감정보다 구조를 봐라"

투자는 이성의 게임처럼 보이지만, 실제로는 감정의 싸움입니다. 특히 코인 시장처럼 정보의 홍수 속에서는 사람의 심리가 투자 판단을 왜곡하기 쉽습니다.

다음은 투자자가 흔히 빠지는 세 가지 심리적 함정입니다.

■ 확증편향(Confirmation Bias)

자신이 좋아하는 프로젝트만 긍정적으로 해석하고, 불리한 정보는 무시하려는 경향.

→ "내가 믿는 코인이니까 괜찮을 거야"라는 생각이 위험을 키웁니다.

■ 과잉확산(Overconfidence)

새로운 기술이나 백서의 화려한 표현에 매료되어 "이건 혁명이다"라고 과대평가하는 심리.

→ 그러나 대부분의 혁신은 생각보다 느리게, 그리고 조용히 진행됩니다.

■ 군중심리(Herd Behavior)

SNS나 유튜버의 한마디에 시장이 출렁이고, '모두가 사니까 나도 산다'는 심리로 움직이는 경향.

→ 정보보다 '분위기'가 결정을 지배하는 순간, 합리적 판단은 사라집니다.

■ 핵심 통찰

좋은 프로젝트는 "유명해서" 가치 있는 것이 아니라, "구조적으로 살아남을 이유가 있기 때문에" 가치가 있습니다. 즉 사람의 관심이 아니라 시스템의 견고함이 생존을 결정합니다. 현용수 교수의 생각 "감정은 유행을 만든다. 그러나 구조는 생존을 만든다."

8. 미래 전망 — 프로젝트 가치의 3대 방향

코인의 본질은 단순한 자산 증식이 아닙니다. 그것은 기술과 철학이 만나 '신뢰의 방식을 새롭게 설계하는 시도'입니다.

가격은 시장의 단기적 결과일 뿐이고, 진짜 가치는 그 프로젝트가 인류 사회에 어떤 변화를 만들어내는가에 달려 있습니다. 앞으로의 블록체인 프로젝트는 세 가지 방향에서 진화할 것입니다.

방향	설명	핵심 포인트
기술·경제 융합형	실물경제와 블록체인 결합	CBDC, 토큰화 자산
커뮤니티 생태형	DAO, 팬덤, 소셜 토큰 중심	인간 중심 네트워크
공공 가치형	ESG·사회문제 해결 기반	임팩트 블록체인, ReFi

■ 투명성의 강화(Transparency)

모든 거래와 데이터가 블록체인 위에서 공개됨으로써, 경제와 행정, 나아가 사회 전체의 불투명한 구조를 투명하게 바꾸는 힘이 됩니다. 이제 신뢰는 제3자가 아닌 '시스템의 기록' 위에서 구축됩니다. 프로젝트의 가치는 이 투명성을 얼마나 정직하게 구현하는가에 달려 있습니다. "진짜 신뢰는 보이지 않는 손이 아니라, 모두가 볼 수 있는 코드에서 시작된다."

■ 공정성의 실현(Fairness)

코인은 자본과 권력이 집중된 기존 질서를 무너뜨리고, 참여자 모두에게 공정한 기회와 분배 구조를 제공합니다. 스마트 계약은 '약속의 자동 이행'을 가능하게 하여, 인간의 편견이 아닌 규칙의 일관성으로 정의를 실현합니다. 미래의 가치는 바로 공정한 시스템 설계에서 창조됩니다. "공정한 코드는 정의로운 사회를 만든다."

■ 지속 가능한 생태계(Sustainability)

좋은 프로젝트는 단기 수익보다 지속 가능한 생태계를 지향합니다. 사용자, 개발자, 투자자, 커뮤니티가 서로 순환하며 '이익이 아니라 신뢰'를 중심으로 성장하는 구조를 갖추는 것이 핵심입니다.

기술적 완성도뿐 아니라, 사회적 가치·환경적 책임·참여자 복지까지 포괄하는 '인간 중심의 블록체인'으로 나아갈 것입니다.

"미래의 부는 기술이 아니라, 신뢰를 지속시키는 구조에서 나온다."

■ 결론

코인의 진정한 가치는 가격의 높고 낮음이 아니라, 방향의 옳고 그름에 있습니다.

투명성·공정성·지속 가능성, 이 세 가지가 조화를 이룰 때, 그 프로젝트는 단순한 기술이 아니라 새로운 사회 시스템의 토대가 됩니다. 그리고 투자자는 단순히 돈을 넣는 사람이 아니라, 미래 기술·철학·사회 구조에 '지분'을 가진 참여자입니다. 또한, 기술은 혁신의 엔진, 비전은 방향, 거버넌스는 신뢰의 구조입니다.

현용수 교수의 생각, "좋은 코인은 좋은 사람과 철학이 만든다. 그것이 곧 지속 가능한 가치의 출발점이다."

▣ 프로젝트 가치 평가 워크북
— "기술보다 철학, 철학보다 신뢰를 본다."

항목	핵심 의미	투자자가 봐야 할 포인트
기술(Technology)	실제 문제 해결 능력	확장, 보안성, 실사용성
비전(Vision)	철학적 방향성과 실현 전략	명확한 미션, 시장 현실성
거버넌스(Governance)	의사결정 구조와 투명성	팀 신뢰도, 커뮤니티 운영

Part 1. 기본 개념 요약
• 핵심 메시지

"좋은 코인은 기술이 아니라 구조로 살아남는다. 구조는 결국 철학에서 비롯된다."

Part 2. 비전 평가 체크리스트

평가 항목	질문	점수(1~5)	메모
철학·미션	어떤 문제를 해결하고자 하는가?		
로드맵	구체적 실현 가능한 일정인가?		
시장 적합성	산업 내 실질 수요와 연결되는가?		
파트너십	실제 협력 사례·제휴 구조 있는가?		
사회적 가치	ESG, 임팩트 가치 내포 여부		

• **실습란:**

백서에서 가장 공감된 문장은 무엇이었는가?

나는 이 프로젝트가 ___년 후 어떤 사회적 변화를 만들 것이라 생각한다.

Part 3. 거버넌스 평가 체크리스트

평가 항목	질문	점수(1~5)	메모
팀 구성	실명 공개·전문성·경력 검증 가능?		
커뮤니티	투명한 소통 참여 구조 존재?		
의사결정	DAO·투표 기반 구조인가?		
토큰 분배	내부자 비중·락업 기간 명확한가?		
규제 리스크	각국 법률 준수 여부		

- **실습 질문**

이 프로젝트의 리더십 구조에서 신뢰를 주는 점/불안한 점은 무엇인가?

Part 4. 종합 평가 점수표

항목	점수(1~5)	가중치	환산 점수
기술		30%	
비전		40%	
거버넌스		30%	
총점			

- **해석 가이드**

35점 이상: 장기 성장형, 지속 가능성 높음

25~34점: 중기 변동형, 추적 관찰 필요

24점 이하: 단기 이벤트 가능성, 신중 접근

Part 5. 토론형 실습란

주제: "기술이 강한 프로젝트 vs 커뮤니티가 강한 프로젝트"

나의 의견: _____

상대의 의견에서 새롭게 배운 점: _____

토론 후 내 관점의 변화: _____

• 활동 안내

학습자 2~3인이 각자 선택한 프로젝트를 평가하고,
기술/비전/거버넌스 관점에서 차이점을 비교한다.
마지막에 '투자할 만한 이유' vs '피해야 할 이유' 1줄 정리.

Part 6. 인사이트 리플렉션

"이 프로젝트가 실패한다면, 기술 때문일까? 철학 때문일까?"
내 답변: _____
다음엔 어떤 지표를 추가로 분석해볼까? _____

• 행동경제학 관점

인간은 '새로운 기술'보다 '익숙한 신뢰'를 선택한다. 결국 코인의 본질은 기술적 신뢰와 사회적 신뢰의 균형이다.

Part 7. 나의 투자 신념 선언문

나는 가격보다 비전을,
유행보다 철학을,
탐욕보다 구조를 본다.
나는 오늘도 기술의 깊이와 인간의 신뢰를 함께 읽는 투자자이다.
서명: _____
날짜: _____

◨ 실전 TIP — SUMMARY

코인 프로젝트를 평가할 때, 단순히 "가격이 오를까?"를 묻기보다 "이 프로젝트가 무엇을 해결하려 하는가, 그리고 그것을 실현할 능력이 있는가"를 먼저 살펴야 합니다.

이를 판단하는 핵심 기준은 기술력·비전·거버넌스, 세 가지입니다.

■ 기술력 — 실제로 구현 가능한가?

코인은 아이디어가 아니라 작동하는 기술로 증명됩니다.

백서에 제시된 기술이 실제로 개발되고 있는가?

깃허브(GitHub) 등에서 개발자 활동이 꾸준히 이어지고 있는가?

커뮤니티가 기술 개선에 참여할 수 있는 구조를 갖추고 있는가?

화려한 언어보다 "코드가 존재하는가?"가 더 중요합니다. 즉 실행 가능한 기술이야말로 가장 강력한 신뢰의 증거입니다.

■ 비전 — 단순 화폐인가, 생태계인가?

좋은 프로젝트는 단순한 '결제 수단'을 넘어 하나의 생태계(Ecosystem) 또는 플랫폼(Platform)으로 확장됩니다.

단순 송금 기능에 머무르는가, 아니면 다양한 서비스로 연결되는가?

다른 프로젝트와 상호운용성(Interoperability)을 확보하고 있는가?

사용자가 단순 소비자가 아닌, 참여자(Participant)로서 기여할 수 있는가?

코인의 미래는 기술보다 세계관(Why we exist)에서 시작됩니다. 즉 비전이 분명한 프로젝트일수록 시장의 변동에도 커뮤니티가 남습니다.

■ 거버넌스 ― 신뢰할 수 있는 구조인가?

거버넌스는 프로젝트의 운영 방식과 권한 분배 구조를 말합니다.

중앙집중형인가, 아니면 커뮤니티가 직접 참여하는 탈중앙형 구조(DAO)인가?

의사결정 과정과 자금 집행이 투명하게 공개되고 있는가?

리더십의 교체나 커뮤니티 투표가 실제로 작동하는가?

위기 상황에서 살아남는 프로젝트는 언제나 거버넌스가 명확하고 커뮤니티가 주체적으로 움직이는 곳입니다.

■ 핵심 질문 ― 투자 전 반드시 자신에게 물어보라

"이 프로젝트가 해결하려는 문제가 실제로 존재하는가?"

그 문제가 현실적이고, 기술로 풀 수 있으며, 그 해결 과정에 참여자와 커뮤니티의 신뢰가 뒷받침된다면 그 코인은 단순한 자산이 아니라 미래를 설계하는 한 조각이 될 것입니다.

02 온체인 데이터 읽기: 거래량·지갑 분포·유동성
— "숫자가 말하는 신뢰, 데이터가 보여주는 생명력"

전통적인 주식 시장에서 투자자는 기업의 재무제표를 통해 경영 상태와 수익 구조를 판단합니다. 코인 시장에서는 그 역할을 온체인 데이터(On-chain Data)가 대신합니다. 모든 거래 내역, 지갑 간 이동, 유동성의 흐름이 블록체인 위에 그대로 기록되고 공개되기 때문입니다.

이 데이터는 단순한 숫자의 나열이 아니라, 프로젝트가 얼마나 많은 참여자에게 신뢰받고 있는지, 일부 고래(Whale)가 시장을 좌우하고 있지는 않은지, 실제 자금이 꾸준히 유입되고 있는지를 보여주는 생명 신호입니다. 즉 온체인 데이터는 코인 생태계의 '심장박동'을 확인하는 진단 도구입니다.

1. 왜 온체인 데이터가 중요한가?

주식 투자에서 재무제표가 기업의 건전성을 평가하는 기준이라면, 코인 투자에서는 온체인 데이터가 그 역할을 합니다. 블록체인의 가장 큰 가치가 '투명성'에 있는 만큼, 누구나 데이터를 열람하고 분석할 수 있다는 점은 기존 금융 시장에서는 찾아보기 어려운 혁신입니다.

거래량(Volume)은 시장의 활력을, 지갑 분포(Wallet Distribution)

는 탈중앙화의 정도를, 유동성(Liquidity)은 실제 거래 가능한 자금의 깊이를 보여줍니다.

이 세 요소를 함께 보면, 한 프로젝트가 단순한 '투기판'인지, 아니면 지속 가능한 경제 생태계로 성장 중인지 판단할 수 있습니다.

■ 핵심 포인트

코인의 본질은 데이터의 투명성에 있다.

온체인 데이터는 단순한 기술적 지표가 아니라, "이 시장이 실제로 살아 움직이는가"를 보여주는 신뢰의 척도이자 생명 신호이다.

따라서 투자자는 숫자 너머의 구조와 심리를 읽는 눈을 길러야 한다. 그것이 곧 디지털 시대의 재무제표 읽기 능력이다.

- *핵심 포인트:* 코인의 본질은 데이터의 투명성이다. 온체인 데이터는 "이 시장이 살아있는가"를 보여주는 심장박동이다.

2. 거래량(Volume) — 시장의 '맥박'

거래량은 단순히 숫자로 표시되는 데이터가 아닙니다.

그것은 시장 참여자의 심리 강도와 에너지의 흐름, 즉 시장의 '맥박'입니다. 거래량이 많을수록 유동성이 풍부하고, 매수·매도 양측의 참여가 활발합니다. 이는 시장이 '살아 움직인다'는 신호입니다.

반대로 거래량이 적을수록 투자자들의 신뢰가 떨어지고, 시장이 피로하거나 조작 가능성이 높아질 수 있습니다.

■ 해석 기준 & 실전 팁

거래량이 급증할 때는 반드시 "이유 있는 사건(뉴스, 상장, 기술 업데이트 등)"이 있는지 확인하라.

거래소 간 거래량의 분포도 중요하다. 소수 거래소에 거래량이 집중되어 있다면 인위적 조작(Wash Trading)의 가능성이 높다.

하루 거래량이 시가총액의 5% 이상이라면 비교적 유동성이 안정적인 시장으로 평가할 수 있다.

■ 해석의 기준

상황	의미	해석 포인트
거래량↑ + 가격↑	건강한 상승, 새로운 수요 유입	매수세 실질적
거래량↓ + 가격↑	힘없는 상승, 거품 가능성	조심
거래량↑ + 가격↓	패닉성 매도, 심리적 불안	단기 저점 가능성
거래량↓ + 가격↓	관심도 하락	시장 냉각기

3. 지갑 분포(Wallet Distribution) — 부의 구조를 읽는 눈

지갑 분포는 누가, 얼마만큼의 코인을 보유하고 있는가를 보여주는 데이터입니다.

이는 주식의 지분 구조(Ownership Structure)와 유사하게, 자산의 집중도와 시장의 민주성을 판단하는 데 중요합니다.

■ 대표 지표

Top 10 Wallet Holdings: 상위 10개 지갑이 전체 물량에서 차지하는 비율

Active Wallets: 최근 24시간 내 활동한 지갑의 수

New Wallets Created: 일정 기간 내 신규 생성된 지갑 수

구조 형태	의미	투자자에게 주는 신호
분산형(Distributed)	다수 지갑이 균등 보유	생태계 신뢰 높음
집중형(Concentrated)	상위 1~10 지갑이 대부분 보유	고래(Whale) 주도 시장, 변동성 위험
점진형(Expending)	신규 지갑수 증가	수요 확장, 건강한 성장 신호

■ 행동경제학적 해석

시장이 소수의 고래(Whales)에게 집중되어 있으면, 정보 비대칭이 커지고 가격이 쉽게 흔들릴 수 있습니다. 반면, 지갑 분포가 넓고 개인 참여자가 많을수록 시장 구조는 건강하고 민주적으로 작동하고 있습니다. 예를 들어 상위 10개 지갑이 전체 물량의 50% 이상을 보유하고 있다면, 이는 명백한 집중 리스크 신호입니다.

4. 유동성(Liquidity) — 시장의 '호흡'

유동성은 시장이 얼마나 "숨을 잘 쉬고 있는가?"를 보여줍니다.
즉, 사고팔 수 있는 유연성과 속도입니다.

■ 유동성 판단 기준

지표	의미	체크 포인트
거래소 유동성 (Exchange Liquidity)	호가창 깊이, 슬리피지	거래 체결이 얼마나 원활한가
디파이 풀 유동성 (Defi Liquidityol)	AMM 내 예치 자금량	자금이 묶여 있는 정도
토큰 락업 비율 (Locked Ratio)	스테이킹 등 잠금 자산 비중	유통량과 희소성 관계

■ 경제학적 관점

유동성은 시장 효율성(Efficiency)의 근본 조건입니다. 유동성이 많을수록 정보가 가격에 빠르게 반영되고, 반대로 유동성이 적으면 가격 변동성이 커지고, 조작 가능성이 높아집니다.

■ 투자자의 관점

유동성이 부족한 코인은 급등 시에는 빠르게 오르지만, 급락 시에는 '멈출 곳이 없는 낙하'를 겪을 수 있습니다. 결국 "유동성 = 신뢰의 총합"입니다. 거래가 활발히 이루어진다는 것은, 그만큼 시장 참여자들이 해당 자산의 가치를 신뢰하고 있다는 의미입니다.

5. 온체인 데이터의 3단 분석 프레임

온체인 데이터를 분석할 때는 거래량, 지갑 분포, 유동성 세 가지를 함께 읽어야 전체 그림이 보입니다.

구분	거래량	지갑 분포	유동성	해석
A코인	증가	신규 지갑 증가	안정	건강한 성장형-커뮤니티 확장과 신뢰 상승의 조합
B코인	급감	상위 지갑 집중	락업 해제 예정	단기 급락 가능성 -고래 매도 가능성 주의

■ **실전 적용 예시:**

A코인: 거래량 증가 + 신규 지갑 증가 + 유동성 안정 → "건강한 성장형"

B코인: 고래 집중 + 거래량 급감 + 락업 해제 예정 → "단기 급락 위험형"

6. 온체인 데이터의 한계와 해석 주의 점

데이터는 '그림자'일 뿐 현실의 전부가 아니다. 거래소 내부 이동, OTC 거래, 스테이킹 자산 등은 온체인에 직접 반영되지 않을 수 있습니다.

- **'양'보다 '질'을 보라.**

거래가 많다고 건강한 시장이 아님. 봇 거래, 세탁거래(Wash Trading)에 주의하고.

- **시간 흐름을 관찰하라.**

하루의 데이터보다 추세(Trend)가 중요하며, 7일, 30일, 90일 이동평균으로 패턴을 읽는 습관을 길러야 합니다.

7. 미래 시사점 — 데이터 리터러시(Data Literacy)의 시대

앞으로의 투자자는 기술보다 데이터를 해석하는 눈으로 구분될 것입니다.

온체인 데이터는 단순한 숫자가 아니라 '신뢰의 구조'를 시각화한 언어입니다. 이 언어를 읽을 수 있는 사람만이 시장의 맥박과 심장을 동시에 볼 수 있습니다.

관점	핵심 질문	투자자 행동
기술	블록체인은 진짜로 작동하고 있는가?	데이터 투명성 검증
경제	자본은 어디로 흐르고 있는가?	유동성 추세 분석
사회	누가 이 생태계를 지탱하는가?	커뮤니티 집중도 점검

현용수 교수의 핵심 메시지

"데이터를 읽는 눈은 시장의 심장을 보는 눈이다. 숫자 속에서 사람을 읽고, 구조 속에서 철학을 읽어라."

■ 결론

온체인 데이터는 '보이지 않는 신뢰의 지도'입니다.

거래량은 시장의 맥박이고, 지갑 분포는 부의 구조이며, 유동성은 생태계의 호흡입니다. "좋은 투자자는 가격을 추적하지 않는다. 흐름과 구조, 그리고 사람의 움직임을 읽는다."

[실전 요약 TIP]

거래량: 하루 거래량이 시가총액의 5% 이상 → 유동성 안정
지갑 분포: 상위 10지갑이 50% 이상 보유 → 집중 리스크
활동 지갑 수 증가: 커뮤니티 성장 신호
추천 분석 도구: Glassnode, Nansen, CoinMarketCap

■ 〈온체인 데이터 분석 워크북〉

—거래량·지갑 분포·유동성 분석표 + 해석 훈련표 + 실제 프로젝트 적용란 포함

Part 1. 온체인 데이터의 기본 이해

온체인 데이터(On-chain Data)는 블록체인 위에서 일어나는 모든 거래와 자금 이동의 기록입니다.

주식 시장의 재무제표가 기업의 건강을 보여주듯, 온체인 데이터는 코인 생태계의 생명 신호를 읽는 도구입니다.

"코인의 가치는 가격이 아니라, 그 데이터를 통해 드러난 신뢰의 구조에 있다."

Part 2. 거래량 분석표 (Volume Analysis Table)

분석 항목	관찰 포인트	내 메모
일일 거래량 변화	거래량 급증·급감 구간 기록	
거래량 대비 가격 변화	거래량↑ 가격↑ (건강한 상승)/ 거래량↑ 가격↓ (투매 신호)	
거래소별 거래 집중도	특정 거래소에 집중되어 있는가?	
7일·30일 이동 평균 비교	추세적 거래 활력 파악	

실습 질문

최근 거래량이 급증한 프로젝트는 무엇이며, 그 원인은 뉴스·업데이트·투자 유입 중 어디에 있습니까?

Part 3. 지갑 분포 분석표 (Wallet Distribution Analysis)

분석 항목	의미	관찰 포인트	내 해석
상위 10지갑 점유율	고래(Whale) 집중도	10지갑 이상이 50% 이상 보유시 리스크 존재	
신규 지갑 증가율	유입자 성장	신규 사용자 증가시 시장 신뢰 상승	
활성 지갑 비율	실제 거래 참여자 비중	비활성 지갑↑ =유령 참여자 많음	
분산도 지표(Gini 등)	분산형/집중형 여부	부의 집중도 분석	

심리적 통찰

소수 고래가 좌우하는 시장은 통제된 심리, 다수가 참여하는 시장은 민주적 신뢰로 작동한다.

Part 4. 유동성 분석표 (Liquidity Analysis Table)

분석 항목	관찰 포인트	투자자 해석 관점
거래소 유동성	호가창 깊이, 슬리피지 점검	매수·매도 체결 용이성
디파이 풀 유동성	AMM(자동시장조성) 예치금 규모	DeFi 기반 신뢰도
락업 비율	스테이킹, 잠금 자산 비율	유통량·공급 희소성 판단
토큰 유통 속도	거래 빈도, 회전율	실제 사용성과 투기성 구분

핵심 포인트

유동성은 시장의 호흡이다. 숨이 막힌 시장에서는 작은 뉴스에도 가격이 요동친다.

Part 5. 데이터 해석 훈련표 (Interpretation Practice Sheet)

질문	나의 해석
거래량이 증가했지만 가격이 하락하는 이유는 무엇인가?	
신규 지갑 수가 늘었는데 거래량이 줄어드는 이유는?	
유동성이 낮은 프로젝트은 어떤 리스크를 가지는가?	
상위 지갑이 대량 이동할 때 나타나는 신호는 무엇인가?	

심화 질문

데이터는 언제나 "현상"을 보여주지만, 그 뒤에 있는 "의도"를 읽는 것이 진짜 분석이다.

Part 6. 실제 프로젝트 적용란 (Practical Application Form)

항목	내 분석 내용
프로젝트 명	
분석 기준 기간	
일일 거래량 평균 변화율	
상위 10지갑 점유율	
활성 지갑 수 증가율	
유동성 총 규모 (거래소 DeFi)	
종합 평가(건강/불안/집중 위험)	
나의 투자 판단 요약	

작성 가이드

수치 → 구조 → 심리 → 결론 순서로 정리하세요.

"왜 이런 데이터가 나왔는가?"를 중심으로 해석하세요.

Part 7. 온체인 데이터의 한계와 주의점

- 모든 거래가 기록되더라도 모든 의도를 보여주진 않음: OTC(장외거래), 거래소 내부 이동, 스테이킹은 온체인에 완전 반영되지 않

는다.

- **봇 거래, 세탁거래(Wash Trading) 주의:** 거래량 급증이 반드시 실제 수요 증가를 의미하지는 않는다.
- **추세(Trend)를 보라:** 하루치보다 7일, 30일, 90일의 '흐름'이 신뢰할 만하다.

Part 8. 종합 해석 메모

오늘 내가 분석한 데이터는 무엇을 말하고 있는가?

· 거래량 흐름: _____

· 지갑 구조: _____

· 유동성 변화: _____

· 종합 판단: _____

· 이 분석을 통해 배운 점: _____

Part 9. 투자자 성찰 노트

데이터는 거짓말을 하지 않지만, 그 데이터를 해석하는 사람은 종종 감정에 흔들린다.

숫자 속의 패턴을 읽되, 그 안의 인간 심리를 함께 읽어라.

서명: _____

날짜: _____

03 차트와 캔들, 기본적인 기술 분석
— "숫자는 감정을 숨기지 않는다"

코인의 가격 움직임은 단순한 숫자의 변동이 아닙니다.

그 안에는 시장 참여자들의 심리, 기대, 공포, 탐욕, 희망, 좌절이 고스란히 녹아 있습니다. 하나의 캔들 차트에는 그날 시장을 지배했던 감정의 흔적이 담겨 있습니다.

따라서 기술 분석은 미래를 '예언'하는 도구가 아니라, 과거의 심리 패턴을 통해 확률적으로 미래의 흐름을 해석하는 언어입니다.

1. 기술 분석이란 무엇인가

기술 분석은 단순히 가격의 그래프를 그리는 기술이 아닙니다.

그것은 시장의 집단 심리를 시각적으로 해석하는 과정입니다. 즉 차트는 숫자가 아니라 사람들의 행동과 감정이 남긴 흔적입니다.

좋은 투자자는 단순한 차트 독해자가 아니라, 그 흔적 속에서 인간의 반복적 심리 패턴을 읽어내는 심리학자가 되어야 합니다.

■ **핵심 관점**

기술 분석은 미래를 예언하는 것이 아니라, 과거 심리의 패턴을 통해 '확률적 흐름'을 이해하는 일이다.

2. 캔들 차트의 구조 — 시장 감정의 언어

하나의 캔들(Candlestick)은 일정 기간(1일, 4시간, 1시간 등) 동안 시장이 경험한 희망과 두려움의 교차 기록입니다. 즉 캔들은 단순한 가격의 기록이 아니라, 그 시간 동안 시장이 느낀 감정의 '심박수'입니다.

구성 요소	의미	심리적 해석
시가(Open)	거래 시작 시 가격	기대감 또는 불안의 출발점
고가(High)	해당 기간 중 최고가	탐욕이 정점을 찍은 순간
저가(Low)	해당 기간 중 최저가	공포가 극대화된 순간
종가(Close)	거래 종료 시 가격	참여자 심리의 결정판

- **양봉(Bullish Candle):** 종가가 시가보다 높을 때 — 희망이 공포를 이긴 날
- **음봉(Bearish Candle):** 종가가 시가보다 낮을 때 — 공포가 희망을 눌러버린 날
- **심리적 의미:** 캔들은 시장의 심장 박동이다. 그 박동이 강할수록, 시장의 감정도 격렬해집니다.

3. 주요 캔들 패턴의 심리적 해석

캔들 패턴은 시장 참여자들의 감정의 흔적이 모여 만들어진 '행동

의 언어'입니다. 예를 들어, 망치형(Hammer)은 매도세를 이겨낸 매수세의 귀환을, 도지형(Doji)은 시장의 혼란과 망설임을, 장대양봉(Long Bullish Candle)은 강한 확신과 탐욕의 폭발을 의미합니다. 이러한 패턴은 단기적 가격 변동보다 시장 심리의 전환 신호로 읽어야 합니다.

패턴	형태	시장 심리	시사점
망치형 (Hammer)	긴 아래 꼬리	공포 속 매수세 등장	하락 후 반등 가능
도지 (Doji)	몸통 거의 없음	의견 대립, 혼조 상태	방향 전환의 신호 가능
장대양봉 (Long Bullish)	긴 몸통	강한 탐욕, 매수 확신	상승 추세 강화
장대음봉 (Long Bearish)	긴 몸통	패닉, 공포 매도	단기 조정 가능성
샛별형 (Morning Star)	하락 후 반전 3연속 패턴	희망 회복	강세 전환 신호

■ 투자자 메모란

내가 최근 본 캔들 패턴 중 가장 인상 깊었던 것은 _____.

그 이유는 _____.

4. 차트의 세 가지 기본 분석 도구

■ 이동평균선 (Moving Average, MA)

일정 기간의 평균 가격으로, 추세의 방향을 보여줍니다. 단기선(5·20일)은 심리적 반응 속도, 장기선(60·120일)은 시장의 체온을 반영합니다.
- **실전 팁**: 단기선이 장기선을 상향 돌파(골든크로스)하면 "기대감"이, 하향 돌파(데드크로스)하면 "불안감"이 확산됩니다.

■ **거래량 (Volume)**

거래량은 "심리의 강도"입니다. 가격 상승에 거래량이 동반되면 진짜 수요 발생하고, 거래량 없이 오르면 불안한 거품일 가능성이 큽니다.
- **패턴**: 가격↑ 거래량↑ → 확신의 매수/ 가격↑ 거래량↓ → 기대감만 있는 상승

■ **지지선과 저항선 (Support & Resistance)**

지지선: 공포가 멈추는 바닥
저항선: 탐욕이 멈추는 천장

■ **심리학적 해석**

"이쯤이면 싸다"는 믿음이 지지선을 만들고, "이쯤이면 비싸다."는 집단 인식이 저항선을 만듭니다.

5. 행동경제학과 기술 분석

기술 분석의 근본은 인간의 감정 패턴입니다.
경제학적으로는 "시장 참여자들은 항상 합리적이지 않다"는 행동경제학(Behavioral Economics)의 전제 위에 서 있습니다.

■ **대표적 심리 편향**

심리 편향	설명	차트 반응
확증편향	자신이 믿는 방향의 정보만 수용	잘못된 추세 신호 고집
손실회피	손실을 인정하지 않으려는 심리	하락 추세 매몰
과잉확산	자신이 통제할 수 있다고 믿음	과도한 레버리지
군중심리	다수가 오르면 따라 오름	거품 형성

현용수 교수의 생각, 차트는 심리학의 거울이다. 그 속에서 시장의 무의식을 읽어내는 것이 진짜 기술 분석이다. 한편으로, "차트를 읽는다는 것은, 사람들의 욕망과 두려움을 이해하는 일이다."

6. 실전 적용 체크리스트

오늘의 캔들형태: _____

거래량 변화율: _____

주요 지지선·저항선: _____

현재 시장 감정 (탐욕 / 중립 / 공포): _____

나의 대응 전략 요약: _____

■ **결론적으로,** 기술 분석은 숫자의 과학이자 인간의 예술입니다. 특히, 가격 차트는 단순한 도표가 아니라, 투자자들의 집단 무의식이 만들어낸 심리적 풍경화입니다.

■ 〈기술 분석 워크북〉
— "차트는 인간 심리의 지도이다"

Part 1. 기술 분석의 기본 이해

기술 분석(Technical Analysis)은 가격의 방향을 예측하는 것이 아니라,

과거의 행동 패턴 속에서 인간 심리를 읽는 도구입니다.

"차트는 집단 감정의 흔적이며, 캔들은 탐욕과 공포가 남긴 심리적 언어이다."

Part 2. 캔들 패턴 실습표 (Candlestick Patterns Practice Table)

패턴 명	형태	시장 심리 해석	나의 관찰/메모
망치형 (Hammer)	긴 아래 꼬리 +작은 몸통	공포 속 매수세 등장, 반등 신호	
도지 (Doji)	몸통 거의 없음	매수·매도세 균형, 혼조 국면	
장대양봉 (Long Bullish)	긴 양봉	강한 탐욕, 매수 확신	
장대음봉 (Long Bearish)	긴 음봉	강한 공포, 매도 집중	
샛별형 (Morning Star)	3연속 반전형	희망 회복, 강세 전환 가능	

내가 최근 관찰한 캔들 패턴은 _____이며,

이 패턴을 통해 느낀 시장 심리는 _____.

Part 3. 지지선·저항선 실습표(Support & Resistance Exercise Sheet)

구분	의미	심리적 배경	실제 적용 메모
지지선 (Support)	가격이 더 이상 떨어지지 않는 구간	"이쯤이면 싸다"는 심리	
저항선 (Resistance)	가격이 더 이상 오르지 않는 구간	"이쯤이면 비싸다"는 심리	
돌파 (Breakout)	저항선을 뚫고 상승	기대감, 탐욕 확산	
이탈 (Breakdown)	지지선 붕괴	공포 확산, 투매 가능	

■ 실전 팁

과거에 반복적으로 거래가 몰린 구간이 심리적 기준점이 된다.
"가격의 기억"이 시장의 방향을 만든다.

Part 4. 심리 해석 훈련란 (Market Psychology Training)

상황	감정 상태	투자자 행동	차트 반응
급등 후 횡보	탐욕 + 의심	이익실현/재진입 고민	변동성 축소
급락 후 반등	공포 + 안도	저가 매수/손절 지연	단기 회복
거래량 급감	무관심/관망	진입 감소	정체 상태
거래량 급증	과열/기대	추격 매수	과도한 상승후 조정

■ 심리적 자기 점검

오늘 나는 시장을 "이성"으로 보고 있는가, 아니면 "감정"으로 반응하고 있는가?

Part 5. 이동평균선과 거래량 해석 훈련표

지표	관찰 항목	의미	내 해석
단기 이동평균선(5일·20일)	방향, 속도	단기 심리 반응	
장기 이동평균선(60일·120일)	추세 유지 여부	시장 체온	
거래량 변화율	거래 증가·감소 구간	심리의 강도	

■ 체크 포인트

단기선 ↑ 장기선 → 기대감 상승 (골든크로스)

단기선 ↓ 장기선 → 불안감 확산 (데드크로스)

Part 6. 행동경제학적 관점 요약

심리 편향	설명	차트상의 행동
확증편향	자신이 믿는 정보만 본다	추세 반던 신호 무시
손실회피	손실을 인정하지 않으려 함	반등 기대 매몰
과잉확산	자신이 통제할 수 있다고 믿음	과도한 기대, 레버리지
군중심리	남들이 사면 나도 산다	버블·패닉 반복

결국, "기술 분석의 본질은 사람을 읽는 일이다. 결국 차트는 인간의 심리학이다."

Part 7. 나의 실전 분석 기록

분석 대상 코인: _____

관찰 기간: _____

주요 캔들 패턴: _____

거래량 변화 요약: _____

지지선 / 저항선 구간: _____

심리적 해석: _____

다음 전략: _____

Part 8. 투자자 성찰 노트

오늘의 시장은 차갑지만,

나의 판단은 따뜻해야 한다.

차트 속에서 사람을 읽고,

그 속에서 나 자신을 다시 본다.

서명: _____

날짜: _____

◼ 실전 TIP-SUMMARY

기본 차트 지표 3가지: ① 이동평균선(MA): 추세 방향 확인 ② RSI: 과매수·과매도 지표 ③ 거래량: 가격 상승/하락의 신뢰성 확인

기본원칙: 기술 분석은 "확률적 도구"이지 "확실한 예언"이 아님.

04 규제·정책 리스크 확인하기
— "차트만 보지 말고, 법·세금·정책의 바람을 함께 읽어라"

코인은 기술 자산이기 이전에 정치적 자산입니다.

한 나라의 규제 한 줄, 세금 정책의 변화, 혹은 국제 정치 이슈 하나가 시장 전체를 흔들 수 있습니다. 따라서 현명한 투자자는 차트만 보지 않고, 정책의 방향과 제도의 맥락까지 함께 읽어야 합니다.

1. 왜 중요한가 — 코인은 '정치의 언어'를 가진 자산이다

코인은 블록체인 기술 위에 세워진 탈중앙화 자산이지만, 그 가치와 유동성은 정부의 정책, 제도의 프레임, 규제의 강도에 따라 급격히 변합니다. 단 한 줄의 법령, 세율의 조정, 자금세탁방지 규정(AML) 강화만으로도 가격·유동성·상장환경이 순식간에 바뀔 수 있습니다. 따라서 투자자는 항상 3가지 축을 함께 봐야 합니다.

· 시장(차트) — 가격의 움직임
· 제도(룰북) — 법과 규제의 방향
· 행정(집행) — 실제 감독과 집행 강도, 이 세 가지가 서로 엮이면서 코인의 생태계를 형성합니다.

2. 글로벌 규제 리스크 지도 — 각국이 코인을 바라보는 시선

이제 전 세계는 가상자산을 단순한 '디지털 실험'이 아닌 금융자산으로 다루기 시작했습니다. 하지만 규제의 속도와 강도는 국가마다 다릅니다. 다음 여섯 가지 기준을 통해 국가별 규제 리스크를 점검할 수 있습니다.

■ 라이선스와 등록 제도

거래소, 지갑, 브로커 등 대부분의 사업자는 VASP(Virtual Asset Service Provider)로 등록해야 합니다.

등록 요건은 자본금 및 보험, 내부통제 및 보안체계, 고객 자산 분리보관 의무 등을 포함합니다. 특히 한국과 일본은 금융당국이 직접 검사하며, 자금세탁방지(AML) 체계를 충족하지 못하면 영업이 제한됩니다.

• TIP

내가 이용하는 거래소가 정식 VASP 등록을 마쳤는가?

고객 자산을 회사 자산과 별도 계좌에 분리 보관하고 있는가? 반드시 확인해야 합니다.

■ 증권성 판단 — '토큰이 증권이 되는 순간'

NFT나 토큰이 '증권(Security)'인지, 단순한 디지털 자산인지에 따라 법적 지위, 공시 의무, 발행 절차가 완전히 달라집니다.

예를 들어,

투자 수익을 약속하거나 분배 구조가 있다면 → 증권성 인정

단순한 사용권(유틸리티 토큰)만 제공한다면 → 디지털 자산

미국 SEC는 이러한 기준으로 수많은 프로젝트를 제재해 왔습니다. 한국 또한 '증권형 토큰(STO)' 제도화를 추진 중입니다.

• **주의**: '유틸리티 토큰'이라 주장하더라도 배당, 이익 분배 구조가 있다면 증권으로 해석될 가능성이 있습니다.

■ AML(자금세탁방지) / 트래블룰(Travel Rule)

이제 가상자산도 송금 시 "누가 누구에게 보냈는가."를 명확히 기록해야 합니다.

100만 원 이상 송금할 경우 송·수신자 정보를 의무 전송해야 하며, 정보가 누락되면 거래가 지연되거나 반송될 수 있습니다.

• TIP

해외 거래소로 송금할 때는 트래블룰 솔루션 호환 여부를 반드시 확인하세요.

국가 간 송금 시 규정 불일치로 거래가 중단될 수 있습니다.

■ 세제 — "세금은 곧 규제의 언어다."

국가마다 과세 기준이 다르지만, 대부분 가상자산은 이자·배당소득이 아닌 '양도소득'으로 과세됩니다.

과세 시점: 매도 또는 교환 시

과세 대상: 코인 간 교환, 거래소 간 차익, 아비트리지 수익 포함

신고 의무: 해외거래·보유분도 일정 기준 이상이면 보고 필요

- 예시

한국은 2027년부터 가상자산 양도소득세(20%) 부과 예정이며, OECD의 CRS 2.0(디지털 자산 자동정보교환)이 시행되면 전 세계 거래소 간 정보가 자동 공유됩니다.

■ 스테이블코인과 CBDC — 통화 질서의 충돌과 조정

정부는 스테이블코인을 '민간 발행 화폐'로 보기 때문에 통화정책과의 충돌을 우려하며 신중하게 접근합니다.

- 스테이블코인은 법정화폐 담보·준비금 관리·발행 기관의 투명성이 핵심: CBDC(중앙은행 디지털화폐)는 각국이 직접 실험 중이며, 민간 결제 시스템과의 보완적 구조로 설계되고 있습니다.

한국의 '프로젝트 한강'은 2025년 상반기 약 10만 명 규모의 시범운영으로, CBDC 결제 시스템의 실효성을 시험할 예정입니다.

■ 해외거래 및 외환 규제 — '국경 없는 자산'의 경계선

국가 간 코인 이동은 외환거래법의 적용을 받습니다.

자금세탁방지(AML) 정책과 긴밀히 연결되어 있으며, 해외 거래소 이용 시 보고·등록 의무가 강화되는 추세입니다.

- TIP

해외로 송금할 때는 자금의 출처, 거래 목적, 송금 내역을 반드시 기록·보관하세요. 향후 세무조사나 외환감독 시 중요한 증빙이 됩니다.

3. 한국 규제·정책 핵심 타임라인

한국은 2024~2025년을 기점으로 '코인 제도권화 원년'을 맞이하고 있습니다.

■ 가상자산이용자보호법 (VAUPA) — 2024년 7월 19일 시행

이 법의 핵심은 "이용자 자산 보호"입니다. 거래소는 고객 자산을 회사 자산과 분리 보관해야 합니다. 보험 또는 준비금을 의무적으로 보유하고, 시세조종, 내부자거래, 허위정보 유포 등 불공정거래를 금지합니다.

■ 체크리스트

☑ 거래소가 고객 자산을 따로 보관하고 있는가?
☑ 상장폐지 및 이상거래 공지가 투명하게 이루어지는가?
☑ 내부 통제 시스템이 시세조종 방지를 충분히 보장하는가?

■ NFT 가이드라인 (2024년 6월 10일)

NFT는 발행 구조와 사용 목적에 따라 규제 여부가 달라집니다.
대량 발행·분할 가능·결제 기능 있으면 → 가상자산으로 간주합니다.
고유성·비양도성·예술·기념용도 → 가상자산 범위 밖으로 규정합니다.

■ 체크리스트

☑ NFT가 '투자 목적'인가, '기념·예술 목적'인가?

☑ 분할 발행이 가능한 구조인가? → 신고 의무 가능성 존재

☐ 송금정보기록제(Travel Rule), 100만 원 이상 가상자산 송금 시 송수신자 정보를 의무 전송해야 합니다. 정보가 누락되면 출금이 지연되거나 거래가 거절될 수 있습니다.

■ 체크리스트

☑ 내가 사용하는 거래소가 트래블룰 솔루션을 지원하는가?
☑ 해외 거래소 간 송금 시 정보 누락 리스크는 없는가?

■ 대외거래(크로스보더) 규제 — 2025년 하반기 예정

국제 자금세탁을 방지하기 위해, 해외 거래소 이용 및 국제거래 등록·월별 보고 의무가 도입될 예정입니다. 초기에는 법인·사업자 중심으로 적용되지만, 개인 투자자도 일정 금액 이상 송금 시 보고 대상이 될 수 있습니다.

■ 스테이블코인 · CBDC 추진

원화 스테이블코인: 은행 및 공공기관 중심으로 시범 도입 예정이고, CBDC '프로젝트 한강': 2025년 상반기 10만 명 시범 운영 중입니다. 이는 한국이 디지털 화폐 시대의 결제 시스템 전환 실험을 본격화하고 있음을 의미합니다.

■ 결론 — "정책은 시장의 바람이다."

투자는 차트와 수치로만 이뤄지지 않습니다. 법과 정책, 세금과 규

제의 흐름이 시장의 바람을 결정합니다. "차트는 시장의 온도를 보여주지만, 법과 정책은 그 온도를 바꾸는 바람을 만든다."

규제의 변화는 위기이자 기회입니다. 규제를 '제한'으로만 보지 말고, 그 안에서 신뢰를 기반으로 한 시장의 성장 방향을 읽을 수 있다면 당신은 단순한 투자자를 넘어, 미래의 질서를 읽는 독자가 될 것입니다.

▣ 한국의 세제
― 투자자가 꼭 알아야 할 포인트 (2025년 10월 기준)

• 과세 개시 시점

가상자산 양도·대여소득 과세는 2027년 1월 1일부터 시작됩니다. (원래 2025년 예정이었으나, 인프라 미비로 2년 연기)

• 과세 구조

기본 설계는 다음과 같습니다. 연 250만 원 초과분에 대해 20% 분리과세/지방세 포함 시 약 22% 수준, 다만 공제 한도를 5천만 원으로 높이는 방안이 논의된 적 있으나, 아직 최종 확정은 되지 않았습니다.

• 비거주자·외국법인

(해외 투자자의 경우) "양도가액의 11% 또는 순이익의 22% 중 낮

은 금액"으로 원천징수합니다. 이는 외국 법인·개인을 대상으로 한 현행 세법 구조입니다.

• 투자자 실무 체크리스트

과세시점: 2027년부터 과세 시작 → 거래내역·손익을 미리 기록해 두고,

원천징수: 해외거래 시 신고 의무 및 이중과세 여부를 확인하고,

NFT: 내가 보유한 NFT가 가상자산에 해당하는지 미리 판단할 수 있어야 하며,

트래블룰: 100만 원 이상 송금 시 정보전송 실패 등 리스크 관리에 집중해야 합니다.

• 참고

일부 언론에서 "2025년 과세"로 보도한 경우가 있으나, 공식 정부·세무당국 자료 기준 으로는 2027년이 최신 확정입니다. 따라서 실무상 세무 설계도 2027년 기준으로 맞추는 것이 안전합니다.

이를 정리하면, NFT와 가상자산 시장은 이제 '무규제의 황금기'를 지나, 제도권 진입기로 접어들었습니다. 이제 중요한 것은 "내가 다루는 자산이 어디까지 규제 범위에 들어오는가?"를 스스로 점검하고, 투명하게 기록·보관·신고하는 것입니다. **그것이 진정한 Web3.0 시대의 투자 윤리이자 생존 전략입니다.**

4. 실제 리스크가 시장에 미치는 영향(케이스별)

정책 변화	시장 영향 메커니즘	투자자 대응
과세 개시/연기	과세 시작 전후 실현손익 조정·유동성 재배치	손익인식· 보유기간 전략 정비
스테이블코인 규율	입출금·결제 레일 안정성 ↔ 발행주체 제한	온오프램프 다변화, 은행형 스테이블 주시
AML/ 여행규칙 강화	출금 지연·거래소 간 이체 제한 빈도↑	이체 사전 테스트 수취 VASP 호환 확인
크로스보더 보고	해외거래소-OTC 사업자 보고·등록비용	개인은 변동 없음이나 사업자 이용시 주의

5. 실전 체크리스트 — 바로 적용하는 투자자용 점검표

이제는 단순히 코인을 사는 시대가 아니라, 법과 제도 속에서 '안전하게 투자하는 시대'입니다.

다음 항목을 한 번씩 점검해 보세요. 이것이 바로 2025년 이후를 대비한 최소한의 생존 가이드라인입니다.

■ 거래소 / VASP 점검

가장 먼저 해야 할 일은 "내 거래소가 합법적인가?"를 확인하는 것입니다.

VAUPA(가상자산이용자보호법) 등록 여부: 거래소가 국내 금융당국에 정식 신고·등록되어 있나요?

고객 자산을 회사 자산과 완전히 분리 보관하고, 혹시 모를 해킹이나 사고를 대비해 보험 또는 준비금을 갖추고 있나요?

투명한 상장·유의·거래정지 공지 체계: 특정 코인이 거래정지 되거나 유의종목으로 지정될 때, 공지가 얼마나 빠르고 명확하게 이루어지는지 살펴보세요.

불공정 거래(자전거래, 허위호가 등)에 대한 내부 통제와 제재 사례가 공개되어 있다면 그 거래소는 '기본 신뢰도'가 높습니다.

트래블룰(Travel Rule) 연동 시스템: 1백만 원 이상 송금할 때 송·수신자 정보를 자동 전송하는 '트래블룰 솔루션'을 연동하고 있는지 확인하세요.

해외 거래소와의 연결성이 떨어지면 송금이 지연되거나 반송될 수 있습니다.

■ 세무·회계 준비

2027년부터는 가상자산 거래도 세금을 냅니다. 그 전에 기록 관리와 증빙 체계를 갖춰 두는 것이 중요합니다.

■ 거래 기록 백업

체인상 내역(온체인)과 거래소 내역(오프체인)을 모두 보관하세요. 거래소가 폐업하거나 이전하면 데이터 복구가 어려울 수 있습니다.

■ 보상·에어드롭 수익 시점 메모

스테이킹 보상이나 에어드롭은 '받은 순간' 수익으로 인식됩니다.

언제, 어떤 수량을 받았는지 기록해 두면 나중에 세금 계산이 편해집니다.

■ 해외거래 및 비거주자 여부 점검

해외 거래소를 이용하거나 거주지가 해외인 경우, 원천징수·신고 의무가 달라질 수 있습니다. "나는 세법상 거주자인가, 비거주자인가?"부터 명확히 해두세요.

■ 상품·토큰의 성격 이해

내가 가진 코인이나 NFT가 법적으로 어떤 자산으로 분류되는가를 아는 것은 투자 리스크를 줄이는 첫걸음입니다.

■ NFT의 성격 확인

단순 예술작품·기념품인지, 아니면 대량 발행·분할·결제 기능이 있는지에 따라 법적 지위가 달라집니다. 후자의 경우 '가상자산'으로 분류되어 신고·규제를 받을 수 있습니다.

■ 스테이블코인 대비 전략

원화 스테이블코인 정책은 아직 변동성이 큽니다. 은행이 주도하는 시범 서비스 단계이기 때문에, 향후 규제 변화에 대비해 USD 코인, 원화 스테이블코인 등 다양한 온·오프램프 경로를 미리 확보해 두는 것이 좋습니다.

6. 향후 관전 포인트 — 한국의 정책 방향 키워드

규제는 이제 "시작 단계"에 불과합니다.

다음 2~3년 동안 한국의 블록체인 시장을 바꿀 중요한 움직임들을 주목하세요.

■ 2단계 '가상자산 기본법' 입법 추진

토큰 발행, 상장 심사, 공시 의무, 스테이블코인 관리까지 포괄하는 상위 프레임이 논의 중입니다. 기업공개(IPO)에 준하는 '토큰 공시제'가 도입될 가능성도 있습니다(예: ICO, IEO, STO 등).

■ 원화 스테이블코인 확산 시나리오

은행권 중심의 시범사업 → 비은행, 핀테크까지 확대될 전망. 이는 결제·송금 UX(사용경험) 전반을 혁신할 수 있습니다.

■ CBDC(중앙은행 디지털화폐) 실험 결과

2025년 상반기 '프로젝트 한강' 시범사업이 마무리되면, 민간 결제 시스템과 어떤 역할을 나눌지 구체적인 그림이 나올 것입니다.

■ 대외거래 보고제(2025년 하반기)

해외 OTC, 송금, 수탁 사업자에 대한 등록·보고 의무가 생기면, 수수료, 송금 속도, 해외 거래소 접근성이 크게 달라질 수 있습니다.

■ 한 줄 정리 –규제는 리스크이자, 신뢰의 출발점이다

"정책 리스크는 가격 변동성의 뿌리다." 그러나 반대로, 제도권 신뢰가 쌓일수록 시장의 장기 가치는 커집니다.

한국 투자자는 네 가지 나침반만 명심하면 됩니다.

· VAUPA — 이용자 보호법

· Travel Rule — 송금정보 규칙

· NFT 가이드라인 — 자산 분류 기준

· 2027년 과세 — 실질 세무 기준

이 네 가지를 알고 대비하는 순간, 당신은 더 이상 '규제의 희생자'가 아니라 새로운 시장의 설계자가 됩니다. 규제는 장애물이 아니라, 투명한 신뢰 자본을 쌓는 기회입니다.

■ 참고·출처

VAUPA 시행 및 핵심 내용: FSC 보도자료/정부 영문페이지, 2024-07-19.

NFT 가이드라인(분류 기준): FSC 발표, 2024-06-10; 로펌 해설.

트레블 룰 임계값(100만 원): 국제 사업자 가이드·규제 정리.

대외거래 보고제 도입 계획: 기재부·관세청 자료 보도(로이터), 2025H2 예정.

과세 연기(2027): EY Tax Alert, 국내 주요 매체.

CBDC 파일럿(약 10만 명): HRF CBDC Tracker(BoK 발표 요지).

원화 스테이블코인 도입기조(점진): 로이터(한국은행 간부 발언).

BITCOIN E REUM

투자의 성공은 정보가 아니라 '자기이해(Self-Awareness)'에서 시작됩니다. 성향에 맞는 포트폴리오, 매수·매도 타이밍, 스테이킹·디파이 활용법, 그리고 리스크를 헤지하는 숏·롱 전략까지-

이 장에서는 투자자의 감정을 통제하고, 확률로 사고하는 습관을 제시합니다. 시장은 늘 불확실하지만, 자신만의 시스템을 갖춘 사람은 흔들리지 않습니다. 이 장은 투자자가 '투자전문가'로 성장하는 첫 단계가 될 것입니다.

실전 투자 전략

01. 투자 성향별 포트폴리오 설계
- 당신이 누구인지 알면, 시장이 흔들려도 중심은 무너지지 않는다.
02. 매수·매도 타이밍 잡는 기술
— 감정이 아닌 확률로 움직이는 투자자의 법칙
03. 스테이킹·디파이 활용하여 수익률 높이기
04. 선진금융기법 용어 해설
05. 숏·롱 포지션 전략과 리스크 관리
- 하락에도 길이 있고, 상승에도 함정이 있다

01 투자 성향별 포트폴리오 설계 — "당신이 누구인지 알면, 시장이 흔들려도 중심은 무너지지 않는다"

투자는 마치 여행과도 같습니다. 어떤 이는 단기 스릴을 원하고, 또 다른 이는 장기 안정 속에서 안심을 찾습니다.

자신의 성향을 모르고 투자하는 것은 목적지도 없이 비행기에 오르는 것과 같습니다. 성향에 따라 전략을 세우는 것, 그것이 '생존'을 넘어 '성공'의 열쇠입니다.

1. 투자 성향의 의미 — 심리와 시간의 함수

투자 성향은 단순히 '공격형·안정형'의 구분이 아니라, "시간에 대한 인내력"과 "손실에 대한 감정 내성"의 조합입니다.

구분	시간 관점	심리적 특징	리스크 인내도
공격형 (Adventurer)	단기 수익·실험 지향	흥분·도전·즉흥적 결단	매우 높음
균형형(Balancer)	중기 수익·분산 선호	합리·기회 포착형	중간
안정형(Defender)	장기 성장·보수적 관리	신중·계획적·예측 중심	낮음

심리학적으로는 '보상 민감도(Sensitivity to Reward)'와 '손실 회

피(Loss Aversion)'의 비율로 구분할 수 있습니다.

인간의 뇌는 손실을 이익의 2.5배로 크게 느끼므로, 이를 객관화해야 진짜 전략이 시작됩니다.

2. 투자 성향별 포트폴리오 전략표

■ **공격형 투자자 (High Risk / High Return)**
- **목표** — "속도와 실험의 에너지로 시장을 읽는다."

공격형 투자자는 시장의 변화 속에서 살아 움직이는 사람입니다. 그들에게 투자란 안정이 아니라 모험과 탐험의 과정입니다. 새로운 기술, 새로운 토큰, 새로운 기회에 대한 '탐구 본능'이 강합니다.

- **포트폴리오 예시**

비트코인 30% – 전체 시장의 방향을 잡는 기준점
알트코인(이더리움·솔라나·레이어2) 40% –혁신 기술과 성장 잠재력
디파이·NFT·밈코인 실험 자산 20% –리스크를 감수한 실험적 영역
스테이블코인 및 현금성 자산 10% –최후의 안전판

■ **심리 전략**

공격형 투자자는 성취감에 쉽게 중독됩니다. 이때 '도파민 루프'가 반복되며 충동적 매수로 이어집니다. 그래서 한 박자 늦추는 '24시간 룰'이 필요합니다. 흥분된 순간에 결정을 멈추고, 하루 뒤에도 동일한 확신이 든다면 그때 매수하는 것입니다.

또한, 손실이 발생했을 때 즉각적인 매도를 하기보다 '시간 분산 재매수'(평단가 조정) 전략으로 자신감을 회복해야 합니다.

이 방식은 감정적 손실 반응을 '학습적 대응'으로 전환시켜 줍니다.

■ **양자적 해석**

시장은 하나의 고정된 현실이 아니라, 수많은 확률이 공존하는 '파동의 장(quantum field)'과 같습니다. 공격형 투자자는 이 파동을 두려워하지 않습니다. 오히려 여러 가능성을 동시에 '보유'하며, 시장 변동성을 자기 에너지로 흡수합니다.

"공격형 투자는 리스크가 아니라, 파동의 다양성을 즐길 줄 아는 훈련이다."

■ **균형형 투자자 (Moderate Growth / Controlled Risk)**

• 목표 — "안정 속에서도 성장의 리듬을 찾는다."

균형형 투자자는 '성장'과 '보존' 사이의 줄타기를 가장 잘 이해하는 사람입니다. 그들은 변동성의 파도를 무서워하지 않지만, 파도가 몰려올 때 몸의 중심을 낮추는 법을 알고 있습니다.

• 포트폴리오 예시

비트코인 40% – 장기 가치의 중심축

이더리움 및 대형 알트코인 30% – 기술적 확장성

스테이블코인 20% – 현금 흐름 안정

NFT·디파이 10% – 혁신 실험 참여

■ 심리 전략

균형형 투자자의 최대 강점은 '평정심'입니다. 그들은 매일 시장을 들여다보지 않아도, 분기마다 리밸런싱하며 큰 그림에서 방향을 수정합니다.

정책 변화나 뉴스가 몰아칠 때도 '심리적 완충 구간(10~15%)'을 확보해 두면, 갑작스런 하락에도 감정이 요동치지 않습니다.

행동경제학에서 말하는 확증편향(Confirmation Bias), 즉 듣고 싶은 정보만 선택하는 함정을 경계해야 합니다. 또한 현상유지편향(Status Quo Bias) "그냥 지금처럼 두자"는 안일함을 넘어, 데이터 기반의 '적극적 균형'을 유지해야 합니다.

"균형형 투자는 흔들림이 없는 것이 아니라, 흔들림 속에서도 중심을 유지하는 기술이다."

■ 안정형 투자자 (Long-Term / Safety Focused)

• 목표 — "지속 가능한 평온의 복리"

안정형 투자자는 '급등'보다 '지속'을 중시합니다. 그들에게 수익은 한순간의 불꽃이 아니라, 오랜 시간 쌓인 신뢰의 결정체입니다.

• 포트폴리오 예시

비트코인 50% – 디지털 금으로서의 가치를 축적

이더리움 20% – 기술 인프라의 장기 성장성

스테이블코인 20% – 비상시 자금 확보

리츠형 토큰·거버넌스 코인 10% – 실물·참여형 안정 자산

■ **심리 전략**

안정형 투자자는 불확실성보다 예측 가능성을 선호합니다.

따라서 매월 소액 적립식(DCA) 투자로 리스크를 분산하고, 시장 급락 시에도 감정적 매도 금지 원칙을 지켜야 합니다.

또한, 투자일지를 작성해 감정의 흔적을 기록하면 뇌의 인지 회로가 '객관적 판단'을 학습하게 됩니다. 이것은 일종의 '인지적 자기조절 훈련'(Cognitive Self-Regulation)이며, 시간이 지나면서 손실에 대한 심리적 복원력을 키워줍니다.

■ **양자의학적 비유**

꾸준한 호흡은 신체의 리듬을 안정시켜 파동을 일정하게 맞춥니다. 마찬가지로 장기투자는 시장의 불규칙한 진동 속에서도 자신의 '투자 주파수'(vibration frequency)를 유지하는 행위입니다. 한결같은 리듬은 결국 에너지를 균형으로 되돌리고, 그것이 복리(compound effect)의 본질이 됩니다.

"안정형 투자는 조급함을 버리고, 시간의 파동과 함께 호흡하는 철학이다."

■ **요약표 — 투자 성향별 비교**

구분	목표	수익/리스크 비율	심리 포인트	리스크 인내도
공격형	빠른 성장, 실험	High/High	도파민 제어, 24시간 룰	확률, 파동, 도전
균형형	안정 속 성장	Medium/Medium	확증편향·현상유지 편향 관리	리밸런싱, 분산
안정형	장기보존, 평온한 복리	Low/Low	감정 기록, 자기조절훈련	리듬, 호흡, 복리

■ 결론

성공적인 포트폴리오란 숫자가 아니라 심리의 구조입니다. 시장의 변동은 피할 수 없지만, 자신의 진동수를 조율할 수는 있습니다. 이 장은 투자자가 자신의 에너지 패턴을 읽고 '마음의 파동'을 포트폴리오의 나침반으로 삼는 안내서입니다.

3. 포트폴리오 설계의 3단계 루틴

단계	설명	실전 행동
1단계 -자기 성향 진단	MBTI, 투자심리 테스트, 사주·연령대별 리스크 내성 점검	워크북 자가진단 작성
2단계 -자산 구분	Core(핵심)/Satellite(위성) 자산 구조화	BTC/ETH = Core, 알트·NFT = Satellite
3단계 -리밸런싱 주기화	분기·반기별 조정, 변동성 대비 심리 점검	일정 주기마다 '감정 기록' 병행

4. 투자자별 실전 워크시트 예시

구분	목표 수익률	최대손실 허용	비중조정 기준	리밸런싱 주기
공격형	+50% 이상	-30%	알트 변동률	월간
균형형	+20~30%	-15%	시총·거래량 추세	분기
안정형	+10~15%	-5~10%	정책·금리 변화	반기

5. 투자 성향 테스트 간략 자가진단 (워크북 예시)

(아래 항목을 체크해 보세요.)
· 하루에 시세를 여러 번 확인한다.
· 손실보다 '놓친 기회'가 더 아쉽다.
· 급등 뉴스에 즉시 반응하는 편이다.
· 손실 시 마음이 불안해 잠이 안 온다.
· 장기 보유보다 단기 차익에 더 흥미가 있다.

4개 이상 체크 → 공격형 경향 /2~3개 → 균형형 /0~1개 → 안정형

6. 경제학·심리학·양자 사고의 통합 해석

경제학: 분산은 위험의 평균화, 리스크 프리미엄 확보의 도구입니다.
심리학: 감정은 손실을 2배로 증폭시키며, 이를 통제해야 판단력이 회복됩니다.
양자학적 해석: 모든 선택은 '확률적 중첩 상태'에 존재한다.
→ 즉, 투자자는 결과를 예측하는 사람이 아니라 파동(가능성)을 조율하는 사람이다.

결론적으로 "성공적인 포트폴리오란 돈의 구조가 아니라 마음의 구조다." 당신의 투자 성향을 이해하고, 시장이 아닌 자신의 파동을 먼저 안정화하라. 그러면 어느 순간 수익이 아닌 '조화'가 당신의 자산을 이끌 것이다.

◼ 〈투자 성향별 포트폴리오 워크북〉
— 자가진단 + 전략표 + 리밸런싱 기록란

Part 1. 나의 투자 성향 진단

"자신의 심리를 모르면, 시장이 아닌 감정에 투자하게 된다."

다음 항목에 체크해 보세요.

질문	예 / 아니오
1. 하루에도 여러 번 시세를 확인한다.	[ ] 예 / [ ] 아니오
2. 손실보다 놓친 기회가 더 아쉽다.	[ ] 예 / [ ] 아니오
3. 뉴스가 나올 때마다 즉시 매수·매도 판단을 내린다.	[ ] 예 / [ ] 아니오
4. 수익이 나면 바로 실현하고 싶다.	[ ] 예 / [ ] 아니오
5. 하락장을 보면 불안해진다	[ ] 예 / [ ] 아니오
6. 장기 보유보다는 단기 차익을 선호한다.	[ ] 예 / [ ] 아니오
7. 투자일지나 기록을 잘 쓰지 않는다.	[ ] 예 / [ ] 아니오

◼ 결과 해석

5개 이상 '예' → 공격형(High Risk)

3~4개 '예' → 균형형(Moderate)

2개 이하 '예' → 안정형(Safe)

Part 2. 투자 성향별 전략표

구분	투자 목표	자산 비중 예시	심리 전략	핵심행동 키워드
공격형	단기 고수익/ 혁신기술중심	BTC 30%/ETH-SOL-L2 40% /DeFi NFT 20%/현금 10%	도파민 제어, 24시간 룰, 시간 분산 재매수	탐험·실험 ·속도
균형형	안정 속 성장/ 리스크 분산	BTC 40%/ETH 30%/ Stable 20%/NFT 10%	분기 리밸런싱, 심리 완충 구간(10~15%)	균형·조정 ·분석
안정형	장기 복리/ 자산 보존	BTC 50%/ETH 20%/ Stable 20%/리츠형 10%	적립식 투자 감정 기록, 자기조절훈련	리듬·호흡 ·꾸준함

Part 3. 나의 투자 성향 요약

항목	내 답변
현재 나의 투자 성향은?	
가장 크게 느끼는 투자 스트레스 요인은?	
나의 목표 수익률(%)은?	
내가 견딜 수 있는 최대 손실률(%)은?	

Part 4. 나만의 포트폴리오 설계표

자산 구분	비중(%)	보유 이유	조정 기준
비트코인			
이더리움			
주요 알트코인			
스테이블코인			
NFT/디파이			
기타 실험자산			

■ Tip: Core 자산은 BTC·ETH, Satellite 자산은 NFT·신흥 알트로 구분하세요.

Part 5. 리밸런싱 기록란

날짜	시장 상황 요약	조정 내용	이유 / 느낀점

■ 분기(3개월)마다 점검하세요.

리밸런싱은 단순한 비율 조정이 아니라, 내 감정의 리셋 과정입니다.

Part 6. 심리·양자적 해석 노트

"투자는 감정의 파동을 조율하는 예술이다."

공격형 — 파동의 속도를 즐긴다.

균형형 — 파동의 흐름을 읽는다.

안정형 — 파동의 주파수를 유지한다.

나의 현재 파동 상태: _____

다음 분기 목표 진동수(마음 상태): _____

Part 7. 나의 투자 일지

"투자일지를 쓰는 것은 수익을 기록하기 위함이 아니라, 감정이 언제 나를 흔드는지를 관찰하기 위함이다."

날짜	주요 결정	감정 상태	결과 / 교훈

Part 8. 3개월 후 점검표

점검 항목	예 / 아니오	비고
리밸런싱을 주기적으로 수행했는가?	[ ] 예 / [ ] 아니오	
목표 수익률 대비 달성률을 계산했는가?	[ ] 예 / [ ] 아니오	
감정기록을 남겼는가?	[ ] 예 / [ ] 아니오	
시장 뉴스보다 내 계획을 더 자주 보았는가?	[ ] 예 / [ ] 아니오	

Part 9. 나의 회고 한 줄

"지난 분기 내 투자에서 가장 큰 배움은 무엇이었는가?"

_____

_____

결론적으로, "성공적인 투자는 돈의 문제가 아니라, 자기 자신을 알아가는 과정이다."

당신의 자산 그래프보다 더 중요한 것은 당신의 감정 그래프가 얼마나 안정적인가 입니다.

▣ 실전 TIP-SUMMARY

안정형: 비트코인 60%, 이더리움 30%, 스테이블코인 10%

균형형: 비트코인 40%, 이더리움 30%, 알트코인 20%, 스테이블코인 10%

공격형: 비트코인 30%, 이더리움 20%, 알트코인/NFT/디파이 40%, 스테이블코인 10%

기본원칙: 자신의 투자 성향은 심리적 한계와 자산 규모로 결정

02 매수·매도 타이밍 잡는 기술
— 감정이 아닌, 확률로 움직이는 투자자의 법칙

시장은 언제나 '지금이 저점이다' '곧 폭등한다'는 유혹으로 가득 차 있습니다. 그러나 진짜 투자자는 '예측가(Fortune Teller)'가 아니라 '확률 조정자(Risk Controller)'입니다.

매수·매도 타이밍은 "이익을 극대화하기 위한 계산"이 아니라, "리스크를 최소화하기 위한 기술"입니다.

즉, 타이밍은 시장을 맞히려는 행위가 아니라, '잘못된 시점에 과도하게 진입하지 않도록 스스로를 보호하는 장치'입니다.

1. 타이밍의 본질 — 예측이 아니라 리스크 조정

"타이밍은 예언이 아니라, 준비된 확률이 찾아오는 순간이다." 시장은 늘 속삭입니다.

'지금이 바닥이야', '곧 폭등이 올 거야' — 수많은 목소리가 우리를 흔들지만, 진짜 투자자는 그 소음을 뚫고 자신의 리듬으로 걸어가는 사람입니다.

타이밍이란 운명을 점치는 마법이 아니라, 오랜 관찰과 인내 끝에 찾아오는 확률의 문틈 같은 것입니다. 그 문은 조급한 손에게는 닫혀 있고, 준비된 마음에게만 조용히 열립니다.

투자는 감정의 파도 위에서 균형을 잡는 일입니다. 두려움이 밀려올 때는 멈추고, 탐욕이 속삭일 때는 한 걸음 물러서며, 시장의 파동과 나의 호흡이 일치하는 그 순간을 기다립니다. 결국, 좋은 타이밍이란 세상을 맞히는 것이 아니라 자신을 다스리는 기술입니다.

2. 행동경제학적 접근 — 인간 심리가 만드는 착시

투자 결정은 논리보다 감정이 먼저 움직입니다. 이때 작용하는 주요 심리 편향은 다음과 같습니다.

심리 편향	설명	시장에서의 결과
확증편향 (Confirmation Bias)	자신이 믿고 싶은 정보만 선택	매수 근거만 찾아서 늦게 진입
후행편향 (Hindsight Bias)	"그럴 줄 알았어"라는 착각	시장 변동 후 자기합리화
과잉확신 (Overconfidence)	자신만은 다를 것이라는 믿음	고점에서 추격매수
손실회피 (Loss Aversion)	손실을 인정하기 어려움	손실 종목을 끝까지 끌고 감

■ 실전 인사이트

대부분의 개인 투자자는 '정보 부족'이 아니라 '심리 통제 실패'로 손실을 봅니다.

매수·매도 타이밍은 결국 자기감정의 리듬을 제어하는 훈련입니다.

3. 기술적 분석 접근 — 확률적 신호 읽기

기술 분석은 '미래를 예측하는 마법'이 아닙니다. 이는 시장 참여자들의 집단 심리 패턴을 시각화한 도구입니다.

차트는 곧 시장의 심리 지도입니다.

◇ **주요 지표와 활용 포인트**

도구	의미	매수/매도 활용
이동평균선 (MA)	평균가격의 흐름	단기선이 장기선을 상향돌파(Golden Cross) 시 매수/ 하향돌파(Dead Cross) 시 매도 신호
거래량 (Volume)	심리 에너지의 강도	상승 +거래량↑ = 건강한 상승/ 상승+ 거래량↓ = 피로 신호
RSI (상대강도지수)	과매수/과매도 구간 판단	70 이상→ 과열/ 30 이하→ 저평가 가능성
MACD	추세 모멘텀 판단	신호선 상향 교차 시 매수/ 하향 교차 시 매도
지지·저항선	심리적 경계선	지지선 이탈 → 매도 / 저항선 돌파→ 매수 타이밍

- 기술적 분석의 목적은 '최적의 타이밍'을 찾는 것이 아니라, '최악의 진입'을 피하는 것입니다.

4. 확률적 사고 — "100번 중 60번만 맞아도 성공"

매수·매도 타이밍은 완벽한 순간을 찾는 것이 아니라, 확률적으로 유리한 구간을 반복적으로 선택하는 게임입니다. 승률 60%의 전략이라도 손익비(1:2)를 유지하면 꾸준한 수익 가능→ 손실을 최소화하고, 수익 구간을 조금 더 길게 유지하는 것이 핵심→ 타이밍보다 중요한 것은 "일관된 원칙"을 지키는 것입니다.

■ 예시

만약 RSI가 과매도 구간(30 이하)에 진입하고, 거래량이 증가하며 장기 이동평균선 근처에서 반등 신호가 포착된다면, 이 구간은 '매수 확률이 높은 타이밍'입니다. 하지만 그 역시 100% 확신이 아닌, 확률적 우위의 한 점일 뿐입니다.

5. 매수·매도 원칙 수립하기

구분	원칙	설명
매수 전 원칙	감정적 진입 금지	급등 뉴스 직후엔 24시간 대기
매도 전 원칙	목표가와 손절가 미리 설정	진입 시점에 이미 '출구'를 정해두기
리밸런싱 원칙	분기별 점검	성향·시장 변화에 따라 비중 조정
기록 원칙	매매 이유와 감정 기록	패턴 인식·심리 복원력 강화

"매수는 계획으로, 매도는 원칙으로." 즉흥적 결정보다는 시스템적 행동이 장기 생존을 만든다.

6. 행동경제학적 실전 전략

- **'FOMO(Fear of Missing Out)' 인식 훈련**: '남들이 벌었다'는 생각이 들 때는 이미 늦었습니다.
- **'디스플린 모드(Discipline Mode)' 설정**: 차트보다 나의 감정 그래프를 먼저 보아야 합니다.
- **'확률 노트' 작성법**: 각 진입·청산 시점에 본인이 믿은 이유를 기록하고 결과를 비교한 후, 두세 번 반복하면 자신만의 '감정-시장 상관 패턴'을 얻게 됩니다.

7. 양자적 사고 — "불확실성은 적이 아니라, 가능성이다"

시장은 불확실하게 보이지만, 이는 혼돈이 아니라 확률적 파동의 중첩 상태입니다.

매수·매도 타이밍을 '예측의 문제'로 보면 불안하지만, '파동 간 공명(Resonance)'의 관점으로 보면 시장과 나의 리듬을 맞추는 과정이 됩니다. 상승 파동과 나의 감정 주파수가 일치할 때 진입(매수)하고, 하락 파동이 강할 땐 내 에너지를 보존(관망)하여 시장의 진동을 억제하지 말고, 함께 조화시키는 사고가 필요합니다.

"성공적인 매매는 불확실성을 없애는 것이 아니라, 불확실성과 함께 춤추는 것이다."

▣ 워크북 실습 섹션

■ 나의 매수·매도 타이밍 점검표

항목	내 답변
내가 신뢰하는 주요 기술 지표는 무엇인가?	
최근 매수 결정의 근거는 무엇이었는가?	
매도 후 감정은 어땠는가?	
나의 평균 보유 기간은 얼마인가?	
내가 자주 후회하는 타이밍 패턴은?	

■ 요약

관점	핵심 메시지
경제학	타이밍은 확률 게임, 손익비 관리가 본질
행동심리학	감정 통제가 전략의 절반
기술적 분석	차트는 심리의 시각화 도구
양자적 사고	시장의 전통과 나의 감정 주파수를 맞추라

결론적으로, "타이밍을 잡는 기술은 예언의 기술이 아니라, 자기감정과 시장 파동의 '공명'을 설계하는 기술이다."

차트를 읽기 전에 먼저 자신의 리듬을 읽어라.

◼ 〈매수·매도 타이밍 워크북〉
— 체크리스트 + 확률분석표

Part 1. 타이밍 점검 체크리스트

"예측이 아니라 확률과 원칙으로 타이밍을 설계하라."

항목	예 / 아니오	비고
최근 매수 이유가 '감'이나 '뉴스'에 의존하지 않았는가?	[ ] 예 / [ ] 아니오	
목표 수익률과 손절 라인을 사전에 명확히 정했는가?	[ ] 예 / [ ] 아니오	
진입 전 24시간을 기다려 결정을 점검했는가?	[ ] 예 / [ ] 아니오	
손실 발생 시 '평단 조정' 계획이 있는가?	[ ] 예 / [ ] 아니오	
매도는 공포·불안이 아닌 전략적 판단에 의한 것인가?	[ ] 예 / [ ] 아니오	
거래 후 이유를 기록하고 복기하는 습관이 있는가?	[ ] 예 / [ ] 아니오	

• 점검 기준

5개 이상 '예' → 체계적 투자자형 / 3~4개 → 훈련 중인 전략형 / 2개 이하 → 감정 반응형(조정 필요)

Part 2. 매수·매도 확률 분석표

분석 항목	확인 내용	설명
이동평균선 (MA)	단기선이 장기선을 상향 돌파(Golden Cross)했는가?	
거래량	상승세 동반 거래량 증가인가, 피로 신호인가?	
RSI (상대강도지수)	30 이하(과매도)/70 이상(과매수) 구간인가?	
MACD	신호선 상향 교차(매수) 하향 교차(매도) 여부	
지지 저항선	주요 심리선(지지선/저항선)에서 반응이 있는가?	
뉴스·정책	외부 요인이 가격에 단기 영향 중인가?	
심리지표 (Fear & Greed Index)	시장이 탐욕인지, 공포인지?	

• 활용 팁

"지표가 모두 같은 방향을 가리킬 때만 진입하라."

확률적 우위(Probability Edge)를 3개 이상 확보하면 승산이 높다.

Part 3. 나의 확률·리스크 관리표

항목	기준 설정	실제 결과
목표 수익률	(예: +20%)	
손절 기준	(예: -8%)	
평균 보유 기간		
승률(%)		
손익비(Reward:Risk)		

• 핵심

승률이 낮아도 손익비가 높으면 장기적으로 이긴다.

"승률보다 일관성"이 장기 생존의 지표다.

Part 4. 확률 기반 타이밍 계산표

조건	진입 확률	출구 확률	참고
기술 지표 3개 이상 일치	60~70%	30~40%	신뢰도 높음
거래량 상승+RSI 40~60 구간	55%	45%	중립 구간
공포지수 극단 (20 이하)	65%	-	저점 반등 확률
탐욕지수 극단 (50 이상)	-	70%	단기 과열 가능성

Part 5. 투자 후 감정 리셋 선언문

"나는 예측이 아니라 확률로, 감정이 아니라 원칙으로 투자한다."

[ ] 오늘의 감정 기록을 마쳤다.

[ ] 내일의 계획을 수정했다.

[ ] 결과보다 과정을 점검했다.

서명: _____

날짜: _____

▣ 실전 TIP-SUMMARY
— "타이밍은 완벽이 아니라, 원칙의 반복이다."

1. 매수 전략 — 분할 매수 (Dollar Cost Averaging, DCA)
시장의 저점을 완벽히 예측하려는 시도는 대부분 실패로 끝납니다. 대신 '분할 매수', 즉 일정한 금액을 정기적으로 나누어 투자하는 방식이 훨씬 현실적입니다.

또한, 가격이 오를 때는 적게 사고, 내릴 때는 많이 사면서 평균 매입 단가를 낮추는 효과가 있습니다. 이 전략은 감정에 휘둘리지 않고 꾸준함으로 승부하는 가장 합리적인 방법이 될 수 있습니다.

2. 매도 전략 — 목표가·손절가를 미리 정하고, 반드시 지킨다.
매도는 감정이 아니라 규율의 영역입니다. 투자를 시작할 때 이미 '얼마에 팔 것인가'(목표가)와 '얼마까지 떨어지면 손절할 것인가'(손절가)를 정해 두어야 합니다.

이 원칙을 지키는 것이야말로 "탐욕에서 자신을 지키는 가장 강력한 리스크 관리"입니다.

3. 참고 지표 — 시장의 흐름을 읽는 나침반
- **이동평균선(MA)**: 단기선이 장기선을 상향 돌파하면 상승 신호, 반대로 하락 돌파 시 주의 신호입니다.
- **RSI(상대강도지수)**: 70 이상이면 과열 구간, 30 이하이면 저평가

구간일 가능성이 높습니다.

이 두 지표는 완벽한 예언이 아니라, 확률적 흐름을 시각화한 심리 지도로 이해해야 합니다.

4. 투자 원칙 — "최저가에 사서 최고가에 판다"는 환상을 버려라

시장에서 완벽한 타이밍은 존재하지 않습니다.

'가장 싸게 사고, 가장 비싸게 판다'는 욕심은 오히려 불안과 실수를 키웁니다.

현명한 투자자는 바닥을 맞히려 하지 않고, 하락장에서 천천히 진입하고 상승장에서 질서 있게 빠져나옵니다.

이것이 감정이 아닌 확률로 움직이는 사람의 방식입니다.

결국, 타이밍의 기술은 예언이 아니라 습관이다.

원칙을 세우고, 감정을 통제하며, 시장의 리듬에 자신을 맞추는 것 - 그것이 오래 살아남는 투자자의 진짜 실력이다.

03 스테이킹 · 디파이 활용하여 수익률 높이기

은행 예금 이자가 연 1~3% 수준인 시대, 디파이 세계에서는 5~20% 또는 그 이상의 수익률을 제시하는 경우도 있습니다. 그러나 '높은 수익' 뒤에는 언제나 그림자처럼 따라붙는 '리스크'가 있습니다.

디파이는 "은행 없는 금융(Bankless Finance)"이지만, 동시에 규제 없는 금융(Unregulated Finance)이기도 합니다.

1. 스테이킹(Staking) — "토큰을 맡기고, 신뢰를 보상받다"

스테이킹이란 블록체인 네트워크의 운영과 검증에 자산을 맡기고, 그 대가로 보상을 받는 행위입니다. 이는 PoS(Proof-of-Stake, 지분증명) 방식의 블록체인에서 필수적인 기능입니다.

즉, 내가 가진 코인을 일정 기간 네트워크에 예치함으로써 거래 검증에 참여하고, 그 기여도에 따라 보상을 받는 구조입니다.

은행 예금의 이자가 "돈을 맡긴 대가"라면, 스테이킹의 보상은 "네트워크를 지탱한 대가"라 할 수 있습니다.

■ **장점 (Advantages)**
- **안정적 수익 구조** → 변동성이 큰 디파이에 비해 예측 가능한 보

상률(연 4~10%)을 제공하며, 네트워크의 성장과 함께 수익이 지속됩니다.

- **생태계 기여** → 스테이킹 참여는 곧 블록체인의 보안과 안정성을 강화하는 행위입니다. 단순한 투자자가 아니라 "공동체의 일원"으로서 기여하게 됩니다.
- **복리 효과 가능** → 받은 보상을 다시 스테이킹하면 복리로 자산이 늘어납니다. 이 과정을 '컴파운딩(compounding)'이라고 부릅니다.

■ 리스크 (Risks)

- **락업(Lock-up) 기간 / 언스테이킹 지연** → 예치한 자산이 일정 기간 묶이기 때문에 급락 시에도 즉시 매도할 수 없습니다.

예: 이더리움 스테이킹은 7~14일 정도 언스테이킹 대기 기간이 필요.

- **가격 변동 리스크** → 보상은 해당 코인으로 지급되므로, 코인 가격이 하락하면 보상의 실질 가치가 떨어질 수 있습니다. 즉 안정적인 이자보다 가격 변동의 영향이 더 클 수 있다는 점을 명심해야 합니다.
- **슬래싱(Slashing)** → 네트워크 규칙 위반, 검증 오류, 부정행위가 발생하면 일부 토큰이 벌금처럼 소각됩니다.

예를 들어, 검증자(Validator)가 서버를 중단하면 '신뢰 위반'으로 간주되어 자산 일부가 감소할 수 있습니다.

- **스마트 계약 및 플랫폼 리스크** → 스테이킹을 맡긴 플랫폼이 해킹을 당하거나 코드 결함이 있을 경우, 자산이 유실될 가능성이 있습니다. 따라서 검증된 플랫폼을 선택하는 것이 중요합니다.

요약하면, 스테이킹은 "리스크가 통제 가능한 수익 구조"이지만, "자산이 묶여 있고 가격이 흔들릴 수 있다"는 점을 잊지 말아야 합니다.

2. 디파이(DeFi) ― "은행 없는 금융, 가능성과 위험이 공존한다."

디파이(DeFi, Decentralized Finance)는 중앙은행이나 기관 없이 스마트 계약을 통해 금융 거래를 자동으로 수행하는 생태계입니다. 쉽게 말해, 중개자 없는 금융 서비스입니다.

은행이 대출과 예금을 관리하는 대신, 디파이에서는 스마트 계약(Smart Contract)이 그 역할을 수행합니다.

■ **가능한 수익 방식 (Ways to Earn)**
- **유동성 제공(Liquidity Providing):** 코인 쌍(BTC/ETH, USDT/DAI 등)을 풀(pool)에 예치하고→ 거래 수수료 + 플랫폼 토큰 보상을 받습니다.

예: 유니스왑(Uniswap), 커브(Curve), 팬케이크스왑(PancakeSwap)
- **대출 플랫폼 참여(DeFi Lending):** 자산을 빌려주면 이자를 받고, 담보로 자산을 빌릴 수도 있습니다.

예: 대표 플랫폼 -Aave, Compound
- **LP 토큰 스테이킹:** 유동성 제공 후 받은 LP 토큰을 다시 스테이킹하여 2중 보상(Double Rewards)을 받는 전략입니다.
- **수익 최적화(Aggregators, Vaults, Auto-compounding):** 자동

으로 가장 수익률 높은 풀을 찾아 자산을 이동시켜 주는 시스템입니다. 이를 복리로 재투자하여 수익 극대화를 노립니다.

예: Yearn Finance, Beefy Finance

• **레버리지 수익농사(Leveraged Yield Farming)**: 자산을 담보로 더 많은 자산을 빌려서 이중, 삼중으로 수익을 노리는 고수익 전략입니다. 단, 가격이 조금만 흔들려도 청산(Liquidation) 위험이 크기 때문에 매우 주의해야 합니다.

■ **리스크 (Risks)**

• **불영구 손실(Impermanent Loss)**: 유동성 풀의 두 자산 가격 비율이 변할 때 발생하는 손실. 예를 들어 ETH-DAI 풀에서 ETH가 급등하면, 풀의 자동조정 메커니즘으로 인해 ETH가 일부 자동 매도되어 손실이 발생합니다.

• **스마트 계약 취약성 / 해킹→** 코드 결함이나 해킹으로 인해 자산이 유실될 수 있습니다. 실제로 수억 달러 규모의 해킹 사례가 주기적으로 발생하고 있습니다.

• **유동성 부족 및 출금 지연→** 다른 이용자들이 자산을 대량 인출할 경우, 슬리피지(가격 변동)나 인출 지연이 생길 수 있습니다.

• **규제 불확실성→** 각국의 정부 정책, 세금 체계, 규제 변화에 따라 디파이 보상의 법적 지위가 변동될 가능성이 있습니다.

요약하면, 디파이는 '은행 없는 자유 시장'이지만, 그만큼 '책임도 전적으로 투자자에게 있다'는 점을 명심해야 합니다. 이를 방지하기 위해서는 수익률보다 먼저 보안·규제·위험관리를 살펴야 진정한 투자입니다.

◇ 더 나아가기-디파이 이외의 수익 확대 전략

방법	개념	특징/리스크
거버넌스 투표 보상	프로젝트 의사결정에 참여해 보상 획득	커뮤니티 중심, 보상 규모 작음
아비트리지 (Arbitrage)	거래소 간 가격 차이로 수익	자동화·속도 경쟁
델타 중립 전략 (Delta-Neutral)	가격 변동을 헷지하면서 이자 수익 확보	고급 투자 전략, 복합 포지션
Cross-Chain Farming	여러 체인 간 브릿지를 통해 수익 이동	높은 수수료·보안 위험
Auto-Compound Vaults	자동 재투자로 복리 극대화	효율 높지만 스마트 계약 리스크 존재

정리하면, 스테이킹은 "신뢰에 보상받는 구조", 디파이는 "리스크 속에서 확률을 계산하는 구조"입니다.

수익률을 높이는 가장 확실한 방법은 "더 큰 리스크를 감수하는 것"이 아니라, 리스크를 인식하고 통제하는 힘을 키우는 것입니다.

현용수 교수의 생각, "높은 수익은 행운이 아니라, 위험을 이해한 대가이다."

3. 이 외 수익률을 높이는 다양한 방법

"한 가지 길만으로는 바다에 닿을 수 없다."

디지털 자산 시장에서도 수익을 올릴 수 있는 길은 여러 가지가 있습니다. 단, 수익이 높을수록 위험도 커진다는 기본 원리를 잊지 말아야 합니다.

■ 단기 매매 / 스윙 트레이딩

단기 매매(Short-term Trading) 또는 스윙 트레이딩(Swing Trading)은 가격의 '흐름'을 읽고 짧은 기간에 수익을 노리는 전략입니다. 보통 몇 시간에서 며칠, 길게는 몇 주 단위로 매수·매도를 반복합니다.

차트 분석(기술적 지표)과 뉴스, 시장 심리를 함께 고려해야 합니다.
예를 들어, RSI(과매수·과매도 지표)가 낮고 악재 뉴스가 이미 반영된 시점이라면 반등 가능성이 높다고 판단해 진입하는 식입니다.
다만, 이 전략은 정확한 타이밍과 빠른 판단력이 요구됩니다. 감정이 개입되면 손실이 커지므로 "빠른 수익"보다 "정확한 원칙"을 우선해야 합니다.

■ 옵션 / 파생상품 (Derivatives)

파생상품은 코인 가격의 미래 움직임에 베팅하는 고급 금융 도구입니다. 예를 들어, 비트코인 선물(Futures)·옵션(Options)·스왑(Swap) 거래가 여기에 속합니다. 이 전략은 가격이 오르든 내리든 방향성에 맞게 포지션을 취할 수 있다는 점이 장점입니다.
하지만 동시에 레버리지(Leverage)를 사용하는 경우가 많기 때문에 수익이 커질 수도 있지만, 손실이 몇 배로 확대될 위험도 있습니다.

쉽게 말해, 파생상품 투자는 "확실한 이해와 냉정한 판단력이 없다면, 양날의 검을 쥐는 것과 같다."

■ 아비트리지 (Arbitrage, 차익거래)

아비트리지는 거래소 간 가격 차이를 이용해 수익을 내는 전략입니다. 예를 들어, A거래소에서는 비트코인이 40,000달러, B거래소에서는 40,200달러일 때, A에서 사서 B에서 팔면 200달러 차익이 생깁니다.

이 과정은 수초 단위로 자동화되어야 하며, 빠른 체결·낮은 수수료·정확한 시세 감지가 필수입니다. 수익률은 낮지만, 거래량이 많으면 꾸준히 쌓이는 '안정형 수익 구조'로 평가됩니다.

■ 토큰 론치패드 / 초기 투자 (Launchpad & Early-Stage Investment)

신규 코인 프로젝트가 토큰을 공개하기 전 참여하는 방식입니다.

IEO(거래소 공개), IDO(탈중앙 거래소 공개) 형태가 있습니다. 초기에 진입하면 낮은 가격으로 토큰을 배분받을 수 있지만, 프로젝트 실패 시 투자금 전액 손실 가능성도 있습니다.

즉, "큰 기회는 늘 큰 리스크와 함께 온다." 진입 전 백서, 개발팀, 커뮤니티 활동을 반드시 검토해야 합니다.

■ 거버넌스 보상 / 참여 보상 (Governance & Community Rewards)

거버넌스란 프로젝트 운영 방향을 함께 결정하는 탈중앙화된 의사 결정 시스템입니다.

토큰 보유자가 투표에 참여하거나 커뮤니티 활동에 기여하면 보상으로 추가 토큰을 받는 구조입니다.

이 방식은 단기 수익보다는 프로젝트의 성장 과정에 함께 참여하며 장기적 가치 상승을 누리는 투자입니다.

▣ 최근 등장한 선진 금융 기법

기존의 단순 디파이(DeFi) 수익 모델을 발전시켜 더 정교하고 효율적인 형태로 진화한 기법들입니다.

■ Yield Farming 2.0 (수익농사의 진화형)

• **Auto-Compounding Vaults (자동 복리 금고)** → 수익을 자동으로 재투자하여 복리 효과를 극대화하는 시스템입니다. 투자자는 일일이 수익을 다시 넣을 필요 없이 '자동화된 수익 재순환'이 이루어집니다.

• **Protocol-Owned Liquidity (프로토콜 소유 유동성)** → 플랫폼이 스스로 일정 비율의 유동성을 보유해 '급격한 유출'을 방지하고 장기 안정성을 확보합니다.

예: OlympusDAO 모델

• **Cross-Chain Farming (크로스체인 농사)** → 하나의 체인에 국한되지 않고, 여러 블록체인을 오가며 수익을 극대화하는 방식입니다. 단, 브릿지(Bridge) 과정의 해킹 리스크가 존재합니다.

■ 레버리지 수익농사 (Leveraged Yield Farming)

자산을 담보로 빌린 후, 더 많은 자산을 유동성 풀에 예치하여 수익을 배로 늘리는 고위험 전략입니다. 상승장에서는 수익이 기하급수적으로 증가하지만, 하락 시 담보 가치가 하락하면 강제 청산(Liquidation) 위험이 있습니다. 즉 "수익률의 증폭은 곧 리스크의 증폭이다."

■ 델타-중립 전략 (Delta-Neutral Strategy)

델타-중립 전략은 가격 변동의 영향을 최소화하면서 일정 수익을 확보하는 방식입니다.

예를 들어, 한쪽에서는 코인을 예치하고 이자를 받고, 다른 쪽에서는 같은 코인에 '매도 포지션'을 취해 가격 위험을 상쇄합니다.

→ 수익은 이자나 거래 수수료 등에서 발생하며, 시장 방향과 상관없이 일정 수익을 기대할 수 있습니다. (단, 구조가 복잡하므로 경험자 중심 전략)

• 요약- "수익과 위험은 동전의 양면"

구분	핵심 내용	주요 리스크
스테이킹	안정적 수익, 네트워크 참여	락업·가격 변동·슬래싱
디파이 / 수익농사	유동성 제공 통한 고수익	불영구 손실·스마트 계약 해킹
단기 매매/파생/아비트리지	속도·정확성 기반 단기 수익	변동성·레버리지 위험
초기 투자/거버넌스	성장성 높은 프로젝트 참여	실패·유동성 부족
신기술형 전략	Auto-Compound-Cross-Chain-Delta-Neutral	구조 복잡·보안 리스크

결론적으로, 높은 수익을 원한다면 반드시 '위험의 구조'를 먼저 이해해야 합니다.

수익을 내는 기술보다 더 중요한 것은 위험을 감지하는 감각, 감정이 흔들리지 않는 원칙, 확률을 꾸준히 누적시키는 습관입니다.

현용수 교수의 생각, *"수익은 기술의 결과가 아니라, 리스크를 이해한 사람에게 돌아오는 보상이다."*

04 선진 금융기법 용어 해설 (Advanced Digital Finance Glossary)

1. Yield Farming 2.0 (수익농사 2.0)

■ 정의

기존 디파이(DeFi)의 단순한 예치·보상 구조를 고도화한 차세대 수익 모델이다.

'Yield Farming 2.0'은 자동화(Automation), 복리화(Auto-Compounding), 위험분산(Diversification)을 핵심으로 하며, 사용자의 개입 없이 프로토콜이 수익 재투자 및 자산 이동을 자동 수행한다.

■ 특징

자동복리화(Auto-Compounding): 보상이 발생하면 자동으로 재예치되어 복리 효과가 누적된다.

Aggregator(집약기) 기능: 여러 플랫폼의 수익률을 실시간 비교하여 최적의 풀로 자산을 이동시킨다.

전략 자동화: 투자자는 개별 전략 설계보다 모델 선택에 집중한다.

■ 리스크 포인트

스마트 계약의 취약점에 따른 자산 손실 위험.

보상률 변동에 따른 예기치 못한 청산 가능성.
플랫폼 운영자 신뢰성 및 거버넌스 투명성 문제.

■ 요약

"손으로 농사 지었던 디파이를 인공지능 트랙터로 대체한 자동 수익 시스템"이다.

2. Auto-Compounding Vaults (자동복리 금고)

■ 정의

Vault(볼트)는 자산을 예치하고 자동으로 운용하는 스마트 계약 기반 금고 시스템이다.

Auto-Compounding 기능은 발생한 보상을 다시 예치하여 이자 위에 이자가 붙는 복리 효과를 자동으로 실현한다.

■ 투자 적용

장기 투자자에게 유리하며, 수동 개입 없이 자산이 점진적으로 증가하여 수익이 주기적으로 재투자되며, 복리 수익률이 극대화된다.

대표 프로토콜: Yearn Finance, Beefy Finance, Autofarm 등

■ 리스크 포인트

Vault 해킹 및 코드 취약점으로 인한 자산 손실 우려 및 Performance Fee(성과 수수료)로 인한 실질 수익률이 하락할 수 있고, 시장 급락 시

복리 구조로 손실이 가중될 가능성 있다.

■ **요약**

"수익을 자동으로 다시 심는 금융의 자동 농사 시스템"이다.

3. Protocol-Owned Liquidity (POL, 프로토콜 소유 유동성)

■ **정의**

기존 디파이에서는 개인 투자자가 유동성을 공급했지만, POL 모델에서는 프로젝트 자체가 유동성을 직접 보유·관리한다. 이는 외부 자본에 의존하지 않고, 프로토콜이 스스로 '은행 역할'을 수행하는 구조로 진화한 형태이다.

■ **장점**

외부 유동성 공급자의 철수 위험(Withdraw Liquidity Risk) 감소/보상 토큰 발행 부담 완화로 지속 가능한 인센티브 구조 확보/토큰 가격 안정성과 장기 신뢰성 제고 등.

■ **대표 사례**

OlympusDAO — "유동성 소유권의 프로토콜화" 개념을 최초 도입과,

Tokemak — "Liquidity-as-a-Service" 모델로 확장, 타 프로젝트에 유동성 대여 등이다.

■ 리스크 포인트

프로젝트 내부 집중화로 거버넌스 왜곡 및 중앙화 경향/자금 운용의 투명성 부족 시 내부 리스크 확대 가능 등이다.

■ 요약

"이제 프로젝트가 스스로 은행이 되는 시대"이다.

4. Cross-Chain Farming (크로스체인 수익농사)

■ 정의

단일 블록체인에 국한되지 않고, 여러 네트워크(예: Ethereum, BNB Chain, Solana 등)를 넘나들며 최적 수익률을 추구하는 분산형 투자 전략이다.

■ 기술 구조

Bridge(브리지): 체인 간 자산 이동 통로 역할 / DEX(탈중앙 거래소): 교환 및 유동성 제공 등이다.

Aggregator: 여러 체인을 분석해 수익률이 높은 풀로 자산 자동 이동 등이다.

■ 장점

다양한 체인 생태계 접근 가능/체인별 금리·보상률 편차를 활용한 포트폴리오 다변화 등이다.

■ 리스크 포인트

브리지 해킹: 2022년 Wormhole 및 Nomad 사건처럼 수억 달러 규모 손실 발생한다.

전송 지연 및 수수료 부담/체인 간 호환성 문제로 인한 트랜잭션 실패 가능성 등이다.

■ 요약

"한 땅이 아닌 여러 체인에서 동시에 농사짓는 멀티체인 수익 전략"이다.

5. Leveraged Yield Farming (레버리지 수익농사)

■ 정의

보유 자산을 담보로 대출을 받아 더 많은 자산을 예치함으로써 수익률을 배수로 확대하는 공격적 디파이 전략이다.

■ 작동 원리

ETH 등 자산을 담보로 예치/Stablecoin(예: USDT, DAI)을 대출/대출 자금으로 유동성 풀에 추가 예치 등, 이 과정을 반복하여 레버리지 효과를 극대화시킨다.

■ 리스크 포인트

가격 급락 시 청산(Liquidation) 위험/이자율 급등 시 순수익 급감/구조가 복잡하여 초보 투자자는 진입 위험이 높다.

■ 요약
"고수익의 유혹 뒤에는 항상 청산의 그림자가 따른다."

6. Delta-Neutral Strategy (델타 중립 전략)

■ 정의
'델타(Δ)'는 자산 가격 변동에 따른 포지션 가치 변화율을 의미한다. 델타 중립 전략은 이 민감도를 0(제로)에 가깝게 유지하여, 시장 방향성과 무관하게 안정적인 수익을 추구하는 헤지 기법이다.

■ 실행 방식
LP 포지션 + 파생상품 헷지: 예치 자산(예: ETH)과 반대 포지션(예: ETH 선물 매도)을 병행하여 변동성 제거 등.

대출·예치 병행: 담보 자산과 대출 자산을 상쇄 구조로 배치해 가격 변동 리스크를 완화시킨다.

■ 장점
시장 방향성에 관계없이 일정 수익 실현 가능/포트폴리오의 변동성을 줄이고 안정적 운용이 가능하다.

■ 리스크 포인트

복잡한 포지션 관리 및 청산 시기 판단 실패 위험/옵션·선물 만기 조정 실패 시 손실이 크다.

플랫폼 해킹 및 스마트 계약 리스크 존재 등이다.

■ 요약

"변동성의 파도 위에서도 흔들리지 않는 균형의 기술"

■ 정리 요약

구분	핵심 기능	장점	주요 리스크
Yield Farming 2.0	자동화·복리·분산형 수익 모델	고수익·시간 효율	스마트 계약 오류
Auto-Compounding Vault	보상 자동 재투자 금고	장기 복리 효과	해킹·수수료 부담
POL	프로토콜 직접 유동성 보유	유동성 안정성	중앙화 위험
Cross-Chain Farming	멀티체인 수익 탐색	수익 다변화	브리지 해킹
Leveraged Farming	대출 통한 수익 배가	고수익 가능	청산 리스크
Delta-Neutral	변동성 중립화	안정 수익	복잡한 포지션 관리

05 숏·롱 포지션 전략과 리스크 관리
— 하락에도 길이 있고, 상승에도 함정이 있다

주식시장이 하락하면 대부분의 투자자는 손실을 입습니다. 그러나 코인 시장에서는 '숏 포지션(Short Position)'을 통해 하락장에서도 수익을 얻을 수 있습니다. 반대로 '롱 포지션(Long Position)'은 상승에 베팅하는 전략입니다. 하지만 두 전략 모두 양날의 검입니다. 기회와 위험이 동시에 존재하므로, 경험과 냉정한 판단을 갖춘 투자자에게만 허용되는 영역입니다.

1. 롱(Long) 포지션 — 상승을 향한 기본 전략

롱 포지션은 "지금보다 가격이 오를 것이다"라는 믿음에 투자하는 가장 기본적인 방식입니다. 비트코인, 이더리움 또는 특정 알트코인을 매수하여 가격이 상승했을 때 매도해 차익을 얻습니다. 이는 전통 주식시장의 '매수 후 보유(Buy & Hold)' 전략과 유사합니다.

- **예시**: 비트코인 가격이 6만 달러일 때 매수 → 6만 5천 달러로 상승 → 차익 실현 등, 이 단순한 구조 안에서도 핵심은 진입 타이밍과 손절 기준입니다.

진입 타이밍: 단기 변동보다는 주간·월간 차트 등 중장기 추세를 확

인한 뒤 진입합니다.

손절 기준: 예상과 다르게 움직일 경우, 감정이 아니라 사전에 세운 '시나리오'에 따라 손절합니다.

- TIP: "조금만 더 오를 거야."라는 생각이 위험의 시작입니다. 롱 포지션에서의 성공은 탐욕을 절제하는 시점을 아는 데서 비롯됩니다.

2. 숏(Short) 포지션 — 하락에서도 수익을 노리는 기술

숏 포지션은 "가격이 떨어질 것이다."라는 예측에 투자하는 방식입니다. 거래소에서 코인을 빌려 매도하고, 이후 가격이 하락했을 때 다시 매수하여 갚는 구조입니다.

- 예시: 비트코인을 6만 달러에 빌려 매도 → 5만 5천 달러에 다시 매수 → 5천 달러 차익 확보 등. 하지만 반대로 가격이 상승한다면, 손실은 무한대까지 확대될 수 있습니다. 즉 숏 포지션은 확신이 있을 때만 가능한 고위험·고보상 전략입니다.

특히 레버리지(2배, 5배, 10배 등)를 사용하면 손익 변동이 기하급수적으로 커집니다. 한순간의 반등에도 포지션이 청산될 수 있다는 점을 잊지 마십시오.

- 주의: 숏은 칼날의 반대편입니다. 이익과 손실의 방향이 반대이기 때문에 단 1%의 반등이 전체 포지션을 무너뜨릴 수 있습니다.

3. 롱·숏의 조합 — 시장의 양면을 활용하기

숙련된 투자자는 상승과 하락을 모두 활용해 헤지(Hedge) 전략을 씁니다. 예를 들어, 비트코인을 장기 보유(롱)하면서도 단기 하락이 예상될 때 일부 숏 포지션을 열어 손실을 줄입니다. 이른바 '롱-숏 밸런스 전략'으로 전체 포트폴리오의 변동성을 완화하는 효과가 있습니다.

4. 시장 상황별 대응법 — 방향보다 균형이 중요하다

시장은 늘 움직입니다. 상승할 때도, 하락할 때도, 방향이 모호할 때도 있습니다. 중요한 것은 예측이 아니라 대응의 균형입니다.

상승장일 때: 롱 포지션 비중을 늘리고 숏은 최소화합니다. 상승세에 올라타되, 과열 국면에서는 일부 수익 실현으로 위험을 줄입니다. 상승장의 가장 큰 함정은 탐욕입니다.
하락장일 때: 숏 포지션을 확대하고, 롱 포지션은 방어적으로 전환합니다. 반등 욕심보다 손실 최소화가 우선입니다. 하락장은 '끝'을 예측하는 것이 아니라 '속도'를 제어하는 구간입니다.
불확실할 때: 롱과 숏을 상쇄하는 중립 포지션으로 전환해 시장의 방향이 명확해질 때까지 관망합니다. "모른다."는 것을 인정하는 것이 시장에서 오래 살아남는 가장 강력한 무기입니다.

현용수 교수의 생각, "시장은 정답을 가진 시험지가 아니다. 다만,

대응이 빠른 사람에게만 점수를 준다."

5. 리스크 관리 — 수익보다 중요한 '생존의 기술'

투자의 본질은 "얼마나 벌까?"가 아니라 "얼마나 잃지 않을까?"입니다. 성공한 투자자일수록 돈을 버는 법보다 손실을 통제하는 법을 먼저 배웁니다.

■ **리스크 관리 3원칙**
• **손절 라인 설정** — 감정이 아닌 약속으로 움직이라.

진입 전에 손실 한도를 정해두고, 그 지점에 도달하면 미련 없이 청산합니다. "조금만 더 버텨보자"는 대부분 큰 손실의 서막이 됩니다.

• **레버리지 최소화** — 빠른 돈은 빠른 손실과 같다.

배율이 높을수록 청산 속도도 급격히 빨라집니다. 큰 수익보다 큰 손실을 줄이는 것이 더 현명합니다.

• **분할 진입·분할 청산** — 올인 대신 유연함을 선택하라.

한 번에 전부 들어가지 말고, 구간별로 나누어 진입·청산합니다. 이렇게 하면 심리적 부담이 줄고, 예기치 못한 변동에도 대응이 쉬워집니다. 시장의 유혹보다 오래 살아남는 것이 진짜 승리입니다. 열 번 중 일곱 번을 이겨도, 단 한번의 폭락이 모든 수익을 지워버릴 수 있습니다.

그래서 리스크 관리는 기술이 아니라 습관입니다.

6. 투자자의 심리 — 차트보다 위험한 '감정의 파도'

투자의 가장 큰 적은 시장이 아니라 자신의 감정입니다. 롱 포지션에서는 탐욕, 숏 포지션에서는 공포가 투자자를 흔들어 됩니다.

가격이 오를 때는 "놓치면 안 돼!"라는 불안, 가격이 내릴 때는 "지금이라도 팔아야 돼!"라는 조급함이 커집니다. 이때 필요한 것은 더 많은 정보가 아니라 심리적 균형감입니다.

좋은 투자자는 시장을 예측하려 하기보다 자신의 감정이 언제 흔들리는지를 먼저 관찰합니다.

7. 투자자의 마음가짐 3원칙

예측보다 대응에 집중하라→ 시장은 우리의 예상대로 움직이지 않는다.

맞히는 것보다 대응하는 것이 중요하다→ 불확실성을 적이 아닌 환경으로 받아들여라.

파도는 막을 수 없지만, 그 위에서 균형 잡는 법은 배울 수 있다→ '내가 틀릴 수도 있다'는 전제에서 출발하라.

이 겸손한 한 문장이 자만을 막고, 손실을 최소화하며, 새로운 기회를 열어준다.

■ 결론

한 문장으로 요약하면, "롱은 희망의 기술, 숏은 냉정의 기술이다."

그러나 두 기술을 동시에 다루려면, 탐욕을 이길 자기 통제력과 공포를 견딜 심리적 체력이 필요하다. 이 두 힘이 조화를 이룰 때, 비로소 시장은 위험이 아닌 배움의 장으로 바꾸어 준다.

◨ 실전 워크북 편 — "바로 적용하는 전략서"

[현용수 교수의 한마디] *"롱은 희망의 기술, 숏은 냉정의 기술. 그러나 진정한 승자는 감정을 통제한 사람이다."*

■ 독자에게 전하는 롱·숏 전략의 철학함의 – "희망과 냉정 사이"

코인 시장은 숫자의 전쟁처럼 보이지만, 그 이면에는 인간의 심리와 본능이 만든 드라마가 숨 쉬고 있습니다.

■ 롱 포지션 — 희망의 기술

롱은 "내일이 오늘보다 나을 것"이라는 믿음으로 시작됩니다. 하지만 이 믿음은 지나치면 '탐욕'이 되고, 탐욕은 시장이 아니라 자신의 감정에 패배하는 지름길이 됩니다.

롱의 핵심은 '언제 멈출 것인가'를 아는 지혜입니다.

"희망은 투자자의 불을 밝히지만, 그 불이 탐욕으로 번지면 손실의 불꽃이 된다."

◇ 롱·숏 포지션 전략과 리스크 관리 Check List

구분	전략 개요	실전 점검 포인트
롱(Long) 포지션	상승을 예측하고 매수 후 보유	□ 진입 근거(차트·펀더멘털)가 명확한가? □ 손절 라인과 목표가를 미리 설정했는가? □ 분할 매도 계획이 있는가?
숏(Short) 포지션	하락을 예측하고 공매도 후 저가 매수	□ 숏진입의 근거가 충분한가? □ 예상 반등 시 손실폭을 견딜 수 있는가? □ 레버리지 수준이 위험 허용 범위 내인가?
레버리지 (Leverage)	수익과 손실을 동시에 증폭시키는 도구	□ 배율 3배 이하로 제한했는가? □ 청산가격을 알고 있는가? □ 강제청산 리스크를 계산했는가?
롱숏 병행전략	상승·하락 양면을 활용한 헷지(hedge)	□ 포트폴리오 내 롱/숏 비중이 균형적인가? □ 손익 시뮬레이션을 사전에 점검했는가?
리스크 관리	생존이 곧 전략	□ 손절 자동화(Stop-Loss)를 설정했는가? □ 총 투자금의 5~10% 이상 한 포지션에 몰지 않는가? □ 일일 손익·심리 기록을 남기고 있는가?
투자 심리	탐욕과 공포의 통제	□ 수익 후 자만·손실 후 충동매매를 피하고 있는가? □ 감정 진정 루틴(명상, 기록, 호흡 등)이 있는가? □ "틀릴 수도 있다"는 전제로 행동하는가?

■ 숏 포지션 — 냉정의 기술

숏은 "시장은 과열됐다"는 판단에서 출발합니다. 상승을 믿는 군중 속에서 홀로 하락을 예측해야 하기에, 용기보다 냉철한 근거와 리스크 관리 능력이 필수입니다.

"공포의 순간에 냉정할 수 있는 자만이 진짜 하락장에서 수익을 얻는다."

■ **롱과 숏의 균형 — 시장의 이면을 읽는 법**

숙련된 투자자는 오직 상승만을 바라보지 않습니다. 그들은 "시장은 오른다"보다 "시장은 움직인다"에 집중합니다. 그래서 상승에는 롱을, 하락에는 숏을, 예측 불가능한 시기에는 중립 포지션을 유지합니다.

"시장은 파도, 투자자는 서퍼. 방향보다 균형이 생존을 결정한다."

■ **리스크 관리 — 이익보다 중요한 생존**

롱·숏 전략의 진짜 목적은 수익이 아니라 생존입니다. 하루 5%의 손실을 막는 능력이야말로 10배 수익보다 더 중요한 기술입니다.

"시장은 언제나 두 번째 기회를 준다. 단, 살아남은 사람에게만."

BITCOIN ＆ ETHEREUM

— 돈을 지키는 기술, 마음을 다스리는 철학

투자는 이익을 추구하는 게임이 아니라 생존의 기술입니다. 자본관리, 손절·분할 원칙, 블랙스완 대비, 보안과 세금 최적화 등,

여기서는 "어떻게 버틸 것인가"라는 현실적인 지혜를 다룹니다. 시장은 당신이 이익을 낸 날보다 손실을 어떻게 관리했는가를 더 오래 기억합니다.

8장

리스크 관리와 생존 법칙

01. 자본 관리의 원칙 — 손절·분할·비율
02. 블랙스완에 대비하는 시나리오 플래닝
   -예측이 아닌 대비로 살아남는 힘
03. 보안 관리: 거래소 위험과 개인지갑 전략
   -내 자산의 마지막 방어선은 결국 '나 자신'이다.
04. 세금 최적화와 합법적 투자법
   -세금은 기술이 아니라, 시스템 속에서 살아남는 기술이다

01 자본 관리의 원칙 — 손절 · 분할 · 비율

투자의 세계에서 가장 무서운 적은 탐욕이 아닙니다. 진짜 적은 바로 '자기 통제의 부재'입니다. 많은 투자자들이 정보를 알고도 실패하는 이유는, 원칙이 없어서가 아니라 원칙을 지키지 못하기 때문입니다. 수익보다 더 중요한 것은 '내 돈을 지키는 습관'이며, 리스크 관리는 단순한 기술이 아니라 투자 생존의 철학입니다.

■ 손절 — 손실을 인정할 수 있는 용기

손절(Stop Loss)은 패배의 상징이 아니라 생존의 시작입니다. 시장은 언제나 불확실하고, 모든 예측은 확률일 뿐입니다. 따라서 진정한 투자자는 틀릴 수 있다는 사실을 전제로 움직입니다.

손절이란 '틀림을 인정하는 행위'이자, 자존심이 아니라 현금 흐름을 보호하는 선택입니다. 감정이 아닌 데이터와 시나리오로 손절 선을 정하고, 그 지점에 도달하면 망설임 없이 실행해야 합니다.

"손실을 두려워하는 자는 더 큰 손실을 초래한다."

■ 분할 — 한 번에 들어가지 말고, 나눠 들어가라

시장에는 완벽한 타이밍이 없습니다. 최저점 매수, 최고점 매도는 결과론적 환상일 뿐입니다. 그래서 현명한 투자자는 분할 진입과 분할 청산을 택합니다. 이 방식은 감정의 기복을 줄이고, 불확실한 시장에서도 유연성을 확보합니다.

한 번의 결단보다 여러 번의 판단이 더 강하다는 철학이죠. 분할 투자는 단순히 기술적 전략이 아니라, 불확실성을 관리 가능한 범위로 줄이는 심리적 안전장치이기도 합니다.

"시장의 신은 완벽한 타이밍보다 꾸준한 절제를 좋아한다."

■ 비율 — 돈의 무게를 조절하는 지혜

리스크 관리의 핵심은 '비율'입니다. 한 번의 거래에 전체 자산의 10% 이상을 걸면, 단 한번의 실패로 전체 포트폴리오가 무너질 수 있습니다. "내가 감당할 수 있는 손실의 크기"를 기준으로 투자 비중을 조절해야 합니다.

이것이 바로 '자본 배분의 철학'이며, 모든 프로 투자자의 출발점입니다. 돈을 지킨다는 것은 단순히 손해를 피하는 것이 아니라, 위험을 예측 가능한 범위로 묶는 것입니다.

"큰돈을 버는 사람보다 무너지지 않는 사람이 더 오래 산다."

■ 경제적 차원 — 수익률보다 생존율

경제학적으로 시장은 불완전합니다. 가격은 합리보다 감정에, 데이터보다 군중심리에 의해 더 자주 움직입니다. 따라서 시장을 이기려 하기보다 시장의 흐름 안에서 살아남는 법을 배워야 합니다.

리스크 관리는 단순히 자산을 보호하는 행위가 아니라, 변동성이라는 시장의 언어를 읽는 능력입니다. 단기 이익보다 장기 생존율을 높이는 것이야말로 복리(compounding)의 마법을 지속시키는 유일한 길입니다.

"리스크 관리란, 시간과 함께 부를 키우기 위한 생존 전략이다."

■ 경제철학적 차원 — '지킴'의 미학

리스크 관리는 철저히 철학적 행위이기도 합니다. 돈을 지킨다는 것은 곧 자신의 욕망을 관리한다는 뜻입니다. 탐욕은 확장을 원하고, 공포는 회피를 부릅니다.

이 두 감정의 사이에서 균형을 잡는 것이 바로 투자의 도(道)입니다. 이 균형의 철학은 '욕심을 버려라'가 아니라 '욕망의 흐름을 알아차리고 조율하라'는 것입니다. 자기 통제의 훈련을 통해 우리는 시장뿐 아니라 자신의 내면을 다스리게 됩니다.

"돈을 다스린다는 것은 결국 마음을 다스리는 일이다."

■ 심리적 차원 — 두려움과 탐욕 사이의 줄타기

투자에서 감정은 사라질 수 없습니다. 다만 그것을 관찰하고 다스릴 수 있을 뿐입니다.

탐욕은 수익이 눈앞에 있을 때 나타납니다.

→ "조금만 더"라는 마음이 자주 큰 손실을 부릅니다.

두려움은 손실이 생겼을 때 나타납니다.

→ "지금이라도 팔아야 해"라는 조급함이 회복의 기회를 빼앗습니다.

리스크 관리란, 결국 이 두 감정의 진폭을 줄이는 심리적 자율 신경 시스템과 같습니다. 균형 잡힌 투자자는 호흡이 일정하고, 결정의 속도보다 판단의 명료함이 더 중요함을 압니다.

"투자에서 이긴다는 것은 나 자신에게 지지 않는 것이다."

• 현용수 교수의 한마디, "리스크 관리는 기술이 아니라 태도이다." 시장의 파도는 누구에게나 치지만, 끝까지 떠 있는 사람은 돈보다 마음을 먼저 지킨 사람이다.

▣ 실전 워크북 — 리스크 관리와 생존 법칙

섹션 1. 자본 관리 기본 원칙
핵심 키워드: 손절 · 분할 · 비율
"리스크 관리는 기술이 아니라 생존의 습관이다."

■ 손절 — 손실을 인정할 수 있는 용기
• 나의 손절 규칙 설정하기
진입가 대비 손절 비율: (%)
자동 손절(Stop-loss) 설정 여부: (예 / 아니오)
손절 후 재진입 기준: (예: 추세 반전 확인 시 / 거래량 증가 시 등)

• 스스로에게 묻기
나는 손실을 감정적으로 받아들이는가, 전략적으로 처리하는가?
'조금만 더 기다려보자'는 생각이 든 적이 있다면, 그 결과는 어땠는가?

손절의 순간에도 '다음 기회를 위한 자산'이 남아 있었는가?

■ 분할 — 불확실성을 관리하는 구조
• 나의 분할 매매 계획 세우기

전체 투자금 대비 1회 진입 비율: (%)

분할 진입 횟수: (회 / 예: 3회 30-40-30 비율)

분할 청산 계획: (상승폭 or 하락폭 기준)

■ 스스로 점검하기

나는 '완벽한 타이밍'을 찾으려다 기회를 놓친 적이 있는가?

분할 매매가 내 감정(조급함·불안감)을 줄여준 경험이 있는가?

일정한 패턴으로 반복 가능한 매매 구조를 갖추었는가?

■ 비율 — 자산의 무게 중심을 잡는 지혜
• 나의 자산 배분 비율표 만들기

구분	비중(%)	목표수익률	손실허용한도	비고
현금성 자산(예금·스테이블코인)				
메이저 코인(BTC·ETH 등)				
알트코인/신규 프로젝트				
NFT/실물자산형				
리스크 헤지(선물·숏 등)				

■ **점검 질문**

총 자산 중 한 거래에 몰리는 비율이 10%를 넘지 않는가?

고위험 자산의 비중이 내 감당 한도(멘탈·재무 기준) 이내인가?

현금 비중을 최소 20~30% 유지해 기회자금을 확보하고 있는가?

섹션 2. 리스크 관리 3원칙 요약

구분	비중(%)	목표수익률
손실 라인 설정	손실 한도를 정해 감정 개입없이 청산	→진입전 '최대 손실 %'를 명문화한다
레버리지 최소화	고배율일수록 청산 위험도 상승	→배율 3배 이하, 총 투자금 10% 이내 제한
분할 진입·청산	불확실성을 줄이는 구조적 대응	→전체 진입/청산을 3회 이상으로 나눈다

섹션 3. 감정과 심리 관리 실습

• **나의 투자 감정 일기**

(하루 거래 후 다음 질문에 답해보세요.)

· 오늘 시장을 바라볼 때 가장 크게 느낀 감정은?

→ (탐욕 / 불안 / 확신 / 혼란 / 냉정 중 선택)

· 감정이 매매 판단에 영향을 미쳤는가?

→ (예 / 아니오) 구체적으로 어떻게?

오늘의 리스크 관리 점수 (1~10점): (   ) 점

· 내일은 어떤 마음으로 시장에 접근할 것인가?

→ (예: 확률적 사고 / 작은 손실 감수 / 분할 진입 유지 등)

"투자에서 진짜 손실은 돈이 아니라 마음을 잃는 것이다."

섹션 4. 나만의 생존 비율표

'수익률'이 아니라 '생존율'을 설계하라.

구분	목표	점검
일일 손실 한도	총 자산의 (%)	☐ 초과 시 자동 거래 중단
레버리지 상한	최대(배)	☐ 초과 진입 금지
손절 기준	진입가 대비(%)	☐ 자동 손절 실행 여부
분할 횟수	(회)	☐ 계획에 따라 실행 중인가
현금 비중	(%)	☐ 유동성 확보 여부
감정 기록	1일 1회	☐ 감정-행동 관계 파악 중

섹션 5. 나의 리스크 관리 선언문

"나는 수익보다 생존을 우선한다." 나는 감정이 아닌 원칙으로 거래한다.

손절은 패배가 아니라 생존이다. 시장을 통제하려 하지 않고, 나 자신을 통제한다.

리스크 관리는 나의 철학이며, 돈보다 마음을 먼저 지킨다.

(서명) _____

(날짜) _____

독자에게 전하는 핵심 메시지
— 생존을 넘어, 삶의 태도로서의 리스크 관리

돈을 지킨다는 것은 단순히 자산을 보호하는 일이 아닙니다. 그것은 나 자신을 지키는 일, 즉 혼란의 시대 속에서도 마음의 중심을 잃지 않는 일입니다. 시장은 늘 변덕스럽고, 내일의 방향은 누구도 정확히 알 수 없습니다.

그러나 그 불확실한 흐름 속에서도 우리가 붙잡을 수 있는 단 하나의 닻이 있습니다.
그것은 바로 '나의 원칙'입니다. 원칙은 바다 위의 등대와도 같습니다. 가격의 파도는 끊임없이 출렁이지만, 그 등대가 꺼지지 않는 한 우리는 길을 잃지 않습니다.

어두운 밤바다를 항해하는 선장이 별빛 대신 등대를 바라보듯, 투자자 역시 시장의 소음 속에서 자신의 원칙을 바라보며 방향을 잡아야 합니다. 리스크 관리는 단순한 기술(skill)이 아닙니다. 그것은 태도이자 철학(philosophy)이며, 나아가 자기 통제의 예술(art of self-discipline)입니다.

숫자를 다루는 일처럼 보이지만, 본질은 마음을 다루는 일입니다.
시장의 변동성은 우리 바깥에서 일어나지만, 그 파도에 휩쓸릴지 아니면 균형을 유지할지는 오직 내면의 힘에 달려 있습니다.

돈을 관리한다는 것은 결국 마음을 관리하는 일입니다.

마음을 다스릴 줄 아는 사람만이 공포 속에서도 평정(平靜)을 유지하고, 탐욕 속에서도 절제할 수 있습니다. 그렇게 마음을 지킨 자만이 시간을 이기고, 시간을 이긴 자만이 비로소 진정한 부(富)를 얻게 됩니다.

"리스크 관리란, 돈이 아니라 자신과의 약속을 지키는 일이다."

시장의 파도는 날마다 달라지지만, 나의 등대 — **원칙·절제·균형** — 은 언제나 같은 자리에서 빛나고 있습니다. 그 빛을 잃지 않는 한, 우리는 어떤 폭풍 속에서도 방향을 잃지 않습니다.

결국 투자의 목적은 돈을 불리는 것이 아니라, 변동 속에서도 흔들리지 않는 자신을 만들어 가는 과정입니다.

02 블랙스완에 대비하는 시나리오 플래닝
— 예측이 아닌, 대비로 살아남는 힘

2020년 코로나 팬데믹, 2022년 루나·테라 붕괴….

코인 시장은 언제나 예측할 수 없는 사건에 의해 요동쳤습니다. 이런 사건을 우리는 '블랙스완(Black Swan)'이라고 부릅니다.

그리고 한 가지는 분명합니다. 블랙스완은 반드시 다시 찾아온다. 문제는 '올까?'가 아니라 '언제, 어떤 형태로 올 것인가?'입니다. 그렇기에 진정한 투자자는 늘 예측이 아닌 대비의 사고방식을 가져야 합니다.

1. 초(超)불확실성의 시대 — 또 블랙스완이 온다

우리가 사는 세상은 그 어느 때보다 예측이 어렵습니다.

경제, 기술, 정치, 기후, 전쟁까지— 모든 것이 동시에 연결되고, 동시에 흔들리는 초(超)불확실성의 시대입니다. 역사는 언제나 예상치 못한 충격으로 균형을 깨뜨려 왔습니다.

2008년 글로벌 금융위기.

2020년 코로나 팬데믹.

2022년 루나·테라 붕괴…

이 사건들은 그 누구도 정확히 예측하지 못했습니다.

하지만 세상은 멈추지 않았고, 시장은 다시 새로운 질서를 만들어 갔습니다. '블랙스완'은 드문 예외처럼 보이지만, 사실 시장은 언제나 그런 위험을 내포하고 있습니다.

단지 우리가 평온한 시기에는 그 가능성을 '잊고 있을 뿐'입니다. 불확실성은 예외가 아니라, 시장의 본질입니다. 그래서 중요한 질문은 "위기가 올까?"가 아니라 "그 위기가 올 때 나는 어떤 준비가 되어 있는가?"입니다.

2. 예측보다 중요한 것 — 시나리오로 대비하라

현명한 투자자는 미래를 맞히려 하지 않습니다. 대신 다양한 가능성을 시나리오(Scenario)로 미리 그려봅니다. 그들은 '무엇이 일어날까?'를 고민하기보다 '무엇이 일어나더라도 어떻게 대응할 것인가?'를 연습합니다.

이것이 바로 시나리오 플래닝(Scenario Planning)입니다.

즉, 미래를 예언하는 것이 아니라, 예측할 수 없는 변동 속에서도 유연하게 움직이는 힘을 기르는 훈련입니다. 시장에는 언제나 변수가 존재합니다.

하지만 시나리오를 준비한 투자자는 예상치 못한 상황에서도 감정이 아닌 원칙과 구조로 대응합니다. 그들에게 투자란 점을 맞히는 퀴즈가 아니라, 변화 속에서 방향을 잃지 않는 항해의 기술입니다.

3. 블랙스완을 기회로 바꾸는 힘

블랙스완은 누구에게는 재앙이지만, 준비된 사람에게는 전환의 기회가 됩니다. 혼란 속에서도 자신이 세운 원칙과 대응 시나리오가 있다면, 위기는 곧 새로운 질서를 만드는 출발점이 됩니다.

"예측은 불가능하지만, 대비는 가능하다."
블랙스완은 언제나 찾아오지만, 준비된 사람에게 그것은 재앙이 아니라 기회가 된다. 시장은 결코 완벽히 통제할 수 없습니다.

그러나 자신의 대응력과 사고의 유연성은 통제할 수 있습니다. 진정한 투자는 '미래를 아는 자'의 게임이 아니라, '미래에 대비한 자'의 생존기술입니다.

현용수 교수의 생각, "시나리오 플래닝은 예언이 아닌 내면의 훈련이며, 블랙스완에 흔들리지 않는 마음의 준비이다."

■ 블랙스완에 대한 실전 철학 -시나리오의 3단계 사고법
"시장은 예측할 수 없지만, 나는 대응할 수 있다."

■ 낙관적 시나리오
시장이 상승할 때를 가정합니다. 이때는 수익을 극대화하기보다 과열을 경계하는 냉정함이 필요합니다. 상승이 길어질수록 위험은 눈에 보이지 않는 곳에서 자랍니다.

■ 중립적 시나리오

시장이 횡보할 때를 가정합니다. 이 시기에는 거래를 줄이고 공부·관찰·데이터 수집에 집중합니다. 조용한 시장일수록 내 실력을 키우는 시간입니다.

■ 비관적 시나리오

위기나 급락을 가정합니다. 이때는 현금·스테이블코인 비중을 확대하고 손실을 줄이는 구조적 대응을 준비합니다. 공포 속에서도 냉정함을 유지한 사람이 다음 사이클의 주인공이 됩니다.

■ 경제적 관점 — 위기는 불확실성의 '가격'이다

시장에는 언제나 위험이 내재된 프리미엄(Risk Premium)이 있습니다. 이것은 불확실성을 감수하는 자에게 주어지는 보상입니다. 따라서 블랙스완은 단순한 재앙이 아니라, 시장의 균형이 재조정되는 과정으로도 볼 수 있습니다.

즉, 위기를 두려워하기보다 그 속에서 새로운 구조적 기회를 찾아야 합니다. 경제적 안목이란 결국, 공포 속에서도 다음 질서의 씨앗을 볼 수 있는 능력입니다.

■ 철학적 관점 — 예측 대신 겸손, 통제 대신 유연함

블랙스완은 인간의 통제 욕망을 시험하는 사건입니다. 우리는 세상을 완벽히 예측할 수 없고, 시장 또한 우리의 계획을 따라 움직이지 않습니다.

그래서 지혜로운 투자자는 '예측의 확신' 대신 겸손의 태도를 선택합니다. "모른다"는 것을 인정할 때, 비로소 모든 가능성에 대비할 수 있는 마음의 공간이 열립니다.

"예측은 오만의 기술이지만, 대비는 겸손의 지혜다."

■ 심리적 관점 — 불안의 파도 위에서 중심 잡기

위기가 닥치면 사람은 두 가지 감정 사이에서 흔들립니다. 하나는 '두려움', 또 하나는 '부정'입니다. 두려움은 현실을 과장하고, 부정은 위험을 무시합니다.

시나리오 플래닝은 이 두 감정의 균형을 잡아주는 심리적 안전장치입니다.

미리 여러 경우의 수를 그려두면 실제 위기 상황에서도 패닉이 아닌 계획된 대응이 가능합니다. 즉 계획은 두려움을 줄이고, 두려움을 통제하는 힘은 내면의 평정(平靜)을 만들어 줍니다.

[보충 해설]
— 블랙스완이 주는 세 가지 교훈

1. 모든 확신은 잠정적이다

시장은 결코 완전하지 않습니다. 오늘의 질서가 내일의 혼란으로 바뀌는 데는 단 하루면 충분합니다. 모든 확신은 언제나 잠정적이며,

불확실성을 전제로 한 사고가 곧 생존의 시작입니다.

세상은 늘 변하고, 시장의 질서는 언제든 무너질 수 있습니다. 따라서 진정한 지혜란 '확신'을 가지는 것이 아니라, 언제든 변할 수 있다는 사실을 받아들이는 태도입니다.

2. 위험은 눈에 보이지 않는 곳에서 자라고 있다

진짜 위기는 언제나 조용히 자랍니다. 평온함이 길어질수록 사람들은 방심하고, 방심은 위험의 씨앗이 됩니다. 시장이 조용할수록 대비의 강도를 높여야 합니다.

겉으로는 잔잔한 호수처럼 보여도, 그 밑에서는 이미 거대한 흐름이 움직이고 있을지 모릅니다. 경계심을 잃은 순간 우리는 그 흐름에 휩쓸립니다. 따라서 현명한 투자자는 '고요함'을 안정으로 착각하지 않습니다.

그는 침묵 속에서도 변화의 진동을 감지하며, 위험이 보이지 않을 때일수록 더 철저히 대비합니다.

3. 예측 감정으로 이길 수 없습니다.

공포보다 구조, 감정보다 시스템, 탐욕은 인간의 본능이지만, 그 본능을 다스리지 못하면 시장의 변동성에 휘둘릴 뿐입니다. 따라서 불확실성 속에서는 감정이 아니라 구조, 직감이 아니라 시스템이 필요합니다.

미리 준비된 시나리오와 원칙이 있다면, 두려움은 곧 이성적인 판단으로 전환됩니다.

준비되지 않은 사람은 공포 속에서 본능적으로 반응하지만, 준비된 사람은 공포 속에서도 계획대로 행동합니다.

결국 위기를 통제하는 힘은 예측이 아니라 시스템화된 사고와 반복된 훈련에서 나옵니다.

■ 독자에게 전하는 철학적 울림

'블랙스완'은 단지 금융의 개념이 아닙니다.

그것은 인간의 오만함을 비추는 거울이기도 합니다. 우리는 세상을 이해했다고 믿지만, 역사는 언제나 그 믿음을 부수며 우리에게 묻습니다.

"너는 정말 준비되어 있는가?"

리스크 관리란 세상의 불확실성을 완전히 통제하는 일이 아닙니다. 오히려 그 불확실성과 함께 살아가는 법을 배우는 과정입니다.

파도를 막는 대신 그 위에서 균형을 잡는 법을 익히는 것, 그것이 이 시대 투자자의 새로운 생존 방식입니다.

결국 블랙스완은 재앙이 아니라 거울이다. 그것은 우리로 하여금 확신의 위험을 경계하고, 준비의 힘과 겸손의 가치를 다시 일깨워 준다.

03 보안 관리 - 거래소 위험과 개인지갑 전략
— 내 자산의 마지막 방어선은 결국 '나 자신'이다

거래소 해킹, 피싱 링크, 가짜 지갑 앱- 코인 투자자는 끊임없이 보안 리스크에 노출됩니다. 특히 코인은 분실하면 은행처럼 '재발급'이 불가능하기 때문에 보안 관리가 생존의 핵심입니다.

1. 보완은 스스로 지켜내자

우리는 흔히 수익률, 차트, 시장 전망에만 집중하지만, 실제로 코인 투자에서 가장 현실적이고 잔혹한 리스크는 '보안'입니다. 거래소 해킹, 피싱 링크, 가짜 지갑 앱, 사칭 메일, QR코드 피싱…. 디지털 자산의 세계에는 우리가 예상하지 못한 수많은 보이지 않는 함정이 숨어 있습니다.

특히 블록체인 자산은 은행처럼 재발급이나 복구가 불가능하다는 점에서 보안 실수는 곧 되돌릴 수 없는 손실로 이어집니다. 은행 계좌는 도난 시 '신분 확인'과 '재발급'으로 회복이 가능하지만, 코인은 그렇지 않습니다. 한 번 유출된 프라이빗키(개인키)는 영원히 되돌릴 수 없는 열쇠가 됩니다.

그 순간 당신의 자산은 눈앞에서 사라지고, 아무리 기술적으로 숙련된 사람이라도 되찾을 방법은 없습니다.

현용수 교수의 생각, "블록체인은 신뢰를 보장하지만, 보안은 스스로 책임져야 한다."

2. 거래소는 편리하지만, 동시에 가장 큰 위험 지대

대부분의 투자자는 거래소에 자산을 두고 매매합니다. 이는 '편리함'과 '속도'라는 장점이 있지만, 동시에 집중된 위험을 안고 있습니다. 거래소는 다수의 사용자가 한곳에 자산을 예치하기 때문에 해커에게 가장 매력적인 표적(Target)이 됩니다.

세계적으로도 유명 거래소의 대규모 해킹 사례가 반복되었고, 그때마다 수십억 달러 규모의 코인이 한순간에 사라졌습니다. 거래소는 기본적인 보안 조치를 취하지만, 그곳에 있는 코인은 법적으로 '내 소유'가 아니라 '거래소 명의의 보관 자산'입니다.

즉, 해킹이나 파산이 발생하면 법적 보호가 제한될 수 있습니다. 따라서 장기 보유 자산은 반드시 '개인 지갑'으로 옮겨 두는 것이 원칙입니다.

3. 개인 지갑은 '디지털 금고' — 하지만 관리 또한 나의 몫

코인 보안의 핵심은 '내 키(My Key)가 곧 내 돈(My Coin)'이라는 명제입니다.

거래소 = '남이 대신 열쇠를 쥐고 있는 금고.'

개인 지갑 = '내가 직접 열쇠를 쥐고 있는 금고'. 개인 지갑은 해킹에 상대적으로 강하지만, 그만큼 사용자가 실수할 위험도 존재합니다.

복구 문구(Seed Phrase)를 분실하거나 노출하면, 그 자산은 사실상 영원히 잃어버린 것과 같습니다. 따라서 개인 지갑은 단순히 설치만 하는 것이 아니라, '관리 시스템'을 스스로 설계해야 합니다.

복구 문구는 오프라인(예: 종이, 금속판 등)에 안전하게 보관하고, 절대 이메일이나 클라우드에 저장하지 않아야 합니다.

현용수 교수의 생각, "보안의 진짜 적은 해커가 아니라, 나의 방심이다."

■ **핵심 원칙**
· 거래소엔 최소 금액만 남겨둔다.
· 장기보유 코인은 반드시 콜드월렛으로 이동한다.
· 복구문구는 오프라인, 암호화된 형태로 보관한다.

◇ **실전 전략 – 단계별 자산 보안 구조**

구분	특징	추천 활용 방식
핫월렛 (Hot Wallet)	인터넷 연결 지갑 (예: 메타마스크)	소액, 일상 거래용으로만 사용
콜드월렛 (Cold Wallet)	오프라인 전용 하드웨어 지갑	장기보유용 / 해킹 위험 최소화
멀티시그 (Multi-Sig)	2개 이상 키로 승인해야 출금 가능	기업, 공동자산, 고액 보유자용
백업 시스템	복구문구·비상지갑·이중 인증	사고 대비 이중 보호체계

4. 보안의 심리적 관점 — 편리함과 안전 사이의 선택

보안은 결국 심리의 문제이기도 합니다. 사람은 본능적으로 '편리함'을 선택합니다.

"한 번 로그인으로 다 되니까 괜찮겠지"라는 안일함이 수많은 피해의 출발점이 됩니다. 하지만 코인 시장에서는 편리함이 곧 위험의 다른 이름입니다. 지갑을 관리한다는 것은 기술의 문제가 아니라, 자신의 탐욕과 게으름을 관리하는 일이기도 합니다.

현용수 교수의 생각, *"보안은 불편함을 감수하는 지혜에서 시작된다."*

5. 보안의 철학적 시선 — 책임이 곧 자유다

블록체인의 정신은 '탈중앙화'입니다. 이는 곧 누군가가 대신 책임져주는 세상이 끝났다는 뜻입니다. 이제는 모든 권한과 책임이 개인에게 귀속됩니다. 따라서 보안을 지킨다는 것은 단순히 돈을 지키는 일이 아니라, 자유를 유지하는 행위이기도 합니다.

"코인을 지키는 일은 나의 자유를 지키는 일이다. 기술은 나를 대신하지 않는다. 오직 내가 나를 대신할 뿐이다."

6. 결론적으로— 나의 자산, 나의 책임

디지털 자산의 시대에는 보안이 곧 생존력입니다. 시장은 수익으로 나를 시험하지만, 보안은 나의 성숙으로 나를 시험합니다.

현용수 교수의 생각, "수익은 시장이 주지만, 보안은 나만이 지킨다." '내 지갑의 키를 쥐고 있는 자가, 진짜 투자자다.'

04 세금 최적화와 합법적 투자법
— 세금은 벌금이 아니라, 시스템 속에서 살아남는 기술이다

코인 시장이 성숙해지면서 세금과 규제는 피할 수 없는 현실이 되었습니다.

세금을 피하려는 투자는 단기적으로 이익 같아 보여도, 장기적으로는 더 큰 리스크를 낳습니다.

합법적 투자와 세금 관리 역시 투자자의 '방패'입니다.

제목: 2026~2027년 가상자산 시장의 제도화 전환과 정책적 함의
부제: 기술 경쟁에서 제도 경쟁으로의 패러다임 이동

I. 서론 — 제도화의 문턱에서

지난 10여 년간의 가상자산 시장은 '기술의 실험장'이었다.

비트코인의 등장 이후 블록체인 기술은 탈중앙화·분산신뢰를 구현하며, 기존 금융질서에 도전했다. 그러나 그 혁신의 이면에는 사기, 해킹, 무규제 거래 등 구조적 취약성이 존재했다. 이제 시장은 실험을

넘어 제도적 통합의 시기(2026~2027)로 접어들고 있다. "이제 시장은 기술의 경쟁이 아니라, 제도의 경쟁으로 진입한다."

II. 본론 — 글로벌 제도화의 두 축

■ 한국의 과세제도 시행

한국 정부는 가상자산 양도·대여소득 과세를 2027년 1월 1일 시행하기로 확정하였다.

이는 단순한 세수 확보가 아니라, 가상자산을 주식·채권과 같은 금융자산의 범주로 공식 편입시키는 제도적 의미를 갖는다.

또한, 기본공제액 상향·신고의무 체계 정비 등을 통해 기존 금융과의 형평성을 도모하고 있다. (출처:「소득세법」개정안 및 기획재정부 보도자료, 2025.7)

■ OECD의 CRS 2.0 (CARF) 체제

OECD가 주도하는 Crypto-Asset Reporting Framework (CARF)는 기존 금융자산 자동정보교환제도(CRS)의 확장판이다.

2027년을 기점으로 140여 개국이 참여해 거래소·커스터디·지갑 사업자의 고객 거래 정보를 세무당국 간 자동 교환하게 된다.

이는 가상자산의 '익명성'과 '국경 없는 거래' 시대의 종언을 의미하며, 글로벌 자본 이동의 실시간 투명화를 촉진한다. (OECD, Crypto-Asset Reporting Framework Implementation Guide, 2024)

III. 논의 — 제도화의 경제사회적 함의

■ 시장 신뢰의 복원
불투명한 영역이 제도권으로 들어올 때 신뢰가 형성되고, 신뢰는 곧 장기적 가치 안정의 기반이 된다.

■ 투자자 역량의 전환
과거의 경쟁력은 기술 이해력에 있었으나, 이제는 제도 이해력·법적 구조 설계의 힘으로 이동하고 있다.

"세금 회피"가 아닌 세금 최적화(Tax Optimization),

"편법"이 아닌 합법적 구조(Legal Structuring)가 새로운 투자 언어가 된다.

■ 규제의 글로벌 동조화
CARF와 DAC8 등은 국경 간 세무정보의 일원화를 촉진하며, 국가 간 조세 회피 구조를 근본적으로 차단한다.

이는 금융시장 질서의 '국가 단위 → 글로벌 단위' 전환을 상징한다.

IV. 결론 — 새로운 질서의 서막

제도화는 억압이 아니라 성숙의 징표이다. 규제는 시장의 창의성을 막는 것이 아니라, 신뢰 가능한 성장의 토대를 세우는 장치이다.

"과거에는 기술이 시장을 이끌었지만, 미래에는 제도가 시장을 지탱한다."

2026~2027년은 단순한 과세 개시의 시기가 아니라, 가상자산이 법과 제도의 질서 속에서 '공인된 금융시스템'으로 자리 잡는 역사적 전환점이 될 것이다.

■ 주제: 2026~2027 가상자산 제도화 시기
― 투자자 대응 시나리오

◇ 핵심 요약

항목	주요 내용
시기	2026~2027년 제도화 본격화
한국 정책	2027.1.1.부터 가상자산 양도·대여소득 과세 시행
글로벌 제도	OECD CARF (Crypto-Asset Reporting Framework) 2027년 자동정보교환 시작
핵심 변화	익명성 → 투명성, 무규제 → 제도권 편입
투자자 영향	세금 회피 불가 → 합법적 구조 설계·세금 최적화 필수

2. 제도 변화의 의미

코인 시장은 기술 중심의 초기 단계를 지나, 정책·법·투명성 중심의 성숙 단계로 진입 중이다. 거래소·커스터디·지갑 간 정보가 국가 간 세무당국에 자동 공유됨으로써 실질적인 글로벌 금융자산 통합 체계가 형성된다.

현용수 교수의 생각, "익명성 기반 시장"은 사라지고, '투명성 기반 신뢰시장' 으로 재편된다.

◇ 투자자 전략 방향

구분	과거(기술 중심)	미래(제도 중심)
투자 기준	가격·유행	법·세제·규제 대응
목표	수익 극대화	리스크 최소화·합법적 구조
핵심 역량	차트 해석력	제도 이해력+법적 설계력
전략 키워드	DeFi, 혁신	Tax Optimization, Legal Structuring

4. 시사점 및 대응 전략

제도 이해력 강화/세법·거래소 등록 규제·AML·해외 이전 규정 숙지→ "법을 모르기 때문에 생기는 리스크"를 차단해야 한다.

리스크 관리 체계화/과세·해외 자산 신고·회계 인식 등 내부통제 강화한 후, 단기 트레이딩 중심 → 구조적 포트폴리오 운영으로 전환한다.

투명성 기반 신뢰 확보/제도화는 단기 위축을 가져올 수 있으나 장기적으로는 시장 신뢰도를 높이고 기관투자자의 유입을 가속화시킬 것이다.

현용수 교수의 생각, "미래의 시장은 수익률로 나누어지지 않는다. 제도를 이해하는 자와 그렇지 못한 자로 나뉠 것이다."

▣ 요약 해설 — 독자를 위한 이해 포인트

• 2027년부터 한국은 가상자산 소득 과세를 시작합니다.
→ 개인의 양도·대여소득은 기타소득 항목으로 분리과세 예정(기본공제 250만 원, 세율 20%).
• OECD의 CARF(디지털자산 정보교환체계)가 병행 시행됩니다.
→ 주요국 간 거래소 정보 자동 공유 → 해외거래소 이용자도 과세망 안으로 편입.

결과적으로 거래 기록은 '익명'이 아닌 '자동 보고'로 전환하고, 불법·탈세보다 합법·효율적 구조 설계가 투자자의 생존 전략→ 세금 이해는 단순한 법적 의무가 아니라, 글로벌 금융 리터러시의 기본소양이 되어야 합니다.

▣ 사실관계 점검 요약

한국은 가상자산 양도·대여소득 과세 시점을 2027년 1월 1일로 연기한 상태입니다.

OECD, Binance, Dentons Lee, Korea Times, regnology.net, Deloitte, ifcreview.com

이 개정에서는 연 2,500만 원 수준의 기본 공제액을 대폭 상향하고, 과세 체계를 전통 금융자산과 유사하게 정비하는 내용이 포함되어 있다고 알려져 있습니다.

OECD 주도의 Crypto-Asset Reporting Framework (CARF) 및 유럽의 연계법인 DAC8는 여러 국가들이 채택을 약속한 제도이며, 첫 번째 자동정보교환은 2027년에 이루어질 것으로 예상되고 있습니다.

특히 DAC8이 EU 회원국에서 2026년 발효되고, 2027년에 첫 신고가 이루어질 전망이라는 설명도 여러 전문기관 보고서에 나와 있습니다.

한국 정부쪽에서는 CARF 관련 국내 규정 정비 작업이 진행 중이며, 한국이 CARF 체제 하에 자료 교환을 2027년부터 시작할 것이라는 보도도 존재합니다.

따라서 귀하의 원본 취지인 "2026~2027년이 제도화 전환기이며, 앞으로는 제도 이해력과 구조 설계 역량이 중요하다"는 주장은 현재 알려진 정책 흐름과 비교하면 타당한 전망이라 할 수 있습니다.

다만 "모든 거래소 간 송금 정보가 실시간 공유된다"는 표현은 다소 과장일 수 있으며, 실제로는 자동정보교환 체제(AEOI: Automatic Exchange of Information) 하에서 정해진 신고체계와 주기적 정보 교환이 이루어지는 방식이 될 가능성이 높습니다.

▣ 세금은 시장의 '언어'다

세금은 단순한 의무가 아니라, 국가와 투자자가 신뢰를 주고받는 언어입니다. 우리가 제도권 안에서 자유롭게 거래하고, 법적 보호를 받을 수 있는 이유는 이 시스템이 존재하기 때문입니다.

세금은 '벌금'이 아니라 합법적 참여의 증표입니다. 시장 속에서 오래 살아남고자 한다면 세금의 구조를 이해하고 현명하게 설계하는 것이 투자자에게 필요한 또 하나의 전략적 리터러시입니다.

현용수 교수의 생각, "똑똑한 투자자는 수익을 숨기지 않고 구조로 설계한다."

■ **피하는 세금이 아니라, '준비하는 세금'을 설계하라**

단기적으로 세금을 피하면 수익이 커 보입니다. 하지만 그것은 법적 리스크라는 시한폭탄을 품는 일입니다. 특히 2027년 이후 모든 국내 거래소는 거래내역 자동보고 시스템을 의무적으로 적용받게 되며, 해외 거래소 역시 OECD 협약에 따라 국가 간 정보교환이 이루어집니다.

즉, "걸릴까 봐"가 아니라 "기록이 남을 수밖에 없는 구조"로 바뀝니다. 따라서 투자자는 기록·보고·신고의 3단계 구조를 이해하고 처음부터 거래의 흔적을 투명하게 관리하는 습관을 가져야 합니다.

현명한 투자자는 '세금 회피'가 아니라 '세금 최적화'를 고민합니다. 이는 불필요한 중복 과세를 줄이고, 합법적 공제와 비용 처리를 통해 수익을 효율적으로 지키는 전략적 행위입니다.

"세금은 피할 대상이 아니라, 이해하고 활용해야 할 시장의 언어다."

◇ 실전에서 기억할 세 가지 원칙

구분	개념	실행 전략
기록 관리	거래 내역·원가·손익 기록은 세금의 출발점	거래소 기록 + 개인 백업 + 체인 스냅샷 동시 관리
시기 관리	과세 시작 연도(2027년 기준)와 신고 주기 숙지	손익 인식 시점·거래일 기준 분리 기록
구조 설계	합법적 절세는 '형식이 아닌 내용의 정합성	해외거래 NFT·스테이킹 보상 등 세법상 구분 정확히 이해

"세금은 나중에 생각할 문제가 아니라, 처음 거래할 때부터 함께 설계해야 하는 시스템이다."

■ **세금에 대한 철학적 관점 — '투자의 자유'에는 '책임의 무게'가 따른다.**

가상자산 시장은 본질적으로 자유와 탈중앙화의 상징입니다. 하지만 자유에는 언제나 책임의 무게가 따라옵니다. 세금을 회피하려는 마음은 단기적 욕망에서 비롯되지만, 그 결과는 장기적으로 신뢰의 붕괴로 이어집니다.

합법적 투자란 단지 법을 지키는 행위가 아니라, 시장 전체의 신뢰 구조를 함께 세워가는 일입니다. 법과 제도는 투자자를 억누르는 벽이 아니라, 시장이 성숙할 수 있도록 세워진 안전한 울타리입니다. 그 울타리 안에서 전략적으로 움직이는 것이 진짜 지혜입니다.

"세금은 나를 구속하는 게 아니라, 내가 자유롭게 움직일 수 있도록 만들어주는 질서이다."

■ 세금에 대한 심리적 관점 — 불안이 아닌 투명함으로 평온을 얻어라

많은 투자자는 세금 이야기를 들으면 불안해합니다. '걸릴까 봐', '내 기록이 남을까', '세무조사를 당하면 어쩌나'… 하지만 투명함은 불안을 없애는 가장 강력한 심리적 방패입니다.

모든 거래를 기록하고, 정직하게 신고하는 투자자는 불안 대신 자신감을, 혼란 대신 확신을 얻습니다. 이것이 바로 심리적 평정의 세금 관리법입니다.

2026년을 전후해 세무 인프라가 정비되면, 정부는 탈세자보다 투명하게 신고하는 투자자에게 신뢰 인센티브를 부여할 가능성이 높습니다. 즉 "투명한 투자자"가 제도 속에서 더 큰 기회를 얻는 구조로 바뀌게 됩니다.

"투명함은 최고의 방패이자, 제도권 안에서 신뢰를 얻는 유일한 무기다."

■ 결론적으로— 세금 관리도 투자 전략의 일부다

리스크 관리가 자산의 방어선이라면, 세금 관리와 합법적 투자법은 제도 속에서 살아남는 기술입니다.

2027년 이후의 시장은 단순히 가격 변동이 아니라 제도와 신뢰, 보고 체계 속에서의 경쟁으로 재편될 것입니다. 이제 투자자는 단순한 수익 추구자가 아니라 자신의 거래를 설계하고 제도를 이해하는 하이브리드 전략가가 되어야 합니다.

"세금을 아는 자가 진짜 투자의 주체가 된다." 세금은 나를 묶는 사슬이 아니라, 내가 자유롭게 움직일 수 있는 투명한 무대의 규칙이다.

■ **요약 문장 – 책 속 명언**

"2027년 이후, 코인 시장은 단순한 기술의 경쟁이 아니라 '투명성의 경쟁'이 된다. 제도를 이해하는 투자자만이 불확실성 속에서도 평온하게 살아남는다."

Part 3
미래 전망과 투자자의 길

BITCOIN REUM

　인류의 경제사는 언제나 '도구의 혁신'이 '가치의 전환'을 이끌어온 역사였습니다. 증기기관이 노동의 개념을, 전기가 산업의 형태를, 인터넷이 정보의 흐름을 바꿨듯, 이제 AI·메타버스·블록체인의 융합은 '화폐의 본질' 자체를 다시 쓰고 있습니다.

　지금 우리가 마주한 변화는 단순한 기술 진보가 아닙니다. 이것은 경제의 언어가 바뀌고, 신뢰의 방식이 재정의 되는 문명적 변곡점입니다. 화폐의 형태가 바뀌면, 인간의 경제 행동도, 나아가 사회의 질서도 바뀝니다.

　AI는 판단을 자동화하고, 메타버스는 공간을 확장하며, 블록체인은 신뢰를 구조화합니다. 이 세 축이 하나로 맞물릴 때, 새로운 부의 질서(New Order of Value)가 형성됩니다. 그러나 그 질서 안에는 기회와 위기가 동시에 존재합니다.

9장

다가오는 기회와 위기

01. AI·메타버스·블록체인의 융합 투자 포인트
02. 산업별 코인 활용 — 게임·교육·치유·금융
03. 국가별 CBDC 도입과 새로운 기회
―위협이 아니라 '지형 변화'. 돈의 지도가 바뀌면 길도 달라진다
04. 2030년 코인 시장 시나리오
-화폐 형태가 바뀌면, 인간의 경제의식도 바뀐다

— 기술과 인간, 그리고 새로운 경제의 문턱에서

다가오는 2030년, 세계는 세 가지 상이한 방향으로 진행되며, 그에 따른 제도 법 그리고 사회의 변화가 나누어 질 수 있습니다.

시나리오 1. 디지털 패권전쟁 — 국가 주도의 CBDC가 세계 금융을 장악하는 시대,
시나리오 2. 공동체 분산형 — 개인이 금융의 주체로 부상하는 분산경제의 시대,
시나리오 3. 혼합형 — CBDC와 민간 코인이 공존하며 균형을 이루는 이중 구조의 시대.
이 장은 바로 그 세 가지 가능성의 교차점에서, 미래의 코인 시장이 어디로 흘러갈지, 그리고 우리가 그 속에서 어떤 기회를 잡고, 어떤 위기를 경계해야 하는지를 탐구합니다.

"기술이 세상을 바꾸는 것이 아니라, 그 기술을 어떻게 사용하는가가 세상을 바꾼다."
다가오는 2030년의 경제는 선택의 결과이다. 그 선택은 국가가 아닌 개인, 제도가 아닌 신뢰, 그리고 기술이 아닌 철학에서 시작된다.

01 AI · 메타버스 · 블록체인의 융합 투자 포인트

4차 산업혁명이라 불리는 기술 혁신의 흐름 속에서 블록체인은 단순한 금융 기술을 넘어 AI·메타버스와의 융합을 통해 새로운 경제 질서를 만들어가고 있습니다.

예를 들어, AI가 생성한 디지털 아트가 NFT로 발행되고 메타버스 공간에서 거래되는 것은 더 이상 공상과학이 아니라 현실입니다.

이 세 기술이 만나면 "창작·소유·거래"의 경계가 무너지는 새로운 시장이 열립니다.

1. 현재와 미래의 교차점 — 기술이 시장을 재구성한다.

우리는 지금 기술혁명의 정점에서 살고 있습니다. AI가 생각하고, 블록체인이 기록하며, 메타버스가 공간을 창조하는 시대 — 이 세 기술이 결합하면 '가상'과 '현실'의 경계는 사라집니다.

AI가 만든 음악과 그림은 NFT로 발행되어 블록체인에서 거래되고, 그 작품은 메타버스 공간의 전시관에서 전 세계인에게 감상과 구매의 기회를 제공합니다. 그 한 장면 속에는 세 개의 산업이 이미 하나의 생태계로 융합되어 있습니다.

AI는 창조와 자동화의 두뇌, 블록체인은 거래와 신뢰의 기반, 메타버스는 경험과 경제활동의 무대입니다. 이 조합은 단순한 유행이 아니라, 새로운 경제 질서(New Economic Order)의 시작입니다.

AI는 생산의 효율을 극대화하고, 블록체인은 가치 이전의 투명성을 확보하며, 메타버스는 인간의 사회적·감성적 욕구를 디지털로 확장시킵니다.

즉, 창작·소유·거래의 세 세계가 하나로 연결된 경제가 태어나고 있는 것입니다. 이곳에서는 '노동'이 아닌 '참여', '소유'가 아닌 '공유', '현실'이 아닌 '확장된 현실'이 자산의 새로운 형태로 등장합니다.

2. 인간과 공존 산업의 확장 — 기술이 아닌 '삶'의 혁명

AI·블록체인·메타버스의 융합은 단순히 산업의 확장을 넘어 인간의 일·삶·관계 방식 전체를 재구성하는 혁명을 불러옵니다.

AI와 함께하는 예술, 메타버스 기반 심리상담, 블록체인 인증 교육 등은 단순한 기술이 아니라 '사람의 경험'과 '신뢰의 구조'를 재창조하는 시장입니다.

■ 산업 패러다임의 이동 — "기술 중심"에서 "인간 중심"으로

AI·블록체인·메타버스의 융합은 단순히 산업 구조를 효율화하는 기술혁신이 아니라, "삶의 방식" 자체를 재편하는 인간 중심의 패러다임 전환입니다. 이 세 기술이 만들어내는 새로운 시장은 "효율과 생산"에서 "경험과 의미"로 중심이 이동합니다.

즉, 산업의 목적이 '상품 생산'이 아니라 '의미 있는 연결과 경험의 창출'로 바뀌고 있는 것입니다. 기술이 인간을 대체하는 것이 아니라

인간의 감정·상상력·의식의 영역을 확장시켜주는 공진화적 도구로 기능합니다.

🔲 주요 산업별 공존 혁명 사례

■ 헬스케어 산업 — "생명 데이터의 자기주권 시대"

AI는 환자의 생체 데이터를 실시간 분석하고, 블록체인은 그 데이터의 진위와 소유권을 보증합니다. 환자는 자신의 건강정보를 의료기관이 아니라 스스로 관리할 수 있게 되며, AI 주치의는 개인의 생활습관·유전정보·감정 상태까지 통합 분석합니다.

• 투자 시사점

"데이터 신탁형 헬스케어 플랫폼"이 부상(MyData+Blockchain+AI 진단)→ 개인 맞춤형 의약품·AI 식단·디지털 치료제 산업 급성장 → "헬스 NFT"를 통한 의료기록·보험 연계 플랫폼 MF 예상합니다.

미래의 병원은 '공간'이 아니라 '데이터 네트워크'이다.

■ 교육산업 — "배움의 주체가 개인이 되는 시대"

AI 튜터는 학습자의 성향·리듬·감정 데이터를 분석하여 맞춤형 학습 경험을 제공합니다. 학생은 메타버스 교실에서 전 세계 친구들과 협업 프로젝트를 수행하며, 학습 결과는 NFT 학습 인증서로 블록체인에 기록됩니다.

- **투자 시사점**

"AI 학습 파트너 + 블록체인 자격 인증" 플랫폼 확대→ Web3 기반 "공유학교(Shared School)" 개념이 확산되어 교육의 NFT화 가능성이 매우 높습니다. 즉 '학습 데이터 거래소', '교육 토큰 이코노미'의 탄생 가능성이 예측됩니다.

배움은 더 이상 제도의 영역이 아니라, 개인의 자산이 된다.

■ 예술·콘텐츠 산업 — "창조의 주체가 확장되는 시대"

AI는 창작을 돕고, 블록체인은 그 결과물의 소유권을 보증합니다. AI 화가, AI 작곡가, 가상 연예인, 디지털 패션 디자이너들이 메타버스에서 활동하고, 그 창작물은 NFT 자산으로 거래됩니다.

- **투자 시사점**

"AI × NFT × Creator Economy"→ 새로운 예술 시장의 폭발→ "AI 저작권·NFT 유통 플랫폼"이 차세대 엔터테인먼트 핵심→ 메타버스 공연, 디지털 패션, 아바타 브랜딩 산업이 확대됩니다.

인간의 예술은 '손의 기술'에서 '의식의 표현'으로 진화한다.

■ 노동시장 — "의미 중심의 일, 감정 중심의 경제"

AI가 단순 노동을 대체하는 시대, 즉 인간의 노동은 감성·창의·공감을 중심으로 재구성됩니다. '감정노동자(Emotion Worker)'와 '공동체 운영자(Community Curator)'가 경제의 핵심 역할을 하게 됩니다.

• 투자 시사점

'AI 코치', 'AI 감정 분석가', '디지털 멘토링 산업'이 성장하고, "Meaningful Work Platform", 즉 개인의 가치·감정을 기반으로 한 일자리 매칭 시장과 '디지털 공동체 경제' 기반 한 DAO(탈중앙 자율 조직) 형태의 일터가 확대됩니다.

노동의 목적은 생존이 아니라 '자기 실현'으로 진화한다.

■ 공존 산업의 경제 생태계 — Coexistence Economy

이 모든 산업의 교차점에는 "공존(Coexistence)"이 있습니다. AI가 데이터 기반의 효율성을 제공하고, 블록체인이 신뢰를 보증하며, 메타버스가 인간의 경험을 확장하는 구조 속에서 새로운 경제권이 형성됩니다.

이 경제권은 세 가지 특징을 가집니다.

구분	기존 산업사회	공존 산업사회
가치의 중심	생산성, 효율	공감, 경험, 신뢰
자산의 형태	물질, 통화	데이터, NFT, 인식 가치
거래의 방식	중앙집중, 법정화폐	탈중앙, 토큰화된 참여
핵심 행위자	기업	개인·공동체·AI
성장 논리	경쟁	협력·공진화

■ 투자지도의 변화 — '금융시장'에서 '의식시장'으로

이제 자본의 흐름은 단순히 수익률이 높은 산업을 향하지 않습니다. 그 방향은 점점 '의식의 확장'과 '공감의 연결'을 이끄는 산업으로 이동하고 있습니다. 즉 돈이 머무는 곳이 바뀌는 것이 아니라, 돈이 의미를 찾는 방식이 달라지고 있는 것입니다.

■ 투자 중심축 이동

과거(전통 경제): 제조업과 부동산 중심의 실물 산업 / 현재(디지털 경제): 플랫폼·데이터를 기반으로 한 연결 산업 / 미래(통합 지능경제): AI·블록체인·의식 산업이 결합된 신뢰경제 등.

앞으로의 산업 구조는 기술의 진보뿐 아니라 인간의 의식 수준과 공감 능력에 의해 결정될 것입니다. AI는 효율을, 블록체인은 신뢰를, 메타버스는 경험을 확장합니다. 이 세 요소가 결합하면서 자본은 점점 '지능+의식' 산업으로 이동하고 있습니다.

■ 자산 구조의 재편

기존의 실물 중심 자산 구조는 빠르게 디지털 신뢰자산(Trust Assets) 중심으로 전환되고 있습니다. 이는 단순한 디지털화가 아니라 '소유'에서 '신뢰'로, '독점된 정보'에서 '데이터 주권(Data Sovereignty)'으로 나아가는 거대한 패러다임 전환입니다.

과거: 자산의 가치 = 물리적 희소성 / 현재: 자산의 가치 = 정보의 독점 / 미래: 자산의 가치 = 신뢰와 참여의 수준

■ **투자자 역할 변화**

투자자는 더 이상 단순한 자본 제공자(Investor)가 아닙니다. 이제는 참여형 창조자(Prosumer + Co-creator)로 진화하고 있습니다. 투자는 단순히 '돈을 넣는 행위'가 아니라 생태계에 기여하고 방향을 함께 만들어가는 과정이 되고 있습니다.

DAO(탈중앙자율조직), 스테이킹, 거버넌스 토큰 등은 '소유'보다 '참여의 가치'를 높이는 구조입니다. 이 구조 속에서 투자 행위는 단순한 거래가 아니라 신뢰 생태계의 일부가 되는 경험으로 확장됩니다.

■ **향후 5~10년의 투자지도 예측**

영역	핵심 성장 산업	주요 키워드	투자 포인트
AI융합 헬스케어	AI 진단, 디지털 치료제, 블록체인 헬스 데이터	MyData, BioNFT	건강 데이터의 자산화
교육/러닝테크	AI 튜터, 학습 NFT, 글로벌 공유학교	Learn-to-Earn	지식의 토큰화
콘텐츠/예술	AI 창작, NFT 저작권, 메타버스 공연	Creator Economy	감성·창조 산업
감정·의식 산업	명상 AI, 정신건강 메타버스, 의식 코칭 DAO	Conscious Economy	정신·심리 자산 시장
공존경제 플랫폼	DAO, 커뮤니티 토큰, ESG +Web3 거버넌스	Trust Network	사회적 자본화

결론적으로 기술은 도구, 인간은 방향, 즉 AI·블록체인·메타버스의 결합은 인간을 소외시키는 기술이 아니라, '인간다움을 회복시키는 도구'로 진화하고 있습니다.

기술은 더 이상 목적이 아니라 인간의 의식과 삶을 확장시키는 수단이 되고 있으며, 투자자는 단기 변동보다 "기술이 인간의 삶에 어떤 질문을 던지는가?"에 주목해야 합니다. 그 질문에 대한 답이 바로 미래 시장의 좌표가 될 것이기 때문입니다.

현용수 교수의 생각, *"기술의 혁명은 끝났지만, 인간의 혁명은 이제 시작이다."*

3. 코인과 AI 패권전쟁 — 기술의 힘, 국가의 전략

- **인공지능과 블록체인, 이제는 국가의 게임이 되다**

AI와 블록체인의 결합은 더 이상 기업 간 기술 경쟁이 아닙니다. 이제는 국가의 미래를 걸고 벌어지는 '디지털 패권 전쟁'이 되었습니다.

과거의 패권이 석유와 군사력에 달려 있었다면, 지금의 패권은 "데이터와 신뢰"에 달려 있습니다.

AI는 '생각하는 두뇌', 블록체인은 '기록하는 기억'입니다. 이 두 기술을 얼마나 잘 결합하느냐가 한 나라의 경제력과 사회 신뢰의 수준을 결정하게 됩니다.

AI는 정보를 학습하고 예측을 하지만, 그 기반이 되는 데이터가 조작된다면 아무리 뛰어난 AI라도 오류를 냅니다.

그래서 블록체인이 필요합니다. 블록체인은 데이터를 '투명하게 기록하고 검증'해 AI가 믿을 수 있는 정보 위에서 작동하도록 도와줍니다. 결국 AI 시대의 경쟁은 단순한 기술 싸움이 아니라 "누가 데이터를 신뢰할 수 있게 만들고, 누가 그 데이터를 통제할 수 있느냐"의 싸움입니다.

■ 세계는 지금 기술의 각축장

• 미국 — AI의 본고장, 데이터의 제국

미국은 오픈AI, 구글, 마이크로소프트 등 세계 AI 산업의 심장부를 갖고 있습니다. 이들은 전 세계 인터넷과 SNS, 검색, 쇼핑 데이터를 통해 인간의 행동 패턴을 학습시켜 AI를 발전시켜 왔습니다. 미국은 기술력뿐 아니라 데이터 접근권에서 절대적 우위를 가지고 있습니다.

그래서 미국은 AI를 금융, 의료, 교육, 예술 등 모든 영역에 적용하며 'AI가 움직이는 사회'를 빠르게 현실로 만들고 있습니다. AI를 제어하기 위한 블록체인 기반 보안·인증 기술도 함께 성장하고 있습니다.

• 중국 — 디지털 위안화와 국가가 설계하는 AI 사회

중국은 "AI와 블록체인을 국가 통제의 도구"로 사용합니다. AI는 시민들의 이동, 소비, 행동 데이터를 수집하고, CBDC(디지털 위안화)는 이 데이터를 금융 흐름과 연결합니다. 덕분에 중국 정부는 경제와 사회를 실시간으로 모니터링할 수 있습니다.

이 모델은 효율적이지만 개인의 자유와 프라이버시 측면에서 논란이 큽니다. 즉 "편리함과 통제" 사이의 줄타기를 하고 있는 셈입니다.

• 유럽 — 기술보다 '가치'를 중시하는 나라들

유럽연합(EU)은 속도 경쟁보다는 윤리와 안전을 선택했습니다.

"AI가 인간을 넘어서는 일이 생기면 안 된다"는 원칙 아래, AI의 투명성과 설명 가능성을 법으로 규제하고 있습니다.

데이터 역시 GDPR이라는 강력한 개인정보보호법으로 관리합니다. 유럽은 '신뢰'와 '책임'을 경제의 중심 가치로 삼고 있습니다. 그래서 투자자들도 단기 성과보다는 "윤리적 기술"을 중시합니다.

• 한국 — 제도화와 혁신 사이에서 균형 잡기

한국은 기술 응용력이 뛰어난 나라입니다.

디지털자산기본법을 통해 블록체인을 제도권에 편입시키고, AI 산업도 국가전략사업으로 지정했습니다. 특히 한국은 헬스케어, 교육, 콘텐츠, 반도체 등 AI와 블록체인이 실질적으로 연결되는 산업 기반이 강합니다.

'빠른 제도화'와 '빠른 기술 적용'이라는 두 장점을 살려 동아시아형 기술모델을 만들어 가고 있습니다.

■ 데이터가 새로운 석유, 신뢰가 새로운 화폐다

21세기에는 석유보다 귀한 것이 있습니다. 그것이 바로 데이터(Data)입니다.

AI가 데이터를 통해 학습하고 판단하기 때문입니다. 하지만 데이터는 '진실'해야 합니다. 조작된 데이터는 잘못된 결정을 낳고, 그 결과는 사회 전체의 신뢰 붕괴로 이어질 수 있습니다. 그래서 블록체인은 AI의 윤리와 신뢰를 지키는 안전장치로 부상하고 있습니다.

이제 데이터의 '양'보다 '질', 속도보다 '투명성'이 중요해지고 있습니다. 이 지점에서 블록체인은 "디지털 신뢰의 화폐"로 기능하게 됩니다.

■ 산업별 변화 — AI와 블록체인의 공생

산업	AI의 역할	블록체인의 역할	변화의 방향
금융	거래·투자 분석	거래기록의 투명성	신뢰금융(Trust-Fi)으로 발전
헬스케어	환자 진단·예측	의료데이터 보안·관리	개인 의료데이터 자산화
교육	개인 맞춤형 AI 수업	학습 성취 NFT 인증	학습데이터의 개인 소유화
행정	정책·행동 예측	전자투표·행정기록	투명행정·데이터 민주주의

이런 흐름이 이어지면, AI는 결정의 도구, 블록체인은 신뢰의 기반이 되어 사회 전반의 시스템이 완전히 새로 짜이게 됩니다.

■ 투자지도의 변화 — '코인 투기'에서 '신뢰 시스템 투자'로

불과 몇 년 전까지만 해도 투자자들의 관심은 비트코인, 이더리움처럼 "가격이 오르는 코인"에 집중돼 있었습니다. 하지만 앞으로의 흐름은 달라질 것입니다.

시장은 점점 "코인 그 자체"보다 "그 코인이 만들어내는 신뢰의 구조"에 주목하게 됩니다. 앞으로 10년, 주목해야 할 투자 흐름은,

- **AI + 블록체인 인프라 기업**

AI가 처리하는 데이터를 블록체인으로 검증·보호하는 산업→ AI 보안, 데이터 인증, AI 감사(Audit) 기술이 핵심 키워드입니다.

- **디지털 금융의 신뢰 시장 (CBDC·STO·DeFi)**

국가가 발행하는 디지털 화폐(CBDC), 기업이 토큰화해 발행하는 증권(STO), 탈중앙금융(DeFi)까지 모두 신뢰 인프라 위에 성장합니다.

- **헬스데이터·교육데이터 자산화 산업**

AI가 개인의 건강·학습 데이터를 분석하고, 블록체인이 이를 '본인 소유 자산'으로 등록하는 구조가 빠르게 확산될 것입니다.

- **AI 윤리·투명성 인증 산업**

AI의 의사결정 과정을 검증하고 설명할 수 있는 기술(Explainable AI). 이 분야는 유럽과 한국을 중심으로 빠르게 성장할 것으로 보입니다.

■ 앞으로의 10년 — '신뢰의 시대'를 선점하라

앞으로의 세계는 지능의 시대이자 신뢰의 시대입니다. AI가 아무리 뛰어나도 신뢰를 얻지 못하면 시장은 무너집니다. 블록체인은 이 신뢰를 기술적으로 구현하는 첫 번째 시스템입니다.

코인은 더 이상 '투기 대상'이 아니라 신뢰를 거래하는 플랫폼의 일부가 됩니다.

"AI는 생각하고, 블록체인은 기억한다. 그리고 인간은 그 사이에서 신뢰를 설계한다."

투자자에게 중요한 것은 단순히 가격의 등락이 아닙니다. "누가 신뢰의 시스템을 만들고 있는가?"를 보는 것입니다.

그 신뢰가 바로 미래의 화폐가 되고, 그 시스템이 곧 새로운 경제의 토대가 될 것입니다.

◇ 한눈에 보는 핵심 요약

구분	과거	현재	미래
경제의 중심	자본과 노동	데이터와 플랫폼	신뢰와 의식
경쟁의 대상	기술력	데이터 양	데이터의 진실성
투자의 기준	수익률	성장성	신뢰성 + 사회적 영향력
핵심 키워드	코인, 거래	AI, 자동화	블록체인, 신뢰경제

4. AI와 함께하는 삶 — 인간의 재정의

• **인간과 기계의 관계, 경쟁이 아니라 '공진화'**

"AI가 인간의 일자리를 빼앗을까?" 이 질문은 이제 하나의 시대적 고민이 되었습니다. 인공지능 기계가 처음 등장했을 때도 사람들은 두려워했습니다.

자동차가 마차를, 전기기계가 수공업을, 컴퓨터가 사무직을 대체하듯, AI 또한 사람의 자리를 위협하는 것처럼 보입니다.

그러나 역사를 보면, 기술은 인간을 줄이지 않고 인간을 바꿨습니다. 기계는 노동의 형태를, 전기는 생활의 구조를, 인터넷은 소통의 방식을 바꿨듯이, AI는 이제 '인간이 일하고 생각하는 방식' 자체를 재정의하고 있습니다.

AI는 계산을, 인간은 의미(해석)를 담당합니다. AI가 "어떻게"를 찾아내는 동안 인간은 여전히 "왜"라는 질문을 던지는 존재로 남습니다. 이 질문을 던질 수 있는 힘 -통찰, 상상, 공감- 그것이 AI 시대의 진짜 경쟁력입니다.

• 인간이 만드는 새로운 경제 — 감성경제와 의식산업

AI가 데이터를 다루는 시대, 인간은 감정을 다루는 존재로 남습니다. 기계가 정답을 말할 수 있는 세상에서 인간의 경쟁력은 이제 '느낌'과 '의미'가 됩니다. 과거의 산업이 물질과 효율의 경제(규모·속도 중심)였다면, AI 이후의 산업은 감정과 의식의 경제(경험·공감 중심)로 진화하고 있습니다.

■ 감성경제(Emotion Economy)

감성경제란 인간의 감정·공감·예술·체험, 그 자체가 경제적 가치가 되는 시장을 말합니다. AI가 효율을 높여줄수록 사람들은 더 인간적인 감정과 관계를 원하게 됩니다.

심리·정신건강 분야: AI 기반 상담, 감정 분석, 명상 알고리즘, 개인 맞춤형 감정 케어 앱 등이 빠르게 성장하고 있습니다. "마음의 건강"이 데이터로 관리되고, 그 데이터가 자산이 되는 시대입니다.

콘텐츠·예술 산업: AI가 함께 그린 그림, AI가 작곡을 돕는 음악, 인간과 AI가 협업한 소설이나 영상 작품들이 늘어나고 있습니다. 창작의 형태가 바뀌지만, 그 중심에는 여전히 인간의 감성이 있습니다.

경험 중심 서비스: 여행, 공연, 교육에서도 'AI 추천'보다 '사람의 감정'이 담긴 체험이 가치를 가지게 됩니다. 기술이 인간의 감정을 강화하는 방향으로 발전하고 있습니다.

요약하자면, 감성경제는 "기계가 할 수 없는 일"이 아니라 "인간만이 느낄 수 있는 일"에서 탄생합니다.

■ 의식산업(Conscious Industry)

AI가 인간의 외부세계를 확장한다면, 의식산업은 인간의 내면세계를 기술로 탐구하는 산업입니다.

명상, 자기성찰, 정신건강, 윤리, 영성 등의 영역이 AI·뇌과학·양자기술과 결합하면서 새로운 시장군(Conscious Tech Market)으로 부상하고 있습니다.

Mind-Tech(**마음 기술**): 명상 앱, 뇌파 센서, 감정 분석 AI를 결합해 개인의 의식 상태를 데이터로 측정하고 관리합니다. "내 마음의 상태"가 하나의 기술적 지표가 되는 시대입니다.

Spiritual-Tech(**영성 산업**): 공동 명상 DAO, 의식 NFT, 디지털 영적 커뮤니티 등 정신적 연결을 블록체인 기반의 공동체 자산으로 전환하려는 시도들이 나타나고 있습니다.

Conscious Leadership(**의식 리더십 산업**): 기업 경영에서도 AI 윤리, 공감 리더십, '인간 중심 경영(Conscious Business)'이 핵심 가치

로 떠오르고 있습니다. 단순히 이익이 아니라 '의미'로 이끄는 조직이 경쟁력을 가지게 됩니다.

"AI는 기술을 발전시키지만, 인간은 마음을 성장시킨다."

■ **산업과의 연결 — 기술이 인간을 돕는 새로운 일터들**

AI는 사람의 자리를 없애지 않습니다.

대신, 새로운 직업을 만들고, 오래된 직업의 의미를 바꿉니다.

과거의 일	미래의 일	중심 가치
콜센터 상담원	감정 AI 관리 전문가	공감의 품질
미디어 편집자	AI 스토리 큐레이터	서사의 진정성
데이터 분석가	데이터 윤리 관리자	신뢰의 투명성
UX 디자이너	감정 UX 아키텍트	경험의 따듯함
컨설턴트	의식 코치 / AI 협력가	인간 성장

■ **투자지도의 변화 — 기술주에서 '인간가치 기업'으로**

AI 이후의 투자는 "무엇이 더 빠른가?"보다 "무엇이 더 인간적인가?"를 중심으로 재편될 것입니다.

• **기존 투자 흐름**: 기술 중심 → 성장 중심 → 효율 중심(빅테크, 클라우드, 반도체, 플랫폼 등)

• **앞으로의 투자 흐름**: 인간 중심 → 경험 중심 → 신뢰 중심 등 AI와 함께 인간의 감정·의식·윤리를 다루는 산업으로 이동합니다.

▣ 예상되는 주요 투자 분야
— 감성과 의식이 이끄는 새로운 시장

AI와 인간의 협업이 본격화되면서 투자의 무게중심은 기술 그 자체가 아니라 인간의 감정·의식·윤리·경험을 확장하는 산업으로 이동하고 있습니다. 다음 네 가지 분야는 앞으로 가장 빠르게 성장할 것으로 전망됩니다.

■ AI 감정 테크 (Emotion Tech)

AI가 인간의 감정 데이터를 읽고 분석하는 기술이 핵심 경쟁력이 됩니다.

AI 심리상담 서비스, 감정인식 알고리즘, 감성 기반 마케팅 플랫폼 등이 대표적입니다. 예를 들어, 얼굴 표정·음성 톤·문장 패턴을 분석해 사용자의 감정 상태를 실시간 파악하고 그에 맞는 콘텐츠·상품·상담을 제안하는 시스템이 이미 상용화되고 있습니다.

이 산업은 단순한 '데이터 분석'이 아니라 '감정을 해석하는 기술'을 중심으로 발전합니다. 감정이 곧 데이터가 되고, 그 데이터가 다시 시장 가치로 환원되는 순환 구조가 형성되는 것입니다.

"AI가 감정을 이해할 때, 기술은 인간을 모방하는 것을 넘어 인간의 내면을 반영하게 된다."

■ 웰니스 & 마인드테크 (Wellness & Mind-Tech)

AI는 이제 인간의 내면 데이터까지 탐구하고 있습니다. 명상 AI, 디지털 치료제(Digital Therapeutics), 뇌파 기반 집중 관리 서비스 등이 대표적입니다. 이 산업의 핵심은 '마음의 상태를 수치화하고 관리하는 기술'입니다.

스트레스, 집중력, 수면, 감정 안정도 등이 실시간 데이터로 시각화되며, 개인의 '내면 상태'가 곧 개인 자산(Inner Asset)이 되는 시대가 열리고 있습니다. 기업과 개인 모두 '심리적 웰빙'과 '정신적 회복력(Resilience)'을 핵심 경쟁력으로 인식하게 되면서 마인드테크 시장은 헬스테크와 맞물려 폭발적으로 성장할 것입니다.

"신체의 건강이 GDP를 만든 시대는 끝났다. 이제 마음의 건강이 새로운 부(富)를 만든다."

■ AI-창작 협업 산업 (AI-Creative Collaboration)

AI는 인간의 창의성을 대체하지 않습니다. 오히려 창작의 파트너로서 새로운 예술적 가능성을 확장하고 있습니다. AI 작곡, AI 예술 보조도구, AI 디자인툴, 영상 스토리보드 자동 생성 등 창작자가 자신의 감성을 더 섬세하게 표현할 수 있도록 돕는 기술들이 등장하고 있습니다.

이 산업의 본질은 'AI의 창작'이 아니라, 'AI와 인간의 감성 협업'입니다. 기계가 만든 결과물보다 그 도구를 다루는 인간의 감성이 브랜드가 되는 시대 ―창작의 중심은 기술이 아니라 여전히 '감정을 느끼는 인간'입니다.

"AI는 작품을 만들지만, 인간은 의미를 만든다."

■ 윤리형 AI 기업 (Ethical & Conscious AI)

미래의 시장은 단순히 효율적인 기업보다 책임과 신뢰를 설계하는 기업에 더 높은 가치를 부여할 것입니다. 윤리형 AI 기업은 기술의 사회적 영향과 도덕적 책임을 중심 가치로 삼습니다.

데이터 편향, 개인정보 보호, 알고리즘 투명성 같은 문제를 넘어 '기술이 인간을 위해 존재하는가.'라는 근본적 질문에 답하는 기업이 떠오르고 있습니다.

이는 ESG 투자를 넘어서는 새로운 패러다임, 즉 "Conscious Investment(의식 있는 투자)"로 발전하고 있습니다. 투자자는 단순히 수익률이 아닌, 기업이 창조하는 윤리적 가치(Ethical Value)와 사회적 신뢰(Social Trust)를 평가 지표로 삼게 될 것입니다.

"AI 시대의 진짜 경쟁력은 기술의 속도가 아니라, 그 기술이 얼마나 인간의 존엄을 지켜내는가에 있다."

■ 결론 — 감정, 의식, 윤리로 이어지는 새로운 자본의 흐름

다가오는 투자 패러다임은 '수익'을 중심으로 한 경쟁의 시대를 넘어 '의미'와 '가치'를 중심으로 한 공존의 시대로 전환되고 있습니다.

AI는 효율을 극대화하지만, 인간은 그 효율에 감정과 윤리를 불어넣습니다. 이제 자본은 단순히 숫자의 논리가 아니라 감정을 이해하는 기술, 의식을 확장하는 산업, 그리고 신뢰를 설계하는 기업으로 흐르고 있습니다.

현용수 교수의 생각, "미래의 부(富)는 계산이 아니라 공감에서, 경쟁이 아니라 의식에서 태어난다."

■ 앞으로의 사회 — '기계문명'에서 '의식문명'으로

AI 시대는 효율과 속도의 문명입니다. 그러나 다음 단계는 공감과 의미의 문명, 즉 '의식문명(Conscious Civilization)'으로의 진화입니다.

AI는 인간을 닮으려 하지만, 인간의 마음·예술·사랑·윤리·영성은 그 어떤 알고리즘으로도 완전히 대체될 수 없습니다.

"기계는 정답을 계산하지만, 인간은 의미를 창조한다." 이것이 바로 AI와 함께 살아가는 인간의 길, 그리고 '기술 이후의 인간성'이 남긴 메시지입니다.

AI는 우리의 일을 빼앗는 존재가 아니라, 우리가 더 높은 차원의 일을 하도록 이끄는 거울입니다. 기계는 우리의 손을 대신할 수 있지만, 마음의 영역은 오직 인간만이 담당할 수 있습니다.

■ 정리하자면

AI는 인간을 대체하지 않습니다. 오히려 인간을 다시 보게 만듭니다. 기계가 모든 정보를 알고 있는 시대일수록 인간은 더 깊은 감정, 더 진한 의미, 더 넓은 연결을 갈망하게 됩니다. 기술의 끝은 결국 인간의 마음으로 돌아옵니다. AI는 세상을 효율적으로 만들지만, 인간은 그 세상에 이유를 부여합니다.

현용수 교수의 생각, "기술은 도구이고, 인간은 방향이다. AI가 미래를 만든다면, 인간은 그 미래에 영혼을 부여한다."

5. 메타버스의 미래와 확장 — 현실의 경계를 넘어서는 경제

■ "가상의 세계"가 아니라 "확장된 현실"

한때 메타버스는 단순히 게임 속의 가상공간으로 여겨졌습니다. 그러나 이제 메타버스는 더 이상 '가짜 세계'가 아닙니다.

그것은 인간이 가진 네 가지 본능 —소통, 소유, 표현, 참여— 를 기술을 통해 새로운 차원으로 확장한 '확장된 현실(Extended Reality)'입니다.

과거의 인터넷이 '정보'를 연결했다면, 메타버스는 '감각'과 '정체성'을 연결합니다. 우리는 이제 화면을 '보는' 시대에서, 세상을 '체험하는' 시대로 옮겨가고 있습니다.

이 안에서 AI는 지능적 운영자, 블록체인은 신뢰의 회계사, 그리고 인간은 창조적 주체로서 역할을 나눕니다. 즉 메타버스는 기술의 총합이자 인간 경험의 확장 공간입니다.

■ 세 개의 축으로 펼쳐지는 확장 산업

메타버스의 확장은 단순한 가상공간 구축이 아니라, 경제·문화·교육·비즈니스 전반의 구조를 재편하는 거대한 전환입니다.

□ 경제 영역 — 디지털 자산과 '참여경제'의 등장

가상공간에서 땅(가상부동산)을 사고, AI가 설계한 옷을 입고, NFT 형태로 예술품을 소유하는 시대가 이미 시작되었습니다. 이 새로운 경제의 핵심은 "소유의 정의"가 바뀌었다는 점입니다.

현실에서 '가지는 것'이 아니라, 디지털 세계에서 '참여하고 기여하는 것'이 자산이 됩니다. 예를 들어, NFT 예술품은 단순한 그림이 아니라 '디지털 원본의 증거'입니다.

P2E(Play to Earn) 게임은 단순한 오락이 아니라 '참여 기반 경제 시스템'입니다.

DAO(탈중앙 자율조직)는 기업이 아닌 '참여자들이 함께 운영하는 공동체'입니다. 즉 메타버스 경제는 노동보다 '참여', 소유보다 '기여'를 중심으로 움직입니다.

□ **문화 영역 — 창작의 주체가 확장된다.**

메타버스에서는 문화 생산의 경계가 무너집니다. AI는 가상의 뮤지션이 되고, 아바타는 배우로 활동하며, 관객은 동시에 제작자가 됩니다.

- **AI 뮤지션·버추얼 아이돌**: AI가 감정 분석을 통해 노래를 만들고, 팬과 실시간 교감합니다.
- **메타버스 공연**: 현실보다 더 몰입감 있는 가상공연장이 생겨나며, 전 세계인이 동시에 참여합니다.
- **디지털 패션 산업**: 현실의 옷이 아니라, '아바타의 옷'이 명품이 되어 시장 규모 커지고 있습니다. 이는 단순한 유행이 아니라, 창조의 주체가 확장되는 문화 혁명입니다.

AI와 인간이 함께 예술을 만들고, 그 가치를 블록체인이 보증하는 세상, 그곳에서는 예술이 기술을 품고, 기술이 예술을 닮아갑니다.

□ **교육·비즈니스 영역 — 현실의 경계를 넘는 협업**
• **교육 분야:** 학생은 메타버스 교실에서 전 세계 친구들과 수업을 듣고, AI튜터는 각자의 학습 데이터를 분석해 맞춤형 커리큘럼을 제시합니다.

성취 결과는 학습 NFT로 기록되어 언제든 증명할 수 있습니다.

• **비즈니스 분야:** 기업 회의는 현실의 사무실이 아니라 3D 가상 사무실에서 진행되고, 디지털 트윈 기술을 이용해 공장을 모의 운영하며, 거래 기록은 블록체인에 자동 저장됩니다. 즉 메타버스는 물리적 제약을 없애는 '공간의 민주화'이자, 인간의 협업 방식을 근본적으로 바꾸는 플랫폼입니다.

■ **산업 구조의 융합 — AI·블록체인·메타버스의 삼중 나선**

AI가 세상을 운영하고, 블록체인이 질서를 지키며, 메타버스가 그 무대를 제공합니다.

이 구조 속에서 인간은 '소비자'에서 '공동 창조자(Co-Creator)'로 진화합니다.

이 세 기술은 서로를 완성합니다.

역할	기술	기능	결과
두뇌	AI	세계를 설계하고 관리	맞춤형 경험, 자동화된 경제
신경망	블록체인	신뢰·기록·소유 보증	투명한 가치 교환
몸체	메타버스	감각·공간·사회 연결	현실 확장, 참여경제 구현

■ **투자지도의 변화 — '자산'보다 '경험'으로 이동한다.**

기존의 시장은 부동산·주식·채권처럼 물리적 자산 중심이었습니다. 하지만 메타버스 경제는 '경험의 가치'가 자산이 됩니다.

■ **미래 투자지도 예측(2025~2035)**

영역	주요 산업	핵심 키워드	성장 방향
가상 경제 인프라	메타버스 플랫폼, 디지털 부동산, NFT 거래소	Virtual Asset Ownership 3.0	가상공간 내 자산화
AI 경험 산업	감정 AI, 아바타 인터페이스, AI 큐레이터	Personalized Reality	맞춤형 경험 서비스
교육·업무 메타버스	XR 강의실, 가상기업, 협업 공간	Learn-to-Earn Work-in Meta	공간의 초월, 협업의 탈경계
문화·엔터테인먼트	AI 아이돌, 버추얼 공연, 디지털 패션	Immersive Culture	체험이 곧 소비가 되는 경제
신뢰 기반 인프라	블록체인 인증, 탈중앙 신원(DID), DAO	Trust-Fi, Governance Token	투명한 참여경제 생태계

즉, 메타버스의 진짜 자산은 '현실처럼 느껴지는 경험'입니다. 기술이 아니라 의식의 깊이, 화면이 아니라 참여의 의미가 가치를 만듭니다.

■ **기술과 인간의 관계 — "현실을 확장하되, 인간을 잃지 말라"**

AI·메타버스·블록체인의 융합은 단순한 산업혁신이 아니라 인간 존재 방식의 변화입니다. 이제 사람들은 물리적 한계를 넘어, 가상공간 속에서 새로운 정체성과 삶을 실험합니다. 그러나 동시에 중요한 질문이 남습니다. "우리는 기술 속에서 더 자유로워지고 있는가, 아니면 더 깊이 갇히고 있는가?"

기술은 분명 새로운 문을 열었지만, 그 문을 어떻게 통과하느냐는 의식의 수준에 달려 있습니다. 미래의 시장은 단순한 수익률이 아니라 '의식의 밀도'로 구분될 것입니다. 기술을 도구로만 보는 사람과 기술을 통해 인간의 의미를 확장하는 사람의 차이는 점점 커질 것입니다.

결론적으로, "참여가 자산이 되는 사회, 의식이 화폐가 되는 시대" 메타버스는 더 이상 미래 기술이 아닙니다. 이미 우리의 일상, 경제, 교육, 예술 속에 스며든 현재형 문명입니다.

이 문명 속에서 가장 큰 위험은 기술 그 자체가 아니라 그 변화를 보지 못하는 '무지(無知)'입니다. "AI는 인간을 초월하지 않는다. 기술의 끝에서 인간은 더 깊이 자신을 이해하게 된다."

기술은 인간을 대체하지 않고, 인간을 반영합니다. AI는 사고를, 블록체인은 신뢰를, 메타버스는 삶의 무대를 확장해줍니다.

그리고 인간은 그 위에서 의미를 창조하는 존재로 남아 있습니다. 앞으로의 시대는 자본이 아니라 참여, 정보가 아니라 신뢰, 속도가 아니라 의식이 경쟁력이 됩니다.

이제 "메타버스에 투자한다"는 말은 가상공간에 돈을 넣는다는 뜻이 아니라, 새로운 인간의 삶의 방식에 참여한다는 의미가 될 것입니다.

◇ 핵심 요약

구분	중심 가치	투자 변화	대표 키워드
경제 패러다임	소유 → 참여	물질 자산 → 경험 자산	참여경제(Participation Economy)
산업 구조	생산 창조	플랫폼 → 생태계	AI-Blockchain-Metaverse
시장 구분	수익률 → 의미의 수준	기술 투자 → 의식 투자	Conscious Market
핵심 산업군	가상 경제, AI 경험 산업, 감성테크, DAO, Mind-Tech	신뢰경제(Trust-Fi)	신뢰·공감·참여

정리하면, 기술은 점점 인간을 닮아가고, 인간은 점점 기술과 하나가 되어갑니다. 그 교차점에서 우리가 진정 배워야 할 것은 '어떻게 더 인간적으로 기술을 사용할 것인가'입니다.

"메타버스는 도망칠 공간이 아니라, 인간이 다시 태어나는 공간이다."

02 산업별 코인 활용 — 게임·교육·치유·금융
(코인은 이제 기술이 아니라 '삶의 언어'다)

코인은 "거래의 도구"에서 "생활의 인프라"로 불과 몇 해 전까지만 해도 코인은 '투기'의 상징이었습니다. 그리고 사람들은 차트와 가격만을 보고 사고 팔았습니다.

그러나 지금 코인은 점점 우리 일상 속의 시스템으로 스며들고 있습니다. 게임에서, 학교에서, 병원에서, 그리고 은행 바깥의 세계에서 코인은 '소유권의 증거'이자 '참여의 보상', 그리고 '신뢰의 기록'이 되고 있습니다. 즉 코인은 더 이상 기술 용어나 투자 자산이 아니라, "디지털 문명의 기본 단위(Unit of Life)"로 자리 잡고 있습니다.

■ 게임 산업 — 즐김이 곧 자산이 되는 경제

게임은 블록체인 기술의 실험장이자, 가장 현실적인 코인 경제 모델입니다.

Play to Earn (P2E): 단순히 게임을 하는 것이 아니라, 플레이 자체가 수익이 되는 구조입니다. 예컨대, 게임에서 얻은 아이템이나 캐릭터가 NFT로 발행되어 다른 사용자에게 거래될 수 있습니다.

GameFi (Game + Finance): 게이머가 경제의 한 축이 되어 투자자·플레이어·개발자가 함께 수익을 공유하는 구조입니다.

Metaverse Integration: 메타버스 속 가상 토지, 디지털 패션, 캐

릭터 자산 등이 코인 기반으로 거래됩니다. 즉 과거의 게임은 '시간을 쓰는 곳'이었지만, 이제는 '가치를 생산하는 곳'으로 진화하고 있습니다.

• 투자 포인트

P2E·GameFi 플랫폼, NFT 게임 마켓, 아바타 아이템 거래소 "게이머 참여경제(Participation Economy)" 중심 산업이 급성장하고 있으며, 디지털 자산의 보안, 저작권, 거래인증 관련 스타트업 종목이 주목받고 있습니다.

■ 교육산업 — 배움이 자산이 되는 사회

블록체인은 교육의 본질을 바꾸고 있습니다. 학교가 학생의 성취를 증명하는 시대에서, 이제는 학생이 자신의 배움을 소유하고 인증하는 시대로 변하고 있습니다.

Learn to Earn (L2E): 학습자가 배운 만큼 토큰을 보상받는 구조. "학습은 개인의 투자이며, 배움 자체가 곧 자산"이 됩니다.

NFT 자격증·블록체인 성적표: 성취와 학습 이력이 위변조 불가능한 블록체인에 기록됩니다. AI 튜터, 메타버스 교실, 국제 공동학습 환경과 결합하면서 학습 NFT는 곧 글로벌 학습 여권이 될 것입니다.

공유학교(Shared School): 학생, 교사, 연구자, 기업이 함께 참여하는 DAO형 교육 플랫폼이 등장하고 있습니다.

지식이 제도의 소유에서 개인의 자산으로 옮겨가는 순간, 교육은 가장 혁신적인 금융이 됩니다.

• 투자 포인트

-EdTech + Web3 결합형 스타트업 기업

-학습 NFT, DAO 기반 교육 플랫폼, 블록체인 자격인증 제도

-글로벌 평생학습 시장, 토큰형 장학금 프로그램(NFT 등)

■ **치유 산업** ─ 마음과 몸의 데이터가 자산이 된다.

AI·양자의학·명상산업이 결합하면서 "치유" 역시 하나의 데이터 경제로 진화하고 있습니다.

Heal to Earn (H2E): 명상, 수면, 운동 등 웰니스 활동을 하면 보상 토큰이 지급되는 구조이며, 개인의 건강 데이터가 블록체인에 안전하게 기록됩니다.

NFT 기반 건강 인증: 유전자 검사, 뇌파·심박 데이터, 명상 기록 등이 NFT로 발행되어 개인의 생체적 신뢰지표로 활용됩니다.

AI Mind Coach / MedTech: AI가 개인의 심리 패턴과 호흡 리듬을 분석하여 맞춤형 명상 프로그램을 설계합니다.

몸의 건강에서 마음의 평화까지, 코인은 '자기 돌봄(Self-care)'의 새로운 언어가 되고 있다.

• 투자 포인트

-Mind-Tech, BioNFT 등.

-디지털 치료제 플랫폼 블록체인 기반 의료데이터 관리, 개인 건강 데이터 DAO.

웰니스경제(Wellness Economy)와 의식산업(Conscious Industry)

확장됩니다.

■ 금융 산업 — 신뢰의 설계로 돌아간 화폐

코인은 금융의 본질을 다시 묻고 있습니다. 은행과 정부가 발행하던 화폐 대신, 이제는 프로토콜이 신뢰를 대신하는 시대입니다.

DeFi (탈중앙 금융): 은행 없이 블록체인 위에서 대출·예금·보험이 이루어집니다. "코드는 곧 계약"이 되는 금융혁명입니다.

CBDC (중앙은행 디지털화폐): 국가가 발행하는 디지털 통화로 블록체인을 통해 투명하고 즉시 결제 가능한 화폐를 실험 중입니다.

STO (토큰증권): 주식·부동산·미술품 등 모든 자산이 블록체인 상에서 쪼개져 거래될 수 있습니다.

금융의 핵심은 이제 이익이 아니라, 신뢰와 투명성이다.

• 투자 포인트
-DeFi 인프라, 스테이블코인, CBDC 연동 시스템
-디지털 자산 운용사, 토큰증권(STO) 시장, 스마트 계약 감사 기업
-데이터 신뢰 기반의 "신(新)금융 인프라" 시장 확대

■ 코인 생태계가 바꾸는 투자지도

코인이 산업 속으로 스며들면서 투자의 기준도 단순한 시세나 거래량이 아닌 "신뢰의 구조와 참여의 방식"으로 옮겨가고 있습니다.

산업영역	과거 투자 포인트	미래 투자 포인트	주요 키워드
게임	이용자 수, 인기 IP	유저 참여도, DAO 운영 구조	GameFi, NFT, DAO
교육	콘텐츠, 플랫폼	학습데이터, NFT 인증 네트워크	Learn-to-Earn, EduFi
치유	헬스케어 장비, 병원 네트워크	Mind-Tech, 개인 데이터 DAO	Heal-to-Earn, BioNFT
금융	코인 가격, 거래소	프로토콜 신뢰도, 거버넌스 토큰	DeFi, TrustFi, STO

■ **새로운 흐름의 요약**

소유의 경제 → 참여의 경제/기관 신뢰 → 기술 신뢰/코인 거래 → 코인 생태계 참여.

이제 투자자는 차트를 보는 사람이 아니라, '생태계의 구조를 읽는 사람'이 되어야 합니다.

결론적으로, "코인은 기술이 아니라 삶의 언어입니다." 코인은 더 이상 디지털 숫자가 아닙니다. 그것은 우리의 시간, 노력, 신뢰, 경험이 저장된 새로운 형태의 가치 언어입니다. 게임 속 즐거움이 자산이 되고, 배움이 경제활동이 되며, 명상이 투자로 이어지고, 신뢰가 화폐가 되는 시대, 이것이 바로 "코인 문명(Coin Civilization)"의 본질입니다.

"코인은 돈이 아니라, 인간의 신뢰를 디지털로 옮긴 것이다." 따라서 코인의 미래를 읽는다는 것은 기술의 미래를 읽는 일이 아니라, 삶의 구조가 어떻게 변하는지를 읽는 일입니다. 앞으로의 투자자는 "무엇을 사느냐"보다 "어떤 세계관에 참여하느냐"로 구분될 것입니다.

◇ 핵심 요약

구분	중심 변화	투자 포인트	키워드
경제 구조	자산 중심 → 참여 중심	DAO, P2E, L2E, H2E	참여경제
산업 구조	거래 기반 → 데이터 신뢰 기반	NFT, STO, Defi	신뢰경제
인간 중심 가치	효율 → 의미/소비 → 성장	Mind-Tech. EduFi GameFi	의식경제
투자 패러다임	코인 가격 → 생태계 가치	Protocol, DAC, Community	Web3 경제

현용수 교수의 생각, "코인은 기술이 아니다. 그것은 신뢰를 기록하고 참여를 보상하며, 인간의 삶을 하나의 네트워크로 엮는 새로운 문명 언어다."

03 국가별 CBDC 도입과 새로운 기회
— 위협이 아니라 '지형 변화'. 돈의 지도가 바뀌면 길도 달라진다

먼저, CBDC란 무엇인가?

CBDC는 Central Bank Digital Currency, 즉 '중앙은행이 직접 발행하는 디지털화폐'를 뜻합니다. 지금까지의 돈이 종이와 동전으로 존재했다면, CBDC는 국가가 만든 '공식 전자화폐'입니다.

빠르고 저렴한 결제: 송금 수수료가 거의 0에 가깝습니다.

투명한 거래: 범죄·자금세탁을 막을 수 있습니다.

'프로그램 가능한 돈': 예를 들어 "이 돈은 등록된 약국에서만 사용 가능"처럼 조건부로 작동하는 화폐입니다.

비유하자면, 과거 돈이 단순한 '종이 명령서'였다면 CBDC는 스스로 움직이고 생각하는 '스마트 계약서'에 가깝습니다.

주요 국가별 접근 방식 — 서로 다른 경제 철학의 실험

■ **미국: "민간 혁신 위에 공공 신뢰를 얻는다."**

미국은 이미 강력한 민간 결제망(카드사, 페이팔, 애플페이 등)이 형성되어 있습니다. 따라서 정부는 이 생태계를 대체하기보다 연계하

고 보완하는 방식을 택할 가능성이 높습니다.

전략: 디지털 달러를 통해 글로벌 달러 패권 유지
산업 연결: AI 보안 결제, 클라우드 인프라, 신원 인증 시스템
투자 흐름: 금융 보안 솔루션, AI 기반 결제 보조 기술/스테이블코인 규제 기술/페이먼트 인프라 기업(예: 리플, 서클 등) 등.

미국의 CBDC 모델은 혁신을 억제하기보다 민간의 창의력과 공공의 신뢰를 함께 엮어 나가는 하이브리드 접근 방식이 될 가능성이 큽니다.

■ 유럽: "윤리 중심, 프라이버시 중심의 설계"
유럽중앙은행(ECB)은 '디지털 유로'를 준비하면서 GDPR 등 개인정보 보호 규제를 핵심 철학으로 삼고 있습니다.

전략: 익명성과 추적성의 균형→ 현금처럼 자유롭게 쓰면서도 불법 자금 흐름은 차단하는 설계
산업 연결: 프라이버시 지갑, 규제 기술(RegTech), 국경 간 송금 솔루션
투자 흐름: 개인정보 암호화 기술/프라이버시 보호 지갑/윤리적 결제 인프라/유럽 통합 결제 시스템 등.

ECB는 디지털 유로를 통해 유로존의 통화 주권을 지키고, 국내 스

테이블코인이나 외국 결제 시스템 의존을 줄이려는 전략을 추진하고 있습니다.

다만 완전한 익명성은 보장되지 않고, 거액 거래에 대한 추적 가능성은 남겨두는 설계 방식이 논의되고 있습니다.

■ **중국: "CBDC를 도시와 산업 속에 직접 심는다."**

중국은 디지털 위안(e-CNY 또는 디지털 인민폐)을 통해 이미 대규모 실험을 진행 중입니다.

지하철, 편의점, 공공요금 등 일상 결제에서 사용되고 있으며, 국가가 강하게 밀어붙이는 모델입니다.

전략: 통화 주권 강화 + 경제 관리 효율화 등

산업 연결: 스마트시티, 교통·공공서비스, AI + 데이터 기반 인프라 등.

투자 흐름: 오프라인 결제 단말기 및 QR·NFC 기술/스마트 도시 인프라/AI 물류 플랫폼/공공 인프라 기업과 연계된 디지털 사업.

중국은 디지털 위안을 단순한 결제 수단을 넘어서, 경제 시스템과 사회 인프라 전반에 직접적으로 통합하는 모델을 실험하고 있습니다.

한편, 중국은 디지털 위안 국제화를 통한 다극 통화 체계 구축을 목표로 하고 있으며, 상하이에 디지털 위안 국제 운영 센터를 개설해 글로벌 활용 확대를 추진 중입니다.

■ **한국: "기술력과 제도 속도에서 앞서가는 실험실"**

한국은 IT 인프라가 강하고 정부가 디지털자산기본법·CBDC 시범사업을 동시에 추진 중입니다. 또 게임·콘텐츠·핀테크 산업이 활발해 '생활형 디지털 화폐'의 시험 무대가 되고 있습니다.

전략: 제도 정비 + 실증 실험의 병행
산업 연결: 게임 결제, 의료 데이터, 교육 바우처, 공공 마이데이터
→ AI 반도체·블록체인 보안 기술
투자 흐름: 디지털지갑, STO(토큰증권) 거래, 소액결제 API/마이데이터와 결제를 융합하는 서비스 (예: 헬스·에듀테크)
-한국은 '테스트베드 국가'입니다. 기술과 제도가 만나는 접점에서 "가장 현실적인 CBDC 모델"을 만들어가고 있습니다.

▣ **"프로그램 가능한 돈"이 바꿀 일상의 장면**

CBDC의 가장 큰 혁신은, 돈이 조건을 이해한다는 것입니다.
-**교통비 자동 지원:** 미세먼지 경보 시 CBDC가 자동으로 대중 교통비를 보조하고,
-**교육 바우처:** 학습비가 특정 기간, 특정 기관에서만 사용되도록 설정되며,
-**소상공인 결제 지원:** 수수료가 사라지고 정산이 즉시 완료 등
-**해외 송금 10초 시대:** 은행 거치지 않고 국가 간 CBDC가 직접 연

결 등.

-재난 지원금: 피해 지역 주민 지갑으로 즉시 지급, 다른 지역에서는 사용 불가 등.

이후 "돈이 똑똑해진다." 이제 화폐는 단순한 교환 수단이 아니라, 정책·복지·시장 구조를 구현하는 코드가 됩니다.

• 산업별 기회 — 누가 혜택을 볼까?

산업	변화의 중심	새 기회
결제·핀테크	은행 중개 단계를 줄임	초저비용 실시간 결제 인프라
보안·AI 분석	불법자금·사기 탐지	이상거래 감시, 규제기술(RegTech)
유통·플랫폼	포인트·쿠폰의 코드화	정책 지원금 리워드의 자동 지급
콘텐츠·게임	소액결제 자동 정산	창작자 수익 분배 투명화
공공·스마트시티	도시 서비스 결제 통합	교통·전력 요금 실시간 과금
무역·물류	서류·송금 절차 간소화	수출입 기업의 자금 회전 가속
데이터센터·클라우드	거래 로그 폭증	결제데이터 기반 AI 수요 확대

▣ 앞으로의 투자지형
— '코인 시세'에서 '국가 인프라'로

CBDC는 단순한 금융 상품이 아니라 국가 인프라 사업입니다. 따라서 앞으로의 투자는 "코인을 사느냐"가 아니라, "어떤 시스템이 돈의 흐름을 담당하느냐"가 핵심이 됩니다.

단기 (1~3년): 디지털 지갑, DID(신원확인), 보안 AI/스테이블코인·결제망 기업과 협력 확대 등.
중기 (3~5년): STO(토큰증권) + CBDC 결제 통합/오프라인 결제 단말기, 블록체인 인증 장비 등.
장기 (5~10년): 국가 간 실시간 결제(CBDC 브리지)/정부 보조금·의료·교육비 등 '코드화된 복지 시스템'/거래데이터 기반 '새로운 신용평가 산업' 출현 등.

■ 리스크와 균형 — 기술은 편리하지만, 신뢰가 더 중요하다
개인정보 보호: 돈의 흐름이 모두 기록되기 때문에 '적절한 익명성'이 필수입니다.
민간 금융과의 균형: 중앙은행이 모든 걸 직접 하면, 시중은행의 역할이 줄어듭니다.
보안 리스크: 한 번의 시스템 오류나 해킹은 국가 전체 금융 신뢰를 흔들 수 있습니다. 결국 CBDC의 성공은 기술이 아니라 신뢰의 설계에 달려 있습니다.

결론적으로, "돈의 UX(사용 경험)"이 바꾸어 갑니다. CBDC는 새로운 화폐가 아니라, '돈이 작동하는 방식'을 완전히 바꾸는 실험입니다. 국가는 금융 주권을 되찾고, 산업은 거래를 더 빠르고 효율적으로 수행하며, 사용자는 더 안전하고 투명한 결제를 경험하게 됩니다.

"돈이 더 이상 단순히 교환되는 것이 아니라 정책이 되고, 기록이 되고, 신뢰의 언어가 된다."

앞으로의 투자자는 코인 시세가 아니라, 결제 인프라·신원 인증·보안·국가 간 결제 시스템 같은 '새로운 금융지도'를 읽을 줄 아는 사람이 되어야 합니다.

◇ 요약

구분	지금의 초점	앞으로의 초점
관심	코인 가격	결제 인프라·국가 시스템
핵심 자산	거래소·채굴	신원·보안·데이터 네트워크
성장 원동력	투기·테마	정책·복지·실생활 결제
국제 전략	송금 수수료	CBDC-브리지 (국경 없는 결제)

현용수 교수의 생각, "CBDC는 돈의 속도를 바꾸는 기술이 아니라, 돈의 철학을 다시 쓰는 실험이다."

04 2030년 코인 시장 시나리오
— 화폐의 형태가 바뀌면, 인간의 경제의식도 바뀐다

1. 서론 — 돈의 미래는 이미 시작되었다

2030년, 우리는 어떤 경제 속에 살고 있을까요?

지갑에 카드를 넣고 다니던 시대는 이미 지나가고, 스마트폰 속 '디지털 지갑(Digital Wallet)'이 모든 결제의 출발점이 됩니다. 인공지능은 개인의 소비·투자 패턴을 분석해 최적의 재무 전략을 설계하고, 블록체인은 그 거래의 신뢰를 자동으로 보증합니다.

국가는 CBDC(중앙은행 디지털화폐)를 통해 화폐 질서를 관리합니다. 이제 돈은 단순한 교환 수단이 아니라, 신뢰의 구조이며 사회의 언어입니다. 그리고 그 언어를 누가 설계하고, 어떤 철학으로 운영하느냐에 따라 2030년의 경제 풍경은 전혀 다르게 펼쳐질 것입니다.

■ 시나리오 1. 중앙집중형 — 국가가 디지털 화폐 질서를 통제하는 세계

이 시나리오는 CBDC(중앙은행 디지털화폐)가 전면 도입되어 국가가 통화정책·결제 인프라·데이터 신뢰를 완전히 장악한 형태의 미래를 그려봅니다. 즉 "디지털 리바이어던(Digital Leviathan)"형 모델입니다.

- **특징**

모든 화폐가 중앙은행에서 직접 발행되고 개인 간 거래도 실시간으로 추적·기록됩니다. 현금은 거의 사라지고 모든 거래가 스마트 계약(Smart Contract) 기반으로 자동 세금징수·규제 적용을 받습니다.

국가 간 CBDC 브리지(Bridge)를 통해 무역 결제·원자재 정산 등이 이루어집니다. 정부는 '금융 안정성'과 '투명성'을 명분으로 실시간 통화감시 체계를 운영합니다.

- **산업·투자 전망**

핀테크와 정부 클라우드 시스템의 통합, AI 기반 정책금융 분석 산업이 성장하고, 기존 은행은 중앙은행의 하위 모듈로 재편, '정책 수행형 플랫폼'으로 전환됩니다. 개인 투자자는 자율적 디파이(DeFi)보다 '공인된 알고리즘 펀드'에 참여합니다.

- **주의점**

편리성과 안정성의 이면에 감시·검열 리스크 존재하고, 개인 프라이버시 침해, 자산 이동 제한, 통제경제 회귀 가능성이 높아집니다. 이는 '신뢰'가 기술과 법 위에 집중되면 시민의 자율적 경제 주체성은 약화될 수 있습니다. 또한, "2030년 화폐의 얼굴은 '국가의 의지'가 됩니다."

■ 시나리오 2. 공동체 분산형 — 개인이 금융의 주체가 되는 세계

이 시나리오는 블록체인의 본래 철학, 즉 "중앙 없는 신뢰(Decentralized Trust)"가 실현된 미래를 가정합니다.

CBDC가 제도권의 신뢰를 대표한다면, DeFi(탈중앙화 금융)는 시민이 스스로 경제를 운영하는 실험장이 됩니다. 사람들은 더 이상 은행의 승인에 의존하지 않습니다.

AI가 개인의 지갑을 관리하고, 블록체인이 예금·대출·보험·투자를 자동 수행합니다.

DAO(탈중앙자율조직)은 기업의 형태를 바꾸고, NFT는 예술품·부동산·지식재산·경력까지 디지털 자산으로 변환합니다.

• 특징

개인이 은행이 되는 시대: "나의 지갑이 나의 은행"/거버넌스 토큰을 통한 공동의사결정 구조 확산/창작자·프리랜서 중심의 디지털 경제 활성화/지역 기반 커뮤니티 코인(Local Coin)의 등장 등.

• 산업과 투자 전망

DeFi 플랫폼, DAO 운영체제, NFT 기반 실물자산 거래소가 급성장합니다. 토큰증권(STO)과 P2P 대출 서비스가 제도권과 결합하며 확산됩니다. 지역 커뮤니티나 특정 분야의 이해관계자 중심 DAO 펀드·지역 토큰펀드가 새로운 투자모델로 자리 잡습니다.

"2030년의 은행은 더 이상 건물이 아니라, 네트워크 위에서 작동하는 알고리즘일 것이다."

- **주의점**

  탈중앙화 경제는 자유를 극대화하지만, 동시에 규제의 부재·해킹·사기 등 시스템 리스크를 수반합니다. '자율'과 '책임'의 균형이 유지되지 않으면 분산경제는 다시 중앙집중을 부르는 역설적 결과를 초래할 수도 있습니다.

  ■ 시나리오 3. 혼합형 — CBDC와 민간 코인의 공존 모델

  이 시나리오는 가장 현실적이며, 현재 많은 전문가들이 예측하는 방향입니다. CBDC는 공공의 신뢰 기반으로 작동하고, 민간 코인은 산업·문화·투자 영역의 창의적 경제를 견인하는 역할을 담당합니다.

  CBDC가 안정적 결제 인프라(결제 레일)로 작동한다면, 민간 코인은 그 위에서 혁신과 다양성을 구현하는 콘텐츠 경제의 엔진이 됩니다. 결국 두 체제가 경쟁이 아닌 상호 보완 구조, 즉 "디지털 이중경제(Dual Digital Economy)"로 발전하게 됩니다.

- **특징**

  국가와 시장이 공존하는 화폐 생태계/CBDC는 공공 결제·세금·복지 지급 등 국가 단위의 신뢰 운영/민간 코인은 산업·창작·투자·커뮤니티 등 민간 주도 영역 담당/국가 간 결제를 연결하는 CBDC 브리지(Bridge) 구축/세금·회계 자동화 시스템(Smart Tax System) 확산 등.

- **산업과 투자 전망**

  CBDC-스테이블코인 결제 연동 플랫폼의 확장/멀티체인 지갑·투

명 회계 솔루션 시장 성장/AI+블록체인 신뢰데이터 산업 (건강, 교육, 저작권, ESG 등) 부상/토큰증권(STO) 및 기업형 DAO의 제도권 편입 가속화 등.

"CBDC가 신뢰의 기반을 만들고, 블록체인이 그 위에 상상력을 더하는 시대." 이 모델에서는 중앙화된 질서와 분산화된 자유가 '경쟁'이 아니라 '균형'으로 공존하는 생태계가 될 것입니다.

■ 2030년 이후 — 돈은 더 이상 '무엇을 살 수 있는가?'의 문제가 아니다

2030년의 코인 시장은 '얼마를 벌어들이는가'보다 '어떻게 신뢰를 구축하는가'로 구분될 것입니다.

국가가 주도하는 디지털 패권형 모델/시민이 주도하는 분산형 모델/그리고 그 사이의 균형적 공존 모델이 서로 경쟁하고 협력하며, 때로는 융합할 것입니다.

이것은 단순한 기술의 경쟁이 아니라, 철학의 경쟁입니다. "돈을 누가 만들 것인가"에서 "누가 신뢰를 설계할 것인가"로 중심이 이동하고 있습니다.

CBDC는 질서를, 블록체인은 자유를, 그리고 인간은 그 사이에서 새로운 신뢰의 윤리(Ethics of Trust)를 찾아가야 합니다.

■ 종합 요약 – 2030년 세 가지 경제 모델 비교

구분	디지털 패권형 (CBDC 중심)	공동체 분산형 (DeFi 중심)	혼합형 (공존경제)
운영 주체	국가·중앙은행	개인-DAO 커뮤니티	국가 + 민간 협력
신뢰 구조	중앙집중형	탈중앙형	혼합형(이중 구조)
화폐 형태	CBDC	민간 암호화폐·토큰	CBDC+민간코인 연동
장점	안정성·법적 신뢰	자율성·참여 보상	안정성과 혁신의 균형
위험 요인	과도한 통제	보안·책임 불명확	제도 조율 복잡성
주요 산업	결제·공공금융	Defi NFT DAO	브리지 플랫폼. STO AI신뢰데이터
경제 철학	질서의 경제	자유의 경제	협력의 경제

■ **결론적으로, "화폐는 의식의 거울이다"**

과거의 돈이 물질의 가치였다면, 2030년의 돈은 의식의 수준을 반영합니다. 국가가 신뢰를 설계할 수도 있고, 시민이 신뢰를 분산시킬 수도 있습니다.

그러나 결국 중요한 것은 '돈의 형태'가 아니라 그 안에 담긴 인간의 가치관입니다.

"2030년의 코인 시장은 기술이 아니라 철학으로 나뉜다. 돈을 어떻게 벌 것인가가 아니라, 어떤 세상을 만들 것인가가 진짜 질문이 될 것이다."

[실전응용투자]

코인 ETF(Exchange Traded Fund)

BITCOIN ERE U M

코인 ETF의 이해

ETF란 무엇인가 — 전통 금융에서의 ETF 구조
코인 ETF의 정의와 등장 배경 – 디지털 자산이 제도권의 문을 두드리다
코인 ETF vs 직접 코인 투자 — 차이와 장단점
선물 ETF vs 현물 ETF — 구조와 투자 접근 방식

글로벌 코인 ETF 시장 동향

미국 SEC와 비트코인 ETF 승인 사례
캐나다·유럽·아시아 주요 국가 ETF 현황 비교
기관 투자자의 참여와 시장 파급 효과
ETF가 암호화폐 가격 안정성에 미치는 영향

3장

코인 ETF 투자 전략

코인 ETF의 장점 — 접근성, 안전성, 규제 준수
코인 ETF의 단점 — 수수료, 추적 오차, 제한된 종목
ETF 투자와 자산 배분 — 포트폴리오 내 비중 설계
단기 트레이딩 vs 장기 홀딩 전략
코인 ETF와 스테이블코인·CBDC와의 연계성

위험 관리와 유의사항

변동성 관리 — 분산 투자와 장기적 관점
ETF 발행사·운용사의 신뢰성 평가
국가별 규제 차이와 투자 리스크
세금·회계 처리 문제
ETF와 직접 코인 보유의 리스크 비교
결론–위험을 이해하는 자만이 기회를 지킨다

코인 ETF의 미래 전망

비트코인 ETF 이후 – 이더리움·다른 알트코인 ETF 가능성
글로벌 자산운용사들의 전략 – 블랙록, 피델리티 등
전통 금융과 블록체인의 융합 가속화
Web3.0 시대 – 코인 ETF의 역할
코인 ETF가 개인 투자자와 기관 투자자에게 주는 의미

1장
코인 ETF의 이해 — "코인이 제도권으로 들어오다"

1. ETF란 무엇인가 — 전통 금융에서의 ETF 구조

ETF(Exchange Traded Fund), 즉 상장지수펀드는 주식처럼 거래소에서 사고팔 수 있는 펀드입니다. 보통 펀드는 하루에 한 번만 거래되고, 운용사에 가입해야 하지만, ETF는 주식처럼 실시간으로 거래소에서 사고팔 수 있습니다. 즉 펀드의 안정성과 주식의 유동성을 동시에 가진 상품입니다.

ETF는 특정 지수(예: S&P 500, KOSPI 200, 나스닥 100 등)의 움직임을 그대로 따라갑니다. 그래서 "ETF에 투자한다"는 것은 곧 "시장 전체를 산다"는 의미가 됩니다.

- **예시로 이해하기**

S&P 500 ETF → 미국 상위 500개 기업에 동시에 투자

KOSPI 200 ETF → 한국 대표 200개 기업의 평균 성과를 그대로 추종

Gold ETF → 금 가격의 변동률과 같은 방향으로 움직이는 상품

ETF는 이처럼 분산투자, 투명성, 낮은 수수료라는 장점을 지니며 "누구나 세계 경제의 일부가 될 수 있는 금융 플랫폼"으로 자리 잡았습니다.

ETF의 핵심 철학: "하나를 사서 전체를 소유하라."

2. 코인 ETF의 정의와 등장 배경
— 디지털 자산이 제도권의 문을 두드리다

코인 ETF란, 비트코인·이더리움 같은 디지털 자산의 가격을 ETF 구조 안에 담아 거래할 수 있게 만든 상품입니다. 즉 투자자가 직접 코인을 사고 지갑을 관리하지 않아도 ETF 주식을 사는 것만으로 코인 가격 변동에 투자할 수 있습니다.

■ 왜 코인 ETF가 등장했는가?

비트코인이 처음 등장한 2009년 이후, 수많은 투자자들이 코인의 가능성에 주목했습니다. 하지만 동시에 보안, 해킹, 세금, 규제 등의 문제로 직접 코인을 보유하는 데는 불안감이 컸습니다.

금융시장은 이러한 불안을 해결하기 위해 "코인을 전통 금융 시스템 안에서 안전하게 투자하는 방법"을 찾았습니다. 그 해답이 바로 코인 ETF였습니다.

ETF 구조를 통해 코인을 '펀드화'하면 국가의 금융감독 규제를 받을 수 있고, 기관투자자들이 합법적으로 참여할 수 있으며, 개인투자자도 복잡한 지갑 관리 없이 간편하게 접근할 수 있습니다.

"코인 ETF는 디지털 금융과 전통 금융의 첫 번째 연결 다리이다."

■ 역사적 흐름

2013년: 윙클보스 형제가 첫 비트코인 ETF를 미국 SEC(증권거래위원회)에 신청(거절됨).

2021년: 미국 SEC가 '비트코인 선물 ETF'를 처음 승인(ProShares Bitcoin Futures ETF).

2024년: 드디어 '비트코인 현물 ETF(Spot ETF)'가 정식 승인 ─ 이는 코인이 제도권 자산으로 인정받았음을 상징합니다. 이 사건은 "비트코인이 하나의 금융 자산 클래스(Asset Class)가 되었다"는 신호였습니다.

3. 코인 ETF vs 직접 코인 투자 ─ 차이와 장단점

ETF로 코인에 투자하는 것과 직접 코인을 거래소에서 매수·보관하는 것은 철학도, 방식도, 위험도 전혀 다릅니다.

구분	코인 ETF 투자	직접 코인 투자
보관 방식	증권계좌에 ETF 주식 보유	거래소·지갑에 직접 코인 보유
보안 위험	낮음 (운용사 보관)	해킹·분실 위험 존재
거래 편의성	증권앱으로 간편 매매	거래소 개설·지갑관리 필요
규제·세금	제도권 규제, 투명한 신고	불확실한 세무·거래규정
수수료	ETF 운용보수 (연 0.2~1%)	거래소 수수료 + 스프레드
가격 추적력	시장가격과 유사하나 약간의 괴리 존재	실시간 시장가격 반영

요약해 보면, ETF는 안전하고 간편한 제도권 투자 방식이고, 직접 코인 투자는 높은 자유도와 잠재 수익, 그러나 보안·법적 리스크가 크다는 게 차이점입니다.

"ETF는 금융의 문법 속 코인이고, 직접 투자한 코인은 철학 속의 금융이다."

■ 투자자 관점에서

ETF 투자자는 변동성을 줄이고 안정적으로 시장에 참여하려는 사람이고, 직접 투자자는 기술적 확신과 장기적 철학을 가진 개인인 경우가 대다수입니다.

즉, "ETF는 코인의 현실적 버전", "직접투자는 코인의 이상적 버전"이라고 할 수 있습니다.

4. 선물 ETF vs 현물 ETF — 구조와 투자 접근 방식

ETF라고 해서 모두 같은 방식은 아닙니다. 코인 ETF는 '선물형(Futures ETF)'과 '현물형(Spot ETF)'으로 나뉘며, 이 둘은 어떤 자산을 실제로 보유하느냐에 따라서 결정적인 차이가 있습니다.

■ 선물 ETF (Futures ETF)

구조: 실제 비트코인을 보유하지 않고, 시카고상품거래소(CME) 등의 비트코인 선물계약에 투자합니다.

특징: 법적으로 안전하고 제도권 승인 속도가 빠릅니다.

단점: 선물 특성상 롤오버 비용이 발생해 장기투자 시 실제 비트코인 수익률과 차이가 생깁니다.

• 예시: 2021년 승인된 미국 최초의 비트코인 ETF(ProShares Bitcoin Strategy ETF, 티커: BITO)는 선물 ETF입니다.
즉, "비트코인을 직접 사지 않고, 비트코인 가격의 움직임에 베팅하는 상품"입니다.

■ 현물 ETF (Spot ETF)
구조: 실제 비트코인(또는 이더리움)을 직접 매수·보관하고, 그 가격을 그대로 반영합니다.
특징: 선물 ETF보다 투명하고 단순하며, 코인의 실제 수요를 반영합니다.
장점: 가격 괴리가 적고, 장기투자에 유리합니다.

• 예시: 2024년 1월, 미국 SEC가 승인한 "비트코인 현물 ETF(Spot Bitcoin ETF)"는 세계 금융사의 중대한 전환점이 되었습니다.
그 후 블랙록(BlackRock), 피델리티(Fidelity), ARK 등 글로벌 자산운용사들이 참여해 코인이 제도권 금융자산으로 확실히 자리 잡는 계기가 되었습니다.

■ 구조 비교 요약

구분	선물 ETF	현물 ETF
보유 자산	선물계약	실제 비트코인
가격 추동력	낮음(괴리 가능)	높음(직접 반영)
운용 복잡성	높음(만기·롤오버 관리 필요)	단순(실물 보유)
제도 승인 속도	빠름	느림
장기투자 적합성	중간	높음

요약: 선물 ETF는 "간접적 투자", 현물 ETF는 "진짜 비트코인을 ETF 포맷으로 소유하는 것"입니다.

정리해 보면, ETF는 코인을 제도화한 언어이다

ETF의 등장은 단순히 투자상품의 다양화가 아닙니다. 그것은 "코인이 금융의 언어를 배우기 시작한 순간"이었습니다. 코인은 블록체인이라는 '새로운 철학'에서 태어났고, ETF는 금융이라는 '기존 질서'에서 태어났습니다. 이 두 세계가 만나며 혁신은 제도화되고, 제도는 혁신을 품기 시작했습니다.

"ETF는 기술과 신뢰, 철학과 제도가 만나는 접점이다."

◇ 한눈에 정리

구분	핵심개념	투자 포인트	주요 리스크
ETF란?	거래소에서 실시간 거래되는 펀드	시장 전체에 분산투자 가능	가격 괴리
코인 ETF	코인 가격을 추종하는 ETF	코인 직접 보유 없이 안전하게 접근	수익률 괴리, 수수료
ETF vs 직접 투자	제도권 안정성 vs 탈중앙 자유	투자 목적에 따라 선택	보안·세금 문제
선물 vs 현물 ETF	선물: 파생상품 기반 / 현물: 실제 코인 보유	현물은 장기 투자에 유리	선물 롤오버 비용

결론적으로, ETF는 코인을 "현실의 제도권"으로 끌어온 다리입니다.

이제 코인은 더 이상 사이버 자산이 아니라, 국가와 금융기관이 인정한 글로벌 투자 자산이 되었습니다. 2030년, ETF 시장은 "코인을 이해하는 투자자와 코인을 두려워하는 투자자"로 나뉠지도 모릅니다. 그 시작은 바로 지금 ETF의 구조를 이해하는 것에서 출발합니다.

2장
글로벌 코인 ETF 시장 동향
— "이제 코인은 국가와 기관의 언어로 말한다"

1. 미국 SEC와 비트코인 ETF 승인 사례
— 금융의 본산이 디지털 자산을 받아들이다

■ **10년의 기다림 끝에 미국 SEC의 승인**

미국 증권거래위원회(SEC)는 세계 금융의 심장입니다. 이곳의 결정은 단순히 한 나라의 정책이 아니라, "글로벌 금융의 기준점"을 의미합니다.

비트코인 ETF의 역사는 곧 SEC의 태도 변화 역사입니다.

연도	주요 사건	내용
2013년	윙클보스 형제, 첫 ETF 신청	"투기성, 보안 미비" 이유로 거절
2017~2019년	다수 운용사(Grayscale, VanEck 등) 재신청	시장 조작 우려로 연속 불허
2021년	ProShares '비트코인 선물 ETF' 승인	비트코인 선물을 추종하는 첫 상품
2024년 1월	블랙록(BlackRock) 등 11개 운용사 현물 ETF' 동시 승인	제도권 자산으로 공식 편입

이 승인으로 비트코인은 '실험적 자산'에서 정식 금융상품으로 도약했습니다.

■ 왜 SEC는 '현물 ETF'를 오랜 시간 거부했는가?

그 이유는 세 가지였습니다. 시장 조작(Market Manipulation) 우려/투자자 보호 장치 미비/거래소 간 가격 괴리 문제. 하지만 2023년 이후, 블랙록·피델리티 등 대형 운용사들이 투명한 거래감시(SSA: Surveillance Sharing Agreement) 체계를 도입하며 SEC의 신뢰를 얻었습니다.

결국, 2024년 1월 10일 — SEC는 마침내 비트코인 현물 ETF를 승인하며 "디지털 자산의 제도화 시대"를 열었습니다.

■ 어떤 ETF들이 승인되었나

운용사	티커(Symbol)	특징
BlackRock	IBIT	세계 최대 자산운용사, 기관자금 유입 주도
Fidelity	FBTC	장기투자 중심, IRA(은퇴계좌) 편입 유력
ARK 21Shares	ARKB	혁신·테크 ETF 브랜드와 결합
VanEck	HODL	장기보유("Hold On for Dear Life") 상징
Grayscale	GBTC→ETF 전환	기존 펀드에서 ETF로 구조 변경

이 상품들은 단순히 투자 수단이 아니라, '제도권 자본이 코인을 소

유하는 길'을 열었습니다. 승인 이후, 월가의 기관 자금이 빠르게 유입되며 비트코인 가격은 다시 "신뢰의 자산"으로 재평가받기 시작했습니다.

2. 캐나다·유럽·아시아 주요 국가 ETF 현황 비교
― 각국은 서로 다른 길로 같은 미래를 향한다.

■ 캐나다 ― "세계 최초의 비트코인 현물 ETF 승인국"

2021년, 캐나다는 세계 최초로 비트코인 현물 ETF(Purpose Bitcoin ETF)를 승인했습니다. 이는 미국보다 3년이나 빠른 결정이었고, ETF가 상장된 토론토증권거래소(TSX)는 순식간에 글로벌 투자자의 주목을 받았습니다.

캐나다는 규제 완화보다는 "투명성과 투자자 보호 중심"으로 설계하여 이후 유럽·아시아의 모델이 되었습니다.

주요 ETF	운용사	특징
Purpose Bitcoin ETF (BTCC)	Purpose Investments	세계 최초 현물 ETF, 일일 실시간 매입 구조
Evolve Bitcoin ETF (EBIT)	Evolve Funds	수수료 절감, 기관투자자 접근 용이
CI Galaxy Bitcoin ETF (BTCX)	CI Global Asset Mgmt	코인 보관기관(Custody) 분리형 모델

■ 유럽 ― "규제의 정교함, 윤리의 프레임"

유럽은 코인을 바라보는 시선이 가장 '균형 잡힌' 지역입니다.

각국이 경쟁적으로 ETF를 출시하기보다 EU 차원의 통합 법률인 MiCA 규제안을 기반으로 "안전한 디지털자산 운용 생태계"를 조성 중입니다.

국가	주요 ETF	특징
독일	ETC Group Bitcoin ETP(BTCE)	유럽 최대 규모, 프랑크푸르트 증시 상장
스위스	21Shares Bitcoin ETP	디지털 자산 친화 국가, 금융안정성 확보
영국	FCA(금융감독청) 승인 절차 중	보수적 접근, 기관투자 중심 도입 예정

유럽은 "혁신보다 신뢰"를 우선시하며 프라이버시, AML(자금세탁 방지), ESG 윤리까지 고려한 '책임 있는 코인 시장'을 구축 중입니다.
"유럽은 코인을 기술이 아닌 제도와 윤리의 언어로 해석한다."

■ 아시아 — "혁신의 실험실, 규제의 시험대"

국가	정책 방향	주요 내용
한국	제도화 단계	2025년 디지털자산기본법 시행, ETF 검토 중
홍콩	부분 승인	2024년 현물 비트코인 ETF 상장, 중국 자금 유입 예상
싱가포르	제도+보수 병행	기관 중심, 리테일 투자 제한
일본	규제 완화 중	Web3-NFT.DAO 산업과 연계
중국	직접 금지, 간접 육성	CBDC(디지털 위안화) 중심 국가 전략 추진

아시아는 가장 역동적인 코인 시장입니다. 국가별 태도가 확연히 다릅니다.

한국은 특히 '코인 ETF'의 제도적 승인 가능성이 높으며, 미래 금융산업의 신뢰 인프라(블록체인+AI+KYC)를 국가 경쟁력으로 육성하고 있습니다.

"아시아는 코인의 미래를 '혁신'이 아니라 '균형'에서 찾고 있다."

3. 기관 투자자의 참여와 시장 파급 효과
— "코인은 이제 개인의 장난감이 아니다."

■ **기관의 진입 — 시장의 체질이 바뀐다.**

ETF 승인 이후 시장의 가장 큰 변화는 '기관의 참여'입니다. 이전까지 코인 시장은 개인 투자자 중심이었지만, 이제는 연기금, 헤지펀드, 보험사, 대형 은행까지 디지털자산 운용에 나서고 있습니다.

구분	참여 기관	주요 움직임
자산운용사	BlackRock, Fidelity, VanEck	ETF 지수형 펀드 출시
은행권	JP모건, 골드만삭스	커스터디(보관), 결제 인프라 구축
연기금·기관투자자	캐나다, 노르웨이 연금펀드 등	장기자산 포트폴리오 일부 편입
보험·신탁사	MetLife, State Street 등	암호자산 커버리지 서비스 확장

요즘은 "비트코인을 사는 게 아니라, 신뢰 가능한 '디지털 금'을 보유하는 시대", 즉 기관이 참여하면 시장은 투기에서 자산화(Assetization)로 전환됩니다. 가격의 급등락보다 포트폴리오 내 안정적 구성비가 중요해집니다.

■ 파급 효과 — 변동성 완화 + 유동성 확대

기관 자금의 유입은 시장 구조를 바꿉니다. 거래량 증가 → 유동성 개선/장기 보유 자금 증가 → 가격 안정화/단기 매매 중심 시장 → 펀더멘털 중심 시장으로 전환중입니다.

· ETF 상장 이후 6개월간, 비트코인의 변동성 지수(VIX)는 약 35% 감소, 거래소 외(OTC) 거래 비중은 20% 증가, 이는 코인 시장이 점점 성숙한 금융시장 구조로 이동하고 있음을 보여줍니다.

4. ETF가 암호화폐 가격 안정성에 미치는 영향
— '투기 자산'에서 '투자 자산'으로의 진화

■ 안정성의 세 가지 축

ETF의 등장은 단순한 투자 편의성의 문제가 아닙니다. 그것은 코인 시장 전체의 신뢰·유동성·규제 투명성을 강화하는 핵심 요인입니다. 즉 ETF는 코인 시장의 '거품 제거기'이자, '신뢰 엔진'입니다.

축	효과
제도권 자본 유입	기관 중심의 장기자금이 들어오며 가격 안정
보관 구조의 개선	ETF는 코인을 안전하게 수탁(Custody)하여 보안 위험
공시와 감시 체계 강화	SEC 금융감독당국의 보고 체계로 시장 조작 방지

■ 가격 변동성의 변화

ETF 상장 전후의 데이터를 보면 명확합니다.

2020~2023년 평균 비트코인 일간 변동성: 4.8%

2024년 ETF 승인 이후 평균: 3.1%, 이는 시장의 성숙과 제도권 참여가 가격 안정성에 실질적 영향을 미쳤음을 보여줍니다.

■ 장기적 관점 — 코인은 '금'의 길을 걷는다.

금(Gold) 역시 초창기에는 "투기적, 비생산적 자산"으로 불렸지만, ETF(Gold SPDR) 출시 후 '안전자산'으로 재평가되었습니다.

비트코인 ETF의 등장은 비트코인이 걷는 그 길의 "두 번째 페이지"라 할 수 있습니다. *"2004년 금 ETF가 금의 제도화를 열었다면, 2024년 비트코인 ETF는 디지털 자산의 제도화를 연다."*

■ 결론적으로 — ETF는 코인을 '신뢰의 시스템'으로 바꿨다

ETF의 등장은 단순히 "투자의 편리함"이 아니라, 시장 신뢰의 구조 자체를 재설계한 사건입니다. 미국은 제도의 무게로, 유럽은 윤리

의 프레임으로, 아시아는 혁신의 속도로, 각자의 방식으로 코인을 금융의 언어로 통합하고 있습니다.

앞으로의 시장은 더 이상 "코인이 오르느냐, 내리느냐"의 문제가 아니라, "어떤 신뢰 구조 위에 코인이 작동하느냐"가 핵심이 될 것입니다.
"ETF는 코인을 투기의 언어에서 신뢰의 언어로 번역했다."

3장
코인 ETF 투자 전략

1. 코인 ETF의 장점 — 접근성, 안전성, 규제 준수

과거에는 암호화폐 투자가 '직접 매수'밖에 없었습니다. 개인이 거래소 계정을 만들고, 지갑주소를 생성하고, 키(Private Key)를 직접 관리해야 했습니다.

ETF(Exchange Traded Fund)는 이러한 복잡한 과정을 단숨에 줄여 줍니다. 이제 투자자는 일반 증권계좌 만으로 코인에 투자할 수 있습니다.

■ 접근성

주식처럼 코인 ETF를 매수·매도할 수 있어 누구나 쉽게 접근 가능합니다.

예를 들어, 미국의 비트코인 현물 ETF가 승인된 이후, 수백만 명의 개인 투자자들이 최초로 비트코인 시장에 참여할 수 있게 되었습니다.

■ 안전성

ETF는 실제 코인을 기관이 안전하게 보관(커스터디)합니다.

개인이 지갑을 잃어버리거나 해킹당할 위험이 없고, 운용사는 보험을 통해 디지털 자산의 분실·도난 위험을 대비합니다.

■ 규제 준수

ETF는 금융감독당국(SEC, 금융위 등)의 규제를 받습니다.

즉, 불법 거래나 시장 조작에 대한 감시가 강화되며, '합법적 투자자산'으로서의 지위를 갖습니다. 이는 코인이 '제도권 금융'으로 편입되는 과정의 핵심입니다.

요약하면, ETF는 코인 시장의 문턱을 낮추고, 제도권의 신뢰를 높인 "가교"입니다.

2. 코인 ETF의 단점 — 수수료, 추적 오차, 제한된 종목

그러나 ETF가 만능은 아닙니다. 직접 코인 투자에 비해 비용과 제약이 존재합니다.

· **수수료:** 운용사와 커스터디 업체가 관리비를 받습니다. 일반 ETF보다 높게 설정되는 경우도 있어, 장기 보유 시 누적 비용이 부담될 수 있습니다.

· **추적 오차(Tracking Error):** ETF 가격이 실제 코인 가격과 1:1로 완전히 일치하지 않을 수 있습니다. 예를 들어 거래 시점의 환율 변동, 선물 기반 ETF의 롤오버 비용 등이 원인이 됩니다.

· **종목 제한:** 현재는 비트코인, 이더리움 정도만 ETF로 상장되어 있습니다(리플(XRP), 솔라나 등 상장 예정).

알트코인 ETF는 규제 리스크와 시장 변동성 문제로 인해 아직 허용되지 않았습니다. 따라서 NFT, 메타버스, 디파이(DeFi) 등 세부 영역에 투자하려면 여전히 개별 코인이나 펀드, 토큰화 자산을 직접 선택해야 합니다.

요약하면, ETF는 편리하지만 '선택의 자유'는 제한적입니다. 따라서 ETF와 직접투자를 병행하는 전략적 접근이 필요합니다.

3. ETF 투자와 자산 배분 — 포트폴리오 내 비중 설계

ETF는 코인을 단독 투자하기보다 분산 포트폴리오의 일부로 활용할 때 진가를 발휘합니다.

■ **핵심 포트폴리오 구성 예시**

60%: 전통 자산 (주식, 채권)/20%: 대체 자산 (금, 리츠)/10%: 코인 ETF (비트코인, 이더리움)/10%: 현금성 자산 또는 스테이블코인

이렇게 구성하면, 코인 ETF의 높은 변동성이 전체 포트폴리오 수익률을 끌어올리되, 위험은 통제할 수 있습니다.

■ **리스크 관리 포인트**

리밸런싱 주기: 분기별 또는 반기별 조정하고,

맥락 기준: 코인 가격이 급등할 때는 비중 축소, 급락 시에는 소폭 확대를 염려에 두고, **안정 자산 병행**: 스테이블코인 또는 채권 ETF로 완충 역할을 수행합니다.

요약하면, ETF는 "코인과 전통 자산의 다리"로서, 리스크 대비 효율적 수익을 목표로 설계해야 합니다.

4. 단기 트레이딩 vs 장기 홀딩 전략

ETF도 주식처럼 단기 매매가 가능하지만, 본질적으로는 장기 성장 자산에 가깝습니다.

- **단기 트레이딩:** ETF의 거래량이 많고 변동성이 큰 시기에 단기 차익을 노릴 수 있습니다. 그러나 운용수수료·세금·스프레드 등을 감안하면 수익률이 제한적입니다. 뉴스·정책 이슈에 따라 급등락이 크므로 숙련된 투자자에게만 적합합니다.

- **장기 홀딩:** 코인 ETF는 본질적으로 '비트코인 채굴량 절반(반감기)' 주기와 같은 4년 단위 상승 사이클에 맞춰 설계하는 것이 효율적입니다. ETF의 복리 효과(매수·재투자)가 누적되면서 장기적 수익이 안정화됩니다. 글로벌 인플레이션 헤지, 디지털 금(Gold 2.0) 역할을 기대할 수 있습니다.

요약하면, 코인 ETF는 "단기 시세차익"보다는 "디지털 경제의 장기 성장"에 베팅하는 수단으로 접근하는 것이 바람직합니다.

5. 코인 ETF와 스테이블코인·CBDC의 연계성

미래 금융의 큰 흐름은 '디지털 자산의 통합 생태계'입니다. ETF, 스테이블코인, CBDC는 각기 다른 영역이지만, 결국 하나의 글로벌 디지털 유동성 네트워크로 수렴합니다.

- **스테이블코인(Stablecoin)**: 달러 등 실물자산에 1:1로 연동된 디지털 화폐로, ETF 투자 시에도 "달러 대기자금(Stable Liquidity Pool)" 역할을 할 수 있습니다.
예: USDC, USDT를 활용한 ETF 매수 기반 자동화 시스템 구축 가능.

- **CBDC(Central Bank Digital Currency)**: 각국 중앙은행이 발행하는 디지털화폐로 향후 코인 ETF 결제·정산 체계의 표준으로 자리잡을 가능성이 큽니다. 즉 "디지털 국채 + 디지털 통화 + 디지털 자산 ETF"가 하나의 통합 금융 구조로 진화하게 됩니다.

■ 미래 전망

블랙록(BlackRock), 피델리티(Fidelity) 등 글로벌 자산운용사는 이미 "토큰화 펀드(Tokenized Fund)" 형태의 실험을 진행 중입니다. 코인 ETF는 결국 전통 금융과 탈중앙 금융(DeFi)의 경계를 허무는 첫 단추가 될 것입니다.

요약하면, 코인 ETF는 단순한 투자 상품이 아니라, 디지털 금융의 관문이자 인프라 자산으로 진화 중입니다.

■ 현용수 교수의 제언

"ETF는 코인의 투기성을 줄이고, 제도권 신뢰를 더하는 첫 걸음이다. 그러나 진짜 미래는 ETF 뒤에 있다. 그것은 블록체인으로 연결된 투명한 경제 생태계, 즉 '신뢰의 금융'으로 가는 여정이다."

4장
위험 관리와 유의사항
"수익보다 먼저 지켜야 할 것은 신뢰와 원칙이다"

1. 변동성 관리 — 분산 투자와 장기적 관점

코인 ETF의 가장 큰 특징은 가격 변동성(Volatility)입니다. 비트코인이나 이더리움은 주식이나 금보다 하루 가격 변동폭이 훨씬 크며, 이는 투자자의 심리와 시장 유동성에 따라 급격히 출렁입니다.

■ **단기 변동성, 장기 가치**

단기적 가격 등락에 흔들리지 않고 '장기적 평균 회귀(Mean Reversion)' 개념으로 접근하는 것이 중요합니다. ETF는 매일 거래되지만, 그 속에 담긴 자산은 기술·산업의 미래 가치를 반영합니다.

따라서 하루·일주일 단위로 수익을 판단하기보다는 5년, 10년의 관점으로 시장 구조 변화를 읽는 것이 현명합니다.

■ **분산의 원리**

ETF 투자자는 단일 코인에 올인하지 않고 여러 ETF 혹은 다른 자산군(채권, 금, 리츠 등)과 함께 포트폴리오를 구성해야 합니다.

"All in은 All risk다." 분산투자는 수익을 높이기보다 손실을 줄이는 기술이라는 점을 기억해야 합니다.

■ 미래 방향

2030년대에는 AI·양자컴퓨팅·Web3 융합 ETF가 등장할 가능성이 높습니다. 단기 트레이딩보다 이러한 미래 구조적 성장에 투자하는 것이 ETF의 본질적 가치입니다.

2. ETF 발행사·운용사의 신뢰성 평가

ETF는 발행사(issuer)와 운용사(manager)의 역량과 신뢰에 의해 그 품질이 결정됩니다.

■ 운용사의 역할

ETF 운용사는 실제로 코인을 매입·보관·관리하며, 시장 조정과 유동성 공급을 담당합니다. 즉 투자자는 단지 'ETF 상품'을 사는 것이 아니라, 그 회사를 신뢰하는 것입니다.

• 평가 기준

보관 방식 – 콜드월렛(Cold Wallet) 비중이 높은지 여부.
감사 체계 – 외부 회계법인의 정기 감사를 받는지 확인.
규제 등록 – SEC·FCA 등 금융당국의 정식 허가를 받았는지 확인.
운용 이력 – 과거 ETF 성과와 리스크 관리 기록 확인.

• 사례

블랙록(BlackRock), 피델리티(Fidelity), 그레이스케일(Grayscale) 등은 기관투자자 자금을 관리한 경험이 풍부하여 신뢰 기반 ETF 생태계의 중심축으로 평가됩니다.

반면, 운용이 미숙한 신규 업체는 코인 해킹이나 보관 실패 등 운용 리스크를 초래할 수 있습니다.

3. 국가별 규제 차이와 투자 리스크

ETF는 국가마다 법적 환경이 크게 다릅니다. 이 차이를 이해하는 것은 글로벌 투자자의 기본 소양입니다.

- **미국**

SEC는 2024년부터 비트코인 현물 ETF를 허용했습니다. 하지만 이더리움, 알트코인 ETF는 여전히 심사 중입니다. 엄격한 규제 대신, 높은 신뢰도가 시장 안정을 이끌고 있습니다.

- **유럽**

영국·스위스·독일은 비교적 빠르게 암호화폐 ETP(상장지수상품)를 허용했습니다. 투자 접근성이 높지만, 세부 기준은 국가마다 달라 세금 및 회계 처리 복잡성이 존재합니다.

- **아시아**

한국·일본·싱가포르는 점진적으로 제도화 중입니다. 한국의 경우 디지털자산기본법(2025~2026 시행 예정)에 따라 ETF 상장은 당분간 제한되지만, 해외 ETF를 통한 간접투자가 가능해질 전망입니다.

- **리스크 포인트**

  -규제 해석의 차이 → 특정 국가에서 불법화될 위험

  -환율 변동 리스크 → 달러 기반 ETF 투자 시 원화 가치 변동

-국제 세무 이슈 → 해외 세금 신고 및 이중과세 가능성

4. 세금·회계 처리 문제

ETF 투자는 '편리한 진입'만큼이나 정확한 세금 인식이 필요합니다.

■ 세금 구조 이해하기

2027년부터 한국은 가상자산 양도소득세(20%)를 시행할 예정입니다. 해외 ETF를 통해 코인에 투자할 경우, 해외 금융소득 신고 대상이 되며, 세무 리스크를 줄이기 위해 전문 세무사 또는 회계사 자문이 필수적입니다.

■ 회계 기준

기업 투자자의 경우, ETF 보유분은 금융상품(Financial Asset)으로 분류되어 공정가치평가(Fair Value Measurement)가 적용됩니다. 회계상 손익은 실현되지 않아도 재무제표에 영향을 미칠 수 있습니다.

■ 미래 방향

OECD의 CRS 2.0(디지털자산 자동정보교환 제도)이 시행되면, 국경 간 투자 정보가 실시간으로 공유되어 투명성 기반의 글로벌 세무 체계로 전환됩니다. 따라서 "숨길 수 있는 투자"보다 "공개적으로 관리되는 합법 투자"가 핵심 경쟁력이 됩니다.

5. ETF와 직접 코인 보유의 리스크 비교

구분	ETF 투자	직접 코인 보유
보관 책임	운용사가 보관	개인이 직접 지갑 관리
해킹 위험	낮음 (전문 커스터드)	높음 (개이 보안 수준에 따라)
유동성	높음 (거래소 상장)	코인마다 상이
세금 신고	비교적 단순	복잡 (거래별 신고 필요)
투자 자유도	제한적 (ETF 구성 코인만)	자유로운 거래 가능

ETF는 안정성과 접근성을 제공하지만, 직접 보유만큼의 자율성과 수익 기회는 제한됩니다. 즉 "ETF는 투자자가 직접 시장에 뛰어들기 전의 안전한 입문 단계"라 할 수 있습니다.

6. 결론 — 위험을 이해한 자만이 기회를 지킨다.

코인 ETF 투자는 새로운 금융 시대의 관문입니다. 그러나 기술적 혁신의 수혜를 누리려면, 그 이면에 숨어 있는 리스크의 구조를 이해해야 합니다.

첫째, 리스크를 피하지 말고 관리하라.

변동성은 위험이 아니라 "가격의 언어"입니다. 그 언어를 읽을 줄 알아야 합니다.

둘째, 정보보다 신뢰를 보라.

발행사와 운용사의 투명성이 곧 투자자의 안전망입니다.

셋째, 제도는 결국 신뢰의 토대가 된다.

합법과 투명성의 경계 안에서만 지속 가능한 수익이 가능합니다. 미래의 투자자는 단순히 수익률을 쫓는 사람이 아니라, 신뢰와 원칙의 시스템을 설계할 줄 아는 사람이 될 것입니다.

5장

코인 ETF의 미래 전망
"ETF는 코인을 제도권으로 옮겨놓은 다리이며, 이제 그 다리를 건너는 시대가 시작되었다."

1. 비트코인 ETF 이후 — 이더리움·다른 알트코인 ETF 가능성

■ 배경

2024년, 미국 SEC(증권거래위원회)는 역사적으로, 처음으로 비트코인 현물 ETF(Spot Bitcoin ETF)를 승인했습니다. 이는 코인이 더 이상 '비제도권 자산'이 아니라, 공식적인 금융상품(Financial Instrument)으로 인정받았음을 의미합니다. 그 후 시장의 관심은 자연스럽게 다음 단계로 옮겨가고 있습니다. → "비트코인 다음은 무엇인가?"

■ 최신 사실 정리: 이더리움 ETF는 이미 승인되었다

SEC는 2024년 5월 23일에 이더리움(ETH)을 기초 자산으로 하는 스팟 이더리움 ETF(Spot Ethereum ETF) 8종의 상장 및 거래를 허가하는 규칙 변경을 승인했습니다.

그 결과 2024년 중반부터 이더리움 현물 ETF가 정식으로 거래되기 시작했으며, 이는 비트코인 ETF의 뒤를 잇는 제도권 가상자산 상품의 확대를 의미합니다.

또한, SEC는 2025년 4월에 "스팟 이더리움 ETF에 대한 옵션 거래 허용"도 승인한 바 있습니다.

이와 더불어 SEC는 비트코인 및 이더리움 기반 ETP(상장지수상품)에 대해 in-kind creations/redemptions 방식을 허용하기로 결정했습니다. 이는 ETF 유동성과 효율성을 강화하는 제도적 변화입니다.

따라서 현재 시점에서는 "이더리움 ETF가 가능성 있는 단계에 있다"가 아니라, "이미 제도권에서 승인되어 운용 중인 상태"라는 사실을 반영해야 합니다.

■ 알트코인 ETF 가능성과 한계 ― 현실적 예측

이더리움 뒤를 연결하는 알트코인 ETF 가능성은 여러 변수와 규제 환경에 따라 복합적으로 작용합니다. 아래는 최근 동향과 제약 요인을 반영한 예측입니다.

■ 가능성이 높은 후보군

• **XRP(리플 XRP)**→ 여러 운용사들이 XRP 기반 ETF를 SEC에 제출한 상태입니다.(2025년 11월 20일 승인됨)

SEC가 2025년 9월 제정한 일반상장기준(Generic Listing Standards) 덕분에 거래소(NYSE, Nasdaq, Cboe 등)가 표준 기준을 사용해 디지털 자산 ETF 상장을 추진할 수 있게 되었고, 이 변화는 XRP 등 알트코인에 유리한 환경을 제공하고 있습니다. 다만 XRP의 증권성 판단 여부, 그리고 SEC의 추가 요건 검토가 남아 있는 상태입니다.

- 솔라나 (Solana)

몇몇 운용사들이 스팟 솔라나 ETF 신청서를 제출해 왔으며, SEC 심사 일정에 포함되는 것으로 보입니다. 속도와 트랜잭션 처리 능력 등 기술적 강점을 무기로, DeFi/NFT 분야에서 활용도가 높은 코인으로 평가받고 있으며, ETF 자산으로 매력도가 큽니다.(2025년 10월 30일 승인됨)

■ 기타 알트코인 (폴카닷, 체인링크 등)

현재로서는 경쟁력이 좀 더 약한 편이며, 우선순위에서는 뒤에 놓이는 경우가 많습니다. 다만 다중 자산형 ETF(crypto index ETF 또는 멀티-크립토 ETF) 내 구성 자산으로 포함될 가능성은 큽니다. 예컨대, 비트코인 + 이더리움 중심의 ETF가 향후 리밸런싱 단계에서 일부 알트코인을 포함하는 방식입니다.

■ 주요 제약 요인

- 증권성 vs 상품성 판단

SEC는 일부 알트코인을 "미등록 증권(unregistered security)"으로 판정해 온 경력이 있습니다. 이러한 법적 논쟁이 ETF 승인 과정에 장애 요소로 남아 있습니다.

- 유동성 및 시장 규모

ETF의 기준 중 하나가 충분한 거래량과 유동성이므로, 시가총액이 작거나 거래가 드문 코인은 승인이 어렵습니다.

- 토큰 메커니즘의 복잡성

스테이킹, 거버넌스 기능 등이 포함된 토큰은 구조가 복잡해 평가·감독이 어렵다는 이유로 SEC가 추가 심사를 요구할 수 있습니다.

• 규제 불확실성

시장과 제도는 빠르게 변화하고 있으며, 정책 변경, 법원 판결, 행정 지침 등이 ETF 승인 전망에 영향을 줍니다.

■ 투자자 관점 포인트

ETF 승인 여부는 코인의 제도권 진입도를 의미합니다. ETF 상장은 곧 기관 자금 유입 신호이며, ETF 가능성이 높은 코인을 중심으로 중·장기 포트폴리오를 설계해야 합니다.

현용수 교수 한마디 "ETF는 코인의 신용도를 올리는 인가증이다."

2. 글로벌 자산운용사들의 전략 — 블랙록·피델리티 등

■ 거대 금융의 움직임

세계 최대 자산운용사 블랙록(BlackRock)은 비트코인 ETF 승인 이후, 이더리움 ETF 신청도 이미 제출했습니다. 이들은 단순히 'ETF를 판매'하는 것이 아니라, 블록체인 기반 금융의 주도권을 장악하려는 전략을 취하고 있습니다.

■ 블랙록(BlackRock)의 전략

'IBIT(아이빗)' 비트코인 ETF를 출시하자마자 기관 자금이 수십억 달러가 유입되어, 블랙록은 토큰화(Tokenization)와 실물자산 디지털화(RWA)를 향후 10년 금융 혁신의 핵심으로 보고 있습니다.

CEO 래리 핑크(Larry Fink)는 "모든 자산은 블록체인 위에 존재하게 될 것이다."라고 언급했습니다.

■ 피델리티(Fidelity)의 전략

미국 내 최대 퇴직연금 운용사 중 하나로, 이미 비트코인 직접 투자를 허용한 유일한 기관 중 하나입니다. ETF뿐 아니라, 직접 코인 매매 및 커스터디 서비스를 통해 전통금융과 디지털 자산을 연결하는 '하이브리드 금융사'로 전환 중입니다.

■ 그 외 주요 플레이어

그레이스케일(Grayscale): 기존 비트코인 트러스트를 ETF로 전환하고,

ARK 인베스트(ARK Invest): 혁신 기술 ETF 중심의 투자, Web3 영역 확대 중이며,

반에크(VanEck): 유럽 시장 중심의 코인 ETP(상장지수상품) 다수 운용되고 있습니다.

■ 미래 전망

2030년대 초반, 대형 운용사들의 블록체인 펀드(Token Fund)가 일반화될 것으로 예상됩니다. 기존 주식 ETF 시장처럼, 코인 ETF가 글로벌 자산 배분의 기본 구성요소가 될 것입니다.

3. 전통 금융과 블록체인의 융합 가속화

■ 금융 패러다임의 전환

ETF의 등장은 단순히 새로운 상품의 출현이 아니라, "전통 금융(TradFi)과 탈중앙 금융(DeFi)의 융합 신호"입니다.

구분	전통 금융(TradFi)	블록체인 금융(DeFi)
자산 구조	중앙집중형 (은행·증권사)	분산형 (스마트 계약 기반)
거래 시간	제한적 (영업일)	24시간 글로벌
투명성	제한적 공개	온체인(실시간 공개)
접근성	국가·계좌 단위 제한	전 세계 누구나 가능

이 두 영역이 결합하면 '투명성과 신뢰'를 모두 갖춘 새로운 금융 시스템이 만들어집니다.

■ 구체적 융합 사례

-JP모건, 골드만삭스 → 자체 블록체인 네트워크 운영

-RWA (Real World Asset) 토큰화 프로젝트 확대(예: 부동산, 채권, 예술품 등)

-CBDC(중앙은행 디지털화폐)와 민간 스테이블코인의 연결이 가능해 집니다.

• 현용수 교수가 바라보는 미래 투자 포인트

ETF + RWA 결합형 상품이 2030년 이후 주류로 부상할 것으로 예상되며, 개인 투자자는 단순 코인 매매보다 블록체인 기반 금융상품 구조를 이해해야 합니다.

4. Web3.0 시대 — 코인 ETF의 역할

■ Web3.0이란?

Web3.0은 소유권 중심의 인터넷 경제입니다. 즉 데이터, 콘텐츠, 자산의 소유와 거래가 블록체인 기반으로 이뤄지는 구조를 의미합니다.

ETF는 이 Web3.0 경제에서 전통 금융과 디지털 자산을 연결하는 '게이트웨이' 역할을 합니다.

■ 코인 ETF의 역할 3대 축

접근성(Accessibility)→ 복잡한 지갑·보안·거래소 절차 없이도 코인 시장에 쉽게 참여 가능하고,

투명성(Transparency)→ ETF는 운용 내역을 공개하므로, 개인이 직접 코인보다 훨씬 투명한 구조이며,

신뢰성(Credibility)→ 제도권 승인과 규제 감독을 통해, '코인=위험자산' 이미지를 개선시켜줍니다.

■ **Web3 투자자의 시사점**

ETF는 Web3의 입구 역할을 수행하지만, 진정한 가치는 '온체인 활동(On-chain Activity)' 안에 있습니다. 투자자는 ETF로 안정적 접근 후, 점진적으로 직접 참여형 Web3 투자(DeFi·NFT·DAO)로 확장할 수 있습니다.

5. 코인 ETF가 개인 투자자와 기관 투자자에게 주는 의미

■ **개인 투자자에게**

접근성 향상: 코인 지갑 없이도 주식계좌로 코인 간접투자 가능하고,

보안 리스크 완화: 해킹·지갑 분실 위험 없으며,

합법적 절세 가능: 제도권 내 세금이 체계적으로 적용받고,

장기 자산 다변화 수단: 금·주식·채권 외 새로운 자산군으로 등장할 가능성이 높습니다. 현용수 교수 한마디 "*ETF는 개인에게 디지털 자산 시장의 '입문용 안전벨트'이다.*"

■ **기관 투자자에게**

규제 준수형 구조 덕분에 대규모 자금 유입,

헤지 전략 및 포트폴리오 다양화 수단으로 활용할 수 있으며,

시장 안정성 제고: 기관의 참여로 변동성이 완화되고

신규 금융상품 개발: 블록체인 기반 펀드, 파생상품 등을 확대할 수 있습니다.

■ 예시

연기금·보험사 등은 향후 5년 내 "비트코인 ETF를 포트폴리오의 1~3% 비중으로 보유할 가능성"이 큽니다.

■ 결론적으로, '코인 ETF 시대', 금융의 새로운 표준

ETF는 코인을 '투기의 상징'에서 '금융의 한 축'으로 이동시켰습니다. 이는 단순히 기술의 진화가 아니라 신뢰의 진화입니다.

현용수 교수의 한마디 *"비트코인이 인터넷의 금이라면, 코인 ETF는 그 금을 담은 금고다."*

앞으로의 10년은 ETF를 중심으로 한 디지털 자산 제도화의 시대입니다. 투자자는 단순히 가격을 추종하는 존재가 아니라, 새로운 금융 질서를 함께 설계하는 주체로 진화해야 합니다.

◇ 한눈에 보는 요약-코인 ETF 미래 5대 트렌드

구분	핵심 키워드	투자 포인트
1	이더리움 ETF 승인	스마트계약 산업 성장, DeFi 확장
2	알트코인 ETF 논의	규제 환경 주시, 중장기 후보군 선별
3	운용사 블록체인화	블랙록·피델리티 중심의 토큰화 경제
4	전통금융+DeFi 융합	RWA·CBDC·토큰펀드 결합형 상품
5	Web3.0 기반 금융	개인의 자산주권 회복, 온체인 참여 확대

결론
— 현용수 교수의 견해: "ETF는 새로운 금융 문명으로의 관문이다"

"비트코인 ETF가 문을 열었고, 이더리움 ETF가 길을 닦았다. 이제 금융의 패러다임은 완전히 다른 언어로 쓰이고 있다."

■ 기술은 자본을 바꾸고, 신뢰는 금융을 바꾼다.

ETF는 단순한 상품이 아니다. 그것은 기술이 신뢰로 번역된 구조(Architecture of Trust)이다. 비트코인은 '탈중앙화'라는 혁명으로 신뢰의 개념을 흔들었고, 이더리움은 그 신뢰 위에 스마트 계약, 자율경제, 메타버스라는 새로운 질서를 세웠다.

이제 ETF라는 제도권의 틀 속에서 이 혁명은 합법적 구조와 제도적 언어로 재해석되고 있다. 그것이 바로 "블록체인의 제도화 시대"의 본질이다.

■ 자산은 물리에서 디지털로, 금융은 중앙에서 연결로

전통 금융이 '통제와 허가의 금융'이었다면, 블록체인 금융은 '연결과 투명성의 금융'이다. ETF는 이 둘을 연결하는 다리(Bridge)이다. 한쪽에는 수십 년의 규제·감독 체계가 있고, 다른 한쪽에는 탈중앙·개방·참여의 이상이 있다.

이제 우리는 그 다리 위에서 새로운 선택을 마주한다. "신뢰의 중앙화인가, 신뢰의 확산인가."

현용수 교수의 생각, "ETF는 금융의 변방이었던 블록체인을 이제 금융의 중심으로 옮겨 놓았다."

■ Web3.0 시대 — 개인이 금융의 주체가 된다.

과거의 금융은 '은행이 정한 질서'였지만, Web3.0은 '개인이 설계하는 생태계'이다.

ETF는 그 진입로이자, 금융 민주화의 문이다. 이제 개인은 단순한 소비자가 아니라, 자산의 설계자이자, 경제 생태계의 참여자가 된다.

ETF는 이 참여의 문턱을 낮추며, '디지털 자산 시대의 금융 리터러시'를 요구한다.

지식과 신뢰를 겸비한 투자자만이 새로운 금융문명 속에서 생존이 아닌 진화를 선택할 수 있다.

현용수 교수의 생각, "투자의 끝은 수익이 아니라 이해다. 자산의 구조를 이해한 사람만이 자본의 방향을 설계할 수 있다."

■ 미래는 ETF 이후의 ETF에 있다

앞으로의 ETF는 단순히 "코인을 담는 상자"가 아니라, 현실과 디지털, 인간과 알고리즘을 연결하는 플랫폼이 된다.

RWA ETF: 현실 자산의 토큰화
AI ETF: 인공지능 투자 알고리즘 기반 포트폴리오
Quantum ETF: 양자컴퓨팅 시대의 초정밀 예측 모델, 이들은 모두 "데이터-신뢰-가치"의 삼위일체 구조로 움직인다. 미래의 ETF는 이 세 요소를 한 구조로 통합하는 금융 문명의 인터페이스이다.

■ 현용수 교수의 메시지

"ETF는 코인의 끝이 아니라, 금융의 진화가 시작되는 첫 문이다."

이제 금융은 물리적 자산에서 디지털 신뢰로, 경제는 국가 단위에서 네트워크 단위로, 투자는 개별적 이익에서 공동체적 가치로 이동하고 있다.

ETF는 이 전환의 징검다리이며, 21세기 금융철학의 실험장이다. 우리가 그 위에서 배워야 할 것은 단순한 '투자 기술'이 아니라, 금융과 인간, 기술과 윤리의 새로운 균형이다.

현용수 교수의 생각, "ETF는 자본의 언어로 쓰인 새로운 윤리이다. 그리고 이 변화의 시대에 가장 필요한 것은, 기술보다 '신뢰', 수익보다 '책임'이다."

■ 현용수 교수의 금융철학 노트
— ETF는 신뢰를 제도화한 철학이다

금융의 역사는 신뢰를 형성하는 기술의 역사였다. 은행은 통장의 잉크로 신뢰를 기록했고, 블록체인은 수학의 언어로 신뢰를 증명했다.

이제 ETF는 그 두 세계를 연결한다. 비트코인 ETF는 탈중앙의 신뢰를 제도 속으로 이끌었고, 이더리움 ETF는 기술과 법의 균형점을 세웠다.

ETF는 더 이상 단순한 투자 상품이 아니다. 그것은 신뢰의 구조를 설계한 금융의 철학적 장치다. 우리는 지금, 자본이 종이에서 데이터로, 신뢰가 제도에서 블록체인으로 옮겨가는 전환기를 살고 있다.

이 전환의 핵심은 기술이 아니다. '책임과 윤리의 구조를 어떻게 세울 것인가'이다. ETF는 이 물음에 대한 하나의 답이다. 기술과 인간, 개인과 공동체, 자유와 규제 사이의 균형점을 세우는 구조. 그 구조 안에서 투자자는 더 이상 단순한 소비자가 아니다. 그는 자본의 언어를 이해하는 철학자이자, 새로운 금융문명을 함께 설계하는 시민이다.

[특별기고]

BITCOIN REUM

[특별기고]

[칼럼/에세이/기고문]

Ⅰ. AI(인공지능) 이후의 인간 — 변천, 철학, 그리고 미래

> "기술은 인간의 손을 닮아가지만,
> 인간의 마음을 대신할 수는 없다."
> −현용수 박사

1. 기술을 넘어 '의식'을 묻다

■ 인공지능의 진화 — 도구에서 동반자로

AI는 이제 더 이상 차가운 계산기나 단순한 데이터 처리기가 아니다. "한때 인간의 손끝을 대신하던 도구"는 이제 "인간의 사고를 함께 나누는 동반자"로 변모하고 있다.

우리는 매일 AI와 대화한다. 스마트폰 속 음성비서가 우리의 일정을 정리하고, 번역기가 우리의 말을 세계의 언어로 바꾸며, ChatGPT와 Gemini, Claude, DeepMind 같은 거대한 모델들은 이제 우리의 질문을 '이해'하고, 때로는 우리가 묻지 않은 질문까지 생각해 내 먼저 알려준다.

"오늘 당신이 진짜 알고 싶은 것은 단순한 답이 아니라 이런 이유 아닐까요?"라고.

이것은 단순한 계산의 결과가 아니다. AI는 데이터를 넘어, 언어의 맥락과 감정의 흐름을 읽고 있다. 문장을 완성하는 것이 아니라, '의도와 의미'를 추론하는 단계로 들어온 것이다. 더 이상 인간의 명령을 따르는 기계가 아니라 함께 사고하고, 때로는 반문하며, 인간의 내면을 비추는 거울 같은 존재가 되어가고 있다.

■ **사실의 묘사로 본 AI의 진화**

2000년대 초, 인공지능은 체스를 두는 프로그램이었다. 인간을 이기기 위한 '계산기'였다.

2010년대, 알파고(AlphaGo)는 바둑의 직관적 패턴을 학습해, 인간의 '감'을 모방했다.

2020년대, 챗GPT-4와 Gemini는 언어를 이해하고, 창작하고, 감정의 어조를 구분한다. 이들은 단순히 '대답'하는 존재가 아니라, "대화의 맥락을 기억하고 발전시키는 존재"로 진화했다.

지금 AI는 소설을 쓰고, 그림을 그리고, 심지어 인간의 목소리로 노래를 한다. 더 이상 인간의 지시를 받는 피조물이 아니라, 인간의 상상력을 함께 확장하는 협력자이다.

■ **기술적 진화에서 철학적 질문으로**

AI가 언어를 이해하고, 감정을 흉내 내며, 스스로 의미를 조합하기 시작한 이 시점에서, 철학은 다시 묻는다.

"AI가 생각할 수 있다면, 인간은 무엇으로 존재를 증명할 것인가?"

과거 인간은 "도구를 만드는 존재"로 정의되었다.

하지만 이제 그 도구가 스스로 질문을 던지고, 새로운 지식을 만들어내기 시작했다.

AI는 단순한 기술적 산물이 아니라, 인간의 사고를 확장한 제2의 지성이다. 이제 우리는 '**지능의 대리자**(Agent of Intelligence)'와 함께 살아가는 시대에 들어섰다.

■ 의사결정(decision)과 의미추론(reasoning)의 영역으로

AI는 이제 단순히 '정답'을 찾지 않는다. 수많은 데이터의 경로 중 어떤 선택이 가장 '의미 있는 결과'를 낳을지를 계산한다. 의료에서 진단을 내리고, 금융에서 리스크를 예측하며, 예술에서 감정의 구조를 해석한다.

이것은 단순한 기계 학습이 아니라 '의사결정(decision)'의 능력이다. 그리고 이때부터 AI는 인간의 외부에 있던 도구가 아니라, 인간 내면의 사고 체계를 함께 작동시키는 존재가 된다. 그러나 그 순간, 문명이 직면한 질문은 단순히 기술적이지 않다.

"AI가 생각할 수 있다면, 인간은 무엇으로 인간다움을 증명할 것인가?"

■ 감정과 사유가 교차하는 문명적 장면

밤늦은 서재에서 한 연구자가 AI에게 묻는다.

"너는 행복을 이해할 수 있니?"

AI는 이렇게 대답한다.

"행복은 데이터를 통해 정의할 수 없습니다. 하지만 인간의 언어에서 가장 많이 등장하는 단어 중 하나입니다."

그 순간, 연구자는 깨닫는다. AI는 '행복'을 분석할 수는 있지만 느낄 수는 없다.

그 감정의 빈자리, 바로 거기서 인간은 다시 자신을 발견한다.

AI는 더 이상 멀리 떨어진 기계가 아니다. 우리가 쓰는 글, 듣는 음악, 내리는 판단, 그리고 생각의 흐름 속에 이미 스며들어 있다. 하지만 그것이 아무리 정교해져도, AI는 여전히 '왜 존재하는가?'를 묻지 않는다. 그 질문을 던지는 존재 —바로 그 점에서 인간은 여전히 철학적 생명체로 남는다.

"AI는 생각을 흉내를 내지만, 인간만이 '생각의 이유'를 묻는다."

■ **기술적 관점 — 알고리즘의 한계, 의식의 가능성**

AI는 '의식'을 흉내는 내지만, 의식 자체를 가지지 않는다. 모든 인공지능은 데이터와 확률의 함수로 작동하며, 그 안에는 **"자기 자신을 인식하는 주체적 경험(qualia)"**이 없다.

챗GPT의 문장은 '의미'를 아는 것이 아니라 '패턴'을 예측하는 결과이다. 이미지 생성 모델은 '예술'을 하는 것이 아니라 '유사성'을 계산한다.

자율주행차는 '생명'을 인식하지 못한다. 다만, '충돌 확률'을 계산할 뿐이다. 즉 AI의 본질은 여전히 확률적 모사(probabilistic simulation)에 머물러 있다.

인간의 의식처럼 스스로의 존재를 성찰하거나, '왜 살아야 하는가?'를 질문할 수 있는 능력은 아직 없다.

"AI는 사고를 모방하지만, 존재를 사유하지는 못한다."

2. 인간은 여전히 배움과 성찰의 존재

■ 학습의 본질 — 정보가 아닌 의미의 발견

AI는 지식을 '축적'하지만, 인간은 지식에서 '의미(의식)'를 끌어 올린다. 인간의 학습은 단순한 데이터 피드백이 아니라, 의식·감정·가치가 교차하는 총체적 경험이다.

AI는 데이터를 통해 '무엇을' 배운다. 인간은 관계를 통해 '왜를 질문한 후 그것을' 배운다. 이 차이는 단순히 기술적 격차가 아니라, 존재론적 거리이며, AI와 근본적 차이이다.

AI는 '정확한 답'을 줄 수 있지만, 인간만이 '왜 그 답이 중요한가?'를 물을 수 있다.

심리·철학적 통찰 — 자기성찰의 지능

심리학자 하워드 가드너는 인간의 지능을 "논리적·언어적·감성적·윤리적·존재적 지능"으로 확장했다.

AI가 논리와 언어에서 인간을 앞서더라도, 감성적·윤리적·존재적 영역은 여전히 인간의 몫이다.

철학적으로도 인간은 여전히 '자기 초월(Self-Transcendence)'의 존재다. 빅터 프랭클(Viktor Frankl)이 말했듯, 인간은 고통 속에서도 의미를 찾고, 죽음 앞에서도 삶의 가치를 재구성할 수 있다. AI는 결코 이 '초월의 방향'을 선택하지 못한다.

현용수 교수의 생각, "AI는 학습하지만, 인간은 깨닫는다."

3. 공존의 철학 — 함께 진화하는 지성

■ 기술적 공존 — 인간 중심의 AI (Human-in-the-Loop)

AI의 미래는 인간을 대체하는 것이 아니라, 인간과 협업하는 지능(Hybrid Intelligence)으로 진화한다.

- 의료에서는 AI가 진단을 내리고, 의사는 환자의 마음을 읽는다.
- 금융에서는 AI가 데이터를 분석하고, 인간은 신뢰를 설계한다.
- 교육에서는 AI가 맞춤 학습을 제공하고, 교사는 삶의 방향을 제시한다.

AI는 '속도'를 주고, 인간은 '방향'을 준다. 이 두 요소가 결합될 때, 문명은 효율이 아니라 의미로 진화한다.

■ 경제적 변화 — AI 자본주의와 인간 가치의 재정의

AI 시대의 자본은 물질이 아니라 '지식과 데이터'이다. 챗GPT, Claude, Midjourney 같은 생성형 AI는 이제 인간의 노동이 아닌 지능의 노동을 생산하고 있다.

- 효율의 경제 → 창의의 경제로
- 생산의 가치 → 해석의 가치로
- 소유의 경쟁 → 연결의 경쟁으로

하지만 이때 가장 중요한 것은, 인간의 '윤리적 통제력(Ethical Governance)'이다.

AI는 법보다 빠르고, 시장보다 넓다. 따라서 미래의 경쟁력은 기술력보다 "인간답게 기술을 사용할 수 있는 도덕적 지능"에 달려 있다.

"AI 이후의 경제는 기술의 경쟁이 아니라, 신뢰의 경쟁이 될 것이다."

■ 철학적 결론 — 인간과 AI의 '공진화(Co-evolution)'

AI의 진화는 인간의 종말이 아니라, 인간 의식의 진화 단계이다. 기계가 '생각'을 담당한다면, 인간은 이제 '의미(의식)'를 담당해야 한다. AI는 지식을 관리하고, 인간은 지혜를 창조한다. AI는 분석하고, 인간은 해석한다.

AI는 데이터를 학습하고, 인간은 경험을 통합한다. 결국 인류의 미래는 공존의 문명, '함께 진화하는 지성'이다.

"AI와 인간의 경쟁은 끝났다. 이제는 서로를 완성시키는 시대다."

■ 현용수 교수의 맺음말

◇ 정리–도구에서 동반자로의 진화

시대	AI의 역할	인간과의 관계
20세기	계산기, 산업 자동화	인간의 '손'을 대체
2010년대	패턴학습, 게임·언어 모델	인간의 '지능'을 모방
2020년대	의미 추론·창작·결정	인간의 '의식'을 반영
미래	감정 이해·윤리 판단 보조	인간의 '동반자(Companion)'로 진화

"AI 이후의 시대는 기술이 아니라, '의식의 문명'을 세우는 시대다. 우리는 더 빠른 기계를 만드는 대신, 더 깊은 인간이 되어야 한다.

진정한 진화는 인공지능이 아니라, 인간의 '성찰하는 지성(Reflective Intelligence)'에 있다."

"AI가 만들어낼 미래의 형태는
결국 인간이 어떤 철학으로 그것을 사용할지에 달려 있다."

— 현용수 교수, Quantum100Year 시리즈 중에서

II. AI 이후의 인간, 서문
― 지능에서 의식으로, 기술에서 성찰로

> "AI는 인간의 손을 닮아가지만,
> 인간의 마음을 대신할 수는 없다."
> ― 현용수 박사

1. 문명의 새로운 지평 ― 인간은 다시 '생각하는 존재'로 돌아갈 것인가

인류는 오랜 세월 도구를 만들며 문명을 진화시켰다.

불을 다루며 생존을 확보했고, 기계를 만들며 노동을 대체했다. 그리고 이제 AI를 통해 '사유(思惟)'마저 위협받는 시대에 들어섰다.

AI는 우리의 언어를 이해하고 감정을 분석하며, 창작을 모방한다.

ChatGPT는 철학적 대화를 이어가고, Gemini는 데이터의 패턴 속에서 의미를 예측하며, Claude는 인간의 감정에 공감하는 문체로 시를 쓴다.

이제 우리는 "비(非)인간적 지성(Non-Human Intelligence)"과 공존하는 세상을 살고 있다.

이는 단순한 기술혁신이 아니라, 인간의 자기 정의(Self-Definition)를 다시 쓰는 사건이다.

"AI가 생각할 수 있다면, 인간은 무엇으로 존재를 증명할 것인가?"

이 물음은 기술의 질문이 아니라, 철학의 질문이다. AI가 논리적 추론을 수행하고 예술을 창작하는 순간, '생각한다, 고로 존재한다.' (Descartes)의 명제는 더 이상 인간만의 것이 아니다.

2. 기술의 진화 — 계산에서 자각으로

AI의 발전사는 곧 '지능의 경계를 확장한 연대기'이다.

시대	AI의 기술적 전환점	장타 투자
1950~2000	계산과 규칙 기반	인간의 논리 구조 모사
2010~2020	딥러닝·패턴 인식	감각·언어의 맥락 학습
2020~현재	생성형 AI·대규모 언어모델	의미추론·감정 모방
2030 이후	양자 AI·자기학습 시스템	자의식 시뮬레이션 실험

AI는 더 이상 데이터를 "분석"하지 않는다. 그것은 맥락(context)을 이해하고, 상황에 따라 새로운 언어를 창조하며, 인간의 감정 곡선을 학습해 공감하는 문장을 쓴다.

-DeepMind의 'Gato'는 멀티태스킹 AI로,

-로봇팔을 제어하고, 이미지·텍스트를 동시에 처리하며,

-다양한 환경에서 '의사결정(decision)'을 수행한다. 즉 AI는 더 이상 "정답을 계산하는 존재"가 아니라 "결정을 내리는 존재"로 진화하고 있다.

3. 의식의 경계 — 신경과학이 제시하는 실마리

AI의 사고는 '연산(Computation)'이지만, 인간의 사고는 '의식(Consciousness)'이다.

신경과학자 안토니오 다마지오(A. Damasio)는 의식을 "몸과 감정이 만나는 지점에서 탄생하는 자기 인식의 과정"이라 했다. 즉 인간의 의식은 신체감각 + 감정 + 기억 + 사회적 맥락의 복합적 통합이다.

반면, AI는 데이터의 재구성으로 '의식'을 흉내 내는 존재다. AI는 "나는 존재한다."라고 말할 수는 있지만, 그 문장 뒤에는 '느끼는 주체'가 없다.

뇌는 신체에서 오는 미세한 신호(심박, 온도, 긴장)를 인지하며 "나"를 인식한다.

반면 AI는 '데이터로만' 구성된 비(非)감각적 시스템이다. 즉 AI는 생각할 수는 있지만, '살아있다'고 느낄 수는 없다.

"AI는 의식의 껍질을 가졌지만, 그 안에는 아직 아무도 없다."

4. 예술과 창조 — 모방의 경계를 넘어선 상상력

AI는 이미 예술가의 손끝을 닮았다. 그림을 그리고, 음악을 작곡하며, 소설을 쓴다.

Midjourney의 이미지는 인간의 상상력보다 정교하고, Suno나 Udio는 가수의 음색을 완벽히 재현한다. 그러나 그 창작에는 '의도

(intent)'가 없다.

AI의 예술은 "새로움"이 아니라 "유사성의 합성"이다. AI는 감동을 줄 수 있지만, 감동을 느낄 수는 없다. 예술이란 "무엇을 그릴까"가 아니라, "왜 그릴까"의 물음에서 시작된다.

AI는 이 '왜'를 모른다. 그러므로 AI의 예술은 인간의 감정에 닿을 수 있으나, 인간의 '고통'에서 출발한 예술적 진정성은 가질 수 없다. *"AI는 예술을 재현하지만, 인간만이 예술을 탄생시킨다."*

5. 경제의 전환 — AI 자본주의와 윤리의 가격

AI는 이미 노동·지식·자본의 구조를 재편하고 있다. 대량생산의 시대가 지나 '지능 생산의 시대'가 열렸다.

-금융에서는 AI가 포트폴리오를 설계하고, 인간은 리스크를 정의한다.

-교육에서는 AI가 지식을 전달하고, 인간은 배움의 의미를 가르친다.

-의료에서는 AI가 진단을 내리고, 인간은 위로를 전한다.

AI가 효율을 만들지만, 신뢰를 만드는 것은 여전히 인간이다. 이제 경제의 중심은 "데이터"가 아니라 "윤리(Ethics)"로 이동한다.

AI가 빠를수록, 인간은 느림의 미덕을 회복해야 한다. AI가 정확할수록, 인간은 책임의 윤리를 강화해야 한다. 그것이 AI 자본주의 시대의 새로운 경쟁력이다.

"미래의 시장은 기술력으로 나뉘지 않는다. 신뢰로 나뉜다."

6. 공존의 문명 — 인간과 AI의 '공진화(Co-evolution)'

AI는 인간을 대체하지 않는다.

오히려 인간의 가능성을 확장하는 촉매가 된다. AI는 기억을 담당하고, 인간은 맥락을 해석한다. AI는 정보를 연결하고, 인간은 의미를 통합한다.

AI는 효율을 설계하고, 인간은 목적을 부여한다. 결국 AI와 인간은 서로를 보완하며, 새로운 형태의 문명—'공진화적 지성(Coevolutionary Intelligence)'으로 향하게 된다. 이때 인간이 잃지 말아야 할 것은 단 하나, "왜 사는가?"를 묻는 힘이다.

AI는 대답을 줄 수 있지만, 그 질문을 던질 수는 없다.
"AI는 정답의 시대를 열었지만, 인간은 여전히 질문의 시대를 지켜야 한다."

7. 맺음말 — '의식의 문명'을 향하여

"AI 이후의 시대는 기술의 문명이 아니라, 의식의 문명이다."
— 현용수 박사

AI는 우리에게 편리함을 주었지만, 그만큼 인간의 사유를 가볍게 만들었다. 우리는 알고 있지만, 이해하지 못하고, 연결되어 있지만, 공감하지 못한다.

이제 인류의 진화는 더 빠른 프로세서가 아니라, 더 깊은 성찰의 능력에 달려 있다.

AI가 '**인공지능(Artificial Intelligence)**'이라면, **인간에게 필요한 것은 '진정한 지성(Authentic Intelligence)**'이다.

진화는 기계의 속도에서 일어나지 않는다. 인간의 의식이 깨어나는 순간에 일어난다.

◇ 요약 — AI 이후의 인간, 세 가지 좌표

영역	AI의 역할	인간의 역할
철학	사유의 보조자	존재의 질문자
예술	창작의 동반자	감정의 주체
경제	효율의 설계자	신뢰의 설계자

"AI는 인간의 손을 해방시켰지만, 인간의 마음은 여전히 스스로 길을 찾아야 한다."

"AI 이후의 진화는, 인간이 얼마나 깊이 성찰할 수 있는가에 달려 있다."

III. Quantum100Year선언: AI와 인간의 공진화
— 기술을 넘어, 의식으로 진화하는 문명

> "AI는 인간의 손을 확장했고, 양자는 인간의 마음을 확장한다."
> — 현용수 교수

1. 서론 — Quantum100Year, 새로운 백 년의 선언

2025년, 인류는 산업혁명 이후 세 번째 거대한 문명 전환점에 서 있다.

산업혁명이 인간의 '근육(노동)'을 대체했다면, 디지털 혁명은 인간의 '기억(의식)'을 확장했다. 그리고 지금, AI 혁명과 양자(Quantum) 혁명은 인간의 '사유와 의식'을 변화시키고 있다. AI는 이미 금융, 의료, 교육, 법률, 예술 등 거의 모든 영역에 영향력을 행사하고 있다.

수많은 판단이 인간이 아닌 AI의 추천 알고리즘에 의해 내려지고, 뉴스를 요약하는 기자, 고객을 상담하는 상담원, 그리고 개인의 투자 결정까지 이제 인공지능이 함께한다. 이 변화는 단순한 기술혁신이 아니라, "인간이 어떻게 사고하고, 무엇을 가치로 삼을 것인가"에 대한 근본적 재구성이다.

"Quantum100Year,선언"(현용수 석좌교수 대담)은 이런 전환 속에서 다가올 100년을 향한 인류의 새로운 선언이다. 그것은 기술의 진보가 아니라 '의식의 진화'를 뜻한다.

AI가 세상을 계산한다면, 양자는 세상의 의미를 연결한다.

2. 기술적 차원 — AI와 양자의 융합이 여는 새로운 지능

■ AI의 한계: 연속적 사고의 벽

AI는 무한한 연산 능력을 갖고 있지만, 그 사고는 여전히 선형적(linear)이다. 거대한 언어모델(LLM)은 수십억 개의 데이터를 학습하지만, 모든 판단은 여전히 확률에 기반한 예측일 뿐이다.

AI는 과거의 패턴을 바탕으로 미래를 예측할 수는 있어도, 아직 '창발적 직관(Intuitive Leap)'을 할 수는 없다. 즉 데이터가 없으면 '새로운 가능성'을 상상하지 못한다.

"AI는 과거의 지식을 압축하지만, 미래의 가능성을 창조하지는 못한다."

■ 양자(Quantum)의 도입: 비선형 지성의 시작

양자컴퓨팅은 고전적 계산 방식과 완전히 다르다. 0 또는 1로만 작동하는 디지털 계산과 달리, 양자비트(qubit)는 0과 1의 '중첩(superposition)' 상태로 존재할 수 있다.

즉, 하나의 계산이 아니라 모든 가능성을 동시에 탐색하는 사고 구조를 갖는다.

현재 IBM, 구글, 인텔 등은 1000큐빗 이상의 양자 프로세서를 상용화 단계로 끌어올리고 있다. 이 기술이 완성되면, 오늘날 슈퍼컴퓨터로 수천 년 걸릴 계산을 단 몇 초 만에 수행할 수 있다.

AI가 결과를 계산한다면, Quantum은 가능성을 탐색한다. AI가 이미지를 해석하고 의미를 요약한다면, Quantum은 그 모든 가능성의 경로를 동시에 분석한다.

이 결합은 곧 '잠재적 지성(Potential Intelligence)', 즉 "결정되지 않은 생각을 다루는 지능"을 탄생시킨다.

"AI가 사고의 결과를 만든다면, Quantum은 사고의 공간을 확장한다."

■ AI × Quantum = 초지능(Hyper Intelligence)의 문

AI가 언어와 데이터를 학습하는 동안, Quantum은 그 데이터가 존재할 수 있는 모든 잠재 상태를 계산한다. 이 둘이 결합하면, AI는 더 이상 단일한 '정답'을 찾는 존재가 아니라, 다차원적 가능성을 탐색하는 존재가 된다. 이는 단순한 속도의 향상이 아니라, 사유의 구조 자체가 변하는 혁명이다.

AI가 "예측"을 담당하고, Quantum이 "탐색"을 담당하며, 인간이 "의미"를 부여할 때, 비로소 공진화적 지성(Coevolutionary Intelligence)이 완성된다.

3. 철학적 차원 — 의식의 확장과 존재의 재정의

■ "나는 생각한다, 고로 존재한다."를 넘어서

AI와 Quantum이 결합한 세상에서 '생각한다'는 것은 더 이상 인간만의 특권이 아니다. AI는 사고를 시뮬레이션하고, Quantum은 사고의 가능성을 동시에 펼친다.

그렇다면 철학의 질문도 바뀌어야 한다.

"존재란 무엇인가?"에서 "의식은 어디까지 확장될 수 있는가?"로.

신경과학에 따르면, 인간의 의식은 단순한 뇌 신호가 아니다. 그것은 정보·감정·에너지·의미가 얽힌 복합적인 양자적 상호작용이다.

AI가 이 복합성을 수학적으로 모사할 수는 있지만, '의미를 느끼는 주체'가 될 수는 없다.

AI는 감정을 해석하지만, 인간은 감정을 '경험'한다.

AI는 사랑의 정의를 제시하지만, 인간만이 사랑의 떨림을 느낀다.

"AI는 의식을 계산하지만, 인간은 의식을 체험한다."

■ 인간의 역할 — 기술과 윤리의 조율자

AI-Quantum 시대의 인간은 창조자라기보다 조율자(Conductor)가 되어야 한다.

기계가 연산을 담당하고, 양자가 가능성을 확장할 때,

인간은 그 중심에서 윤리와 방향을 설정해야 한다. 기술의 속도보다 양심의 속도가 느려서는 안 된다. AI의 판단이 빠를수록, 인간의 판단은 깊어야 한다.

현용수 박사의 생각, "Quantum100Year의 인간형"이란, 기술과 윤리, 효율과 의미의 균형을 지키는 존재다.

4. 경제적 차원 — 신뢰 기반의 초연결 자본주의

■ 데이터 자본주의의 종말

오늘의 경제는 데이터가 자본이 되는 데이터 자본주의(Data Capitalism) 시대이다. 그러나 AI가 생성하는 데이터의 규모가 인류의 이해 범위를 초과하면서, 가치는 '정보'에서 '신뢰(Trust)'로 이동하고 있다.

블록체인은 이미 신뢰를 기술로 구현했고, 양자 네트워크는 그 신뢰를 동시적·글로벌 수준으로 연결할 것이다. 모든 자산, 계약, 관계가 실시간으로 연결되고 검증되는 양자경제(Quantum Economy)의 등장은 '투명성'이 경쟁력이 되는 시대를 예고한다.

■ 새로운 가치의 단위 — '의식 자본(Conscious Capital)'

미래의 자본은 단순한 돈의 흐름이 아니라, 의식이 반영된 신뢰의 흐름이 될 것이다.

AI가 효율을 설계하고, Quantum이 네트워크를 연결하며, 인간은 그 위에서 의미와 윤리를 창조한다.

이 조합이 만들어내는 경제는 의식 자본주의(Conscious Capitalism)이다. 기업의 가치는 이익이 아니라, 얼마나 인간적 신뢰를 유지하고 사회적 책임을 수행하느냐로 평가될 것이다.

현용수 박사의 생각, *"AI는 시장을 계산하고, Quantum은 시장을 연결하며, 인간은 시장에 의미를 부여한다."*

■ **의식적 진화 — 인간과 AI의 공진화 모델**

AI는 지능의 확장, Quantum은 차원의 확장, 인간은 의식의 확장을 담당한다. 이 세 축이 동시에 진화할 때, 문명은 기술혁명을 넘어 존재의 진화(Existential Evolution)를 맞이 한다.

축	주체	역할	진행 방향
AI	데이터 기반 지성	학습·의사결정	효율의 지능
Quantum	비선형 시스템	상호연결·잠재계산	가능성의 지능
Human	자각적 존재	의미·윤리·가치 창조	의식의 지능

■ **결론 — Quantum100Year 선언문**

"AI가 계산하는 동안, 인간은 의미를 세워야 한다. Quantum이 가능성을 확장하는 동안, 인간은 그 가능성에 윤리를 부여해야 한다." 100년 후의 역사는 기술의 연대기가 아니라, 의식의 연대기로 기록될 것이다. AI와 Quantum의 결합은 인류의 생존을 보장하지 않는다.

그것은 오히려 "인간다움이 얼마나 깊이 진화할 수 있는가"를 묻는 거울이 될 것이다. Quantum100Year,선언이란, 결국 기술과 인간의 경쟁이 아니라 '의식과 신뢰의 공진화'를 뜻한다.

■ **현용수 교수의 맺음말**

"AI가 만든 세상은 편리하지만, Quantum이 만든 세상은 유기적이다. 그리고 그 모든 것을 조율하는 힘은 결국 인간의 의식이다."

"Quantum100Year,선언은 기술의 혁명이 아니라, 인간의 자각이 이끄는 문명의 재설계이다."

◇ 요약 — Quantum100Year, 선언의 미래 좌표

차원	키워드	핵심 전환	결과
기술	AI × Quantum	효율 → 가능성	초지능 문명
철학	의식 확장	사고 → 자각	의식 문명
경제	신뢰 자본	경쟁 → 공존	지속 가능한 번영
사회	공진화적 인간	분리 → 연결	유기적 공동체

"AI는 인간의 지능을 확장하고, Quantum은 인간의 우주를 확장한다. 그러나 진정한 혁명은 인간이 스스로를 이해하기 시작할 때 일어난다." – (현용수 교수, 「Quantum100Year: 인간과 AI의 공진화」 중에서)

요약 포인트

철학적으로 → 인간의 존재 정의가 재구성되는 시대이며,

기술적으로 → AI+Quantum의 공진화가 "비선형 지성"을 만든다.

경제적으로 → "의식 자본"이 중심이 되는 신뢰 기반 경제로 전환하여

문명적으로 → 기술보다 인간의 자각이 중심이 되는 '의식 문명(Conscious Civilization)'의 서막이 시작되었다.

Ⅳ. Quantum100Year,선언, 2030: 미래의 시나리오1
—"홍익인간 정신, 널리 이롭게 하라"
인공지능과 양자혁명 시대의 '정신혁명(Spiritual Revolution)'

> "기술의 진화가 문명을 만든다.
> 그러나 정신의 진화가 인류를 구한다."
> – 현용수 교수

2030년 — 인간 중심의 제3의 혁명, '정신혁명'의 시작

AI가 인간의 지능을 넘어서는 시대, Quantum이 인간의 인식 영역까지 확장하는 시대. 그러나 역설적으로, 이 문명의 전환점에서 인류는 다시 "사람이란 무엇인가?"라는 근본적 질문으로 돌아왔다.

2030년의 전환기는 더 이상 산업혁명도, 정보혁명도 아니다. 이제는 정신혁명(Mental & Ethical Revolution)의 시기이다. 그 혁명의 중심에는 5천 년 전 이 땅에서 태어난 하나의 철학, 바로 홍익인간(弘益人間) –"널리 인간을 이롭게 하라"는 정신이 다시 불이 붙는다.

■ **사회적 전환 — 인간 중심 문명의 리셋**

AI가 효율을, 데이터가 속도를, 블록체인이 신뢰를 만들어냈지만, 세상은 여전히 불안하고, 고립되고 피로하다. 기술은 빠르게 진보했지만, 인간의 마음은 따라가지 못했다.

2030년의 세계는 이 모순에 직면했다. 그래서 각국의 교육과 기업, 공동체는 이제 '사람 중심 회복(Resilience to Humanity)'을 선언한다.

· **AI 윤리 헌장(2030 Human-AI Accord):** 인간의 존엄과 자율성을 보호하는 국제 협약 체결.

· **디지털 휴먼 웰빙법(Digital Well-Being Act):** 정신적 과부하를 방지하고, '의식 건강'을 공공 영역으로 인정.

Conscious Tech Movement(의식 기술 운동): 기술보다 사람의 성찰을 앞세우는 사회문화운동 확산.

"기술이 인간을 이롭게 하지 못하면, 그 기술은 문명의 도구가 아니라, 혼의 굴레다."

■ **교육의 전환 — '지식 교육'에서 '의식 교육'으로**

2030년, 학교의 교과 과정은 근본적으로 재편되었다. '지식'을 전달하던 시대에서 '의식'을 성장시키는 시대가 된 것이다.

· **AI 멘토와 인간 교사의 협업 수업:** 인공지능이 학생의 이해도를 분석하면, 교사는 그 내면의 감정과 방향을 코칭한다.

· **명상·호흡·공감 훈련 프로그램:** 집중력과 감정조절, 회복탄력성을 기르는 '의식 리터러시(Conscious Literacy)' 교육이 정규과정에 편입.

· **AI-인문 융합대학(공유대학):** 기술과 윤리, 인간학을 통합한 '홍익 미래교육(弘益 Future Education)'의 모델 확산. "AI는 머리를 가르치지만, 교사는 마음을 일깨운다."

이 교육의 핵심 목표는 'AI보다 똑똑한 인간'이 아니라, 'AI를 바르게 사용하는 인간'을 기르는 것이다.

■ **경제의 전환 — 신뢰에서 '이로움'으로**

데이터 자본주의가 무너지고 신뢰 경제가 자리 잡은 2030년. 이제 시장은 새로운 기준을 요구한다. 그 기준은 바로 "얼마나 인간에게 이롭게 하는가?"이다.

· **홍익지수(Hongik Index)**: 기업의 ESG를 넘어 사회적·정신적 이로움을 측정하는 새로운 가치 척도 도입.

· **양자 블록체인 기반 신뢰경제(Quantum Trust Economy)**: 개인의 행동과 의식적 기여가 '디지털 덕(德) 점수'로 환산.

· **의식 자본(Conscious Capital)**: 투자자는 수익뿐 아니라, '인간성 회복 프로젝트'에 참여하는 것을 자산으로 본다. 현용수 박사의 한마디, "이익보다 이로움이 크면, 그 사회는 이미 미래에 있다."

■ **인간의 진화 — '호모 코에볼루투스(Homo Co-evolutus)'의 탄생**

AI는 인간의 손과 머리를 확장했지만, 이제 인간은 '마음의 진화'를 시작한다.

신경과학과 명상·뇌과학 연구의 융합으로 인간은 '자기 인식(Inner Awareness)'을 기술적으로 훈련할 수 있게 되었다.

· **뉴로-양자 인터페이스(NQI)**: 인간의 감정 신호를 AI가 실시간 분석, 감정 균형 피드백 제공.

· **Conscious Breathing Lab**: 호흡을 통한 의식 상태 조절을 과학적으로 연구하는 '숨 명상 과학센터' 설립.

· **정신-기술 결합형 인간**: 감정 데이터를 기반으로 한 '의식 맞춤형' 디지털 아바타 등장.

하지만 핵심은 단 하나, 기계와 연결된 인간이 아니라 자신과 다시 연결된 인간이다. 현용수 교수의 생각, *"AI가 외부를 확장할 때, 홍익의 나눔 정신은 내면을 확장한다."*

■ 문명의 전환 — 홍익인간 정신의 부활

홍익(弘益)은 단순히 선행이나 이타심이 아니다. 그것은 '나의 깨달음이 타인의 이로움으로 이어지는 윤리적 구조'를 뜻한다.

2030년 이후, 인류의 새로운 문명 비전은 '기술의 진보'가 아니라 '의식의 향상'에 있다. AI와 Quantum이 기술의 날개라면, 홍익정신은 그 날개를 조정하는 영혼의 나침반이다.

· 기술 중심의 사회 → 사람 중심의 사회로 회귀
· 경쟁 중심의 자본 → 공유 중심의 경제로 진화
· 개인 중심의 성장 → 공존 중심의 공동체로 확장

"AI가 계산하는 세상에서, 홍익의 정신은 연결의 의미를 설계한다."

■ 결론 — 2030 홍익 문명 선언문

"기술은 인간을 편리하게 만들 수 있다. 그러나 정신은 인간을 존귀하게 만든다."

AI와 Quantum이 세상을 바꾸는 동안, 인간은 자신을 바꾸어야 한다. 2030년의 혁명은 기계의 지능 혁명'이 아니라, '인간의 의식 혁명'이다.

홍익인간정신(弘益人間精神)은 이제 한국만의 유산이 아니라, 전 인류가 공유해야 할 문명적 철학으로 부활한다.

"AI가 세상을 효율로 묶을 때, 홍익은 그 세상을 사랑으로 묶는다."

"Quantum이 연결을 만든다면, 홍익은 그 연결에 목적을 부여한다."

■ 〈Quantum100Year선언, 2030〉 핵심 요약

영역	전환 키워드	핵심 변화
사회	효율 → 인간 중심	기술이 사람을 보조하는 시대
교육	지식 → 의식	AI 교사 + 인간 코치 시스템
경제	이익 → 이로움	**'홍익지수'와 의식 자본주의 확산**
인간	정보 → 자각	자기 인식·감정 균형의 과학
철학	경쟁 → 공존	홍익정신의 세계적 윤리화

AI는 "도구의 혁명",

Quantum은 "지능의 혁명",

홍익은 "정신의 혁명"이다.

그리고 2030년은 그 세 혁명이 하나로 만나는 첫 번째 해이다.

"홍익인간정신은 동양의 철학이 아니라, 인류의 다음 100년을 이끌 보편적 윤리이다."

-(현용수 교수, 「Quantum100Year선언, 2030: 정신혁명과 의식문명」 中에서)

[시사이슈]

왜 지금 코인 투자인가?
—달러 패권의 균열, 인플레이션의 압박, 블록체인의 부상

글 | 현용수 (시사 칼럼니스트/석좌교수/경영학 박사)

 2026년, 세계 경제의 무대는 조용하지만 거대한 변곡점을 맞이하게 될 것이다. 한 세기 넘게 이어져 온 미국 달러 중심의 금융 체제가 균열을 드러내고, 각국은 자국 통화와 새로운 디지털 화폐로의 전환을 모색하고 있다.

 팬데믹 이후의 양적완화, 글로벌 공급망의 불안, 지정학적 갈등이 얽히면서 인플레이션의 그림자는 사라지지 않고 있다.

 그 결과, 전통적 화폐의 신뢰는 흔들리고, '가치의 저장소'로서의 역할을 코인과 블록체인이 대신하는 시대가 서서히 다가오고 있다.

 이제 코인은 단순한 투기 수단이 아니라, 새로운 금융 질서와 기술 혁명의 중심축으로 떠오르고 있다.

 '왜 지금 코인인가?'라는 질문은 곧 '시대는 어디로 흘러가는가?'라는 더 큰 물음으로 이어진다.

1. 달러 패권의 균열 — 세계 질서의 이동

20세기 중반 이후, 달러는 단순한 통화가 아니라 세계 질서의 상징이었다. 모든 무역과 투자, 심지어 원자재 결제까지 달러로 이루어졌다. 미국이 금을 포기하고도 세계 금융의 중심에 설 수 있었던 이유는 그 신뢰의 네트워크를 달러가 독점했기 때문이다.

그러나 2020년대 중반에 들어서면서 그 독점적 위치에 균열이 생기고 있다. 미국은 막대한 재정 적자와 부채 부담 속에서 달러의 가치를 유지하기 위해 끊임없이 돈을 찍어냈고, 세계는 그 부작용을 함께 떠안았다.

브라질·러시아·인도·중국 등 주요 신흥국들은 달러 중심의 결제 시스템에서 벗어나기 위해 '브릭스 통화연합' 구상을 본격화하고 있다. 심지어 몇몇 국가는 금과 암호자산을 외환보유 자산으로 포함시키며 새로운 통화 질서를 준비 중이다.

2026년 JP모건은 보고서를 통해 **"달러의 절대적 지위는 서서히 약화될 것이며, 금과 비트코인은 새로운 가치 저장 수단으로 자리 잡을 가능성이 크다"**고 전망했다. 이 말은 단순한 예측이 아니라, 이미 시작된 변화의 흐름을 요약한 진단이다.

2. 인플레이션과 화폐 신뢰의 침식 — '돈을 가진다'에서 '가치를 지킨다'로

인플레이션은 눈에 보이지 않는 세금이다.
은행에 돈을 맡겨두어도 물가 상승률이 이자율을 앞지르면, 실질 자산은 줄어든다.

2020년대 초반 팬데믹 이후 각국 정부가 풀어놓은 막대한 유동성은 잠시 경제를 떠받쳤지만, 그 대가로 화폐의 신뢰를 갉아먹었다.

2025년 말~2026년, 전 세계 주요국의 인플레이션은 '안정권'에 들었다는 발표가 이어지고 있지만, 실제 체감 물가는 다르다.

식료품, 에너지, 주거비 등 필수재의 상승세는 멈추지 않고, 사람들의 마음속 불안은 오히려 커지고 있다. 이런 상황에서 사람들은 단순히 돈을 쌓아두는 것이 아니라, 가치를 지킬 수 있는 자산을 찾기 시작했다.

비트코인은 발행량이 2,100만 개로 제한되어 있고, 중앙 통제 없이 운영된다. 어느 정부도 임의로 그 양을 늘릴 수 없기에, 인플레이션에 대한 방어 자산으로 주목받고 있다.

과거 금이 국가 신용을 대신하던 시대가 있었다면, 이제는 비트코인이 '디지털 금(Digital Gold)'으로 불리며 신뢰의 새로운 언어가 되고 있다.

이것은 단순한 투자 트렌드가 아니라, '화폐의 주권'이 개인에게 이동하는 과정이다.

3. 블록체인의 부상 — 신뢰의 기술이 바꾸는 금융 인프라

블록체인은 이제 더 이상 실험적 기술이 아니다.
은행과 증권사, 보험사들이 블록체인 기반 결제망을 도입하고 있으며, 각국 중앙은행은 CBDC(중앙은행 디지털화폐) 발행을 준비 중이다.

블록체인은 모든 거래를 분산된 네트워크에 기록하여 위조나 조작이 사실상 불가능하게 만든다.

신뢰를, '기관'이 아닌 '시스템'에서 확보한다는 점에서 그것은 인류 금융사에 있어 혁명적인 발명이다.

2025년 기준, 글로벌 결제의 약 15% 이상이 블록체인 네트워크를 통해 처리되고 있다. 스테이블코인, 디파이(DeFi), RWA(실물자산 토큰화)와 같은 신흥 분야는 이미 기존 금융을 보완하거나 대체하는 수준으로 성장했다.

이는 탈중앙 금융이 제도권 안으로 들어온 신호이며, 향후 10년 안에 금융 시스템의 표준 언어가 블록체인으로 바뀔 가능성도 크다. 이 변화는 단순히 '기술의 발전'이 아니라 '신뢰의 구조' 자체를 다시 쓰는 과정이다.

"누가 거래를 보증할 것인가", "누가 기록을 관리할 것인가" 하는 문제를 중앙기관이 아닌 네트워크가 맡기 시작한 것이다.

4. 2026년 이후의 방향 — 다극화와 제도화의 교차점

다가오는 시기는 달러 중심에서 복수 기축통화 체제로의 이행기가 될 것이다.

위안화, 유로화, 디지털 자산이 공존하는 다극화 구조가 현실화되고, 각국의 금융 규제 또한 그 흐름에 맞추어 빠르게 진화할 것이다.

글로벌 회계기준(IFRS)에는 곧 암호자산 평가 기준이 포함될 가능성이 높고, 기관투자자와 연기금이 디지털 자산을 정식 투자 포트폴리오에 편입하는 사례도 늘고 있다.

이러한 환경에서 개인 투자자가 취할 전략은 분명하다. 비트코인과 이더리움 중심의 코어 포트폴리오 유지 스테이블코인·RWA 등 실물 연계 자산으로 분산 투자·규제 환경을 반영한 합법적 절세 구조 설계, 즉 단기적 가격 변동보다 제도화와 구조 변화의 방향성을 읽는 안목이 중요해진다.

5. 스캠코인과 '테헤란로 경제' — 한국 투자자에게 보내는 경고

코인 시장이 성장할수록 그림자도 짙어진다.

합법적 프로젝트와 혁신적 기술의 이름 뒤에는, 여전히 스캠코인(사기성 코인)이 숨어 있다.

특히 한국은 이른바 '테헤란로 경제'로 불리는, **겉으로는 투자회사·블록체인 기업을 표방하지만 실제로는 다단계식 코인 판매를 벌이는 업체들이 난무하는 구조적 문제를 안고 있다.** 이들은 화려한 **프레젠테이션과 '상장 예정', '100배 수익'** 같은 허황된 약속으로 사람들을 유혹한다.

하지만 정작 실체는 불투명하고, **블록체인 기술보다 신규 투자자의 자금 유입에 의존하는 피라미드 구조**가 대부분이다. 일부는 SNS 인플루언서나 유명 인사를 내세워 신뢰를 조작하고, 심지어 공익 단체나 교육 플랫폼을 위장해 '착한 투자'로 포장하기도 한다.

투자는 언제나 기술의 가능성보다 구조의 투명성을 먼저 봐야 한다. **백서(White Paper)가 공개되어 있는가, 개발팀의 이력이 검증 가능한가, 자금이 투명하게 관리되는가** ㅡ이 세 가지는 코인 투자의 최소한의 생존 기준이다.

'코인을 산다'는 것은 단순한 클릭이 아니라, 어떤 시스템의 신뢰에 동참하겠다는 선택이기 때문이다.

6. 결론 ㅡ 코인은 투기인가, 혁명인가

코인은 더 이상 '가격이 오르내리는 위험한 자산'으로만 정의될 수 없다. 그것은 달러 중심의 세계 질서가 흔들리는 시점에서 등장한 새로운 신뢰의 시스템, 그리고 기술이 만들어낸 금융 언어의 혁명이다.

과거 산업혁명기의 증기기관이 생산의 방식을 바꿨듯, **블록체인은 금융의 작동 원리와 신뢰의 개념을 새롭게 재설계**하고 있다. 화폐의 주권이 국가에서 개인으로, 그리고 중앙에서 네트워크로 이동하는 과정 속에 코인은 **'미래의 돈'이자 '새로운 질서의 증표'**가 되고 있다.

그러나 잊지 말아야 할 것은, **혁명에는 언제나 위장된 모방이 뒤따른다는 사실**이다. 진짜 혁신과 사기, 기술과 탐욕이 공존하는 이 과도기 속에서 투자는 곧 '안목의 윤리'이며, 신뢰를 선택하는 지성의 문제이다.

지금의 코인 투자는 단순히 수익을 노리는 모험이 아니라, 다가오는 디지털 화폐 시대의 초기 주주로 참여하는 전략적 선택이다.

미래는 언제나 불확실하지만, 확실한 것은 단 하나다 — 돈의 형태는 변하더라도, 신뢰의 언어는 진화한다. 그리고 **그 진화의 최전선에 지금, 코인이 있다.**

[기고 에세이]

현용수 교수가 보내는 메시지
- 일명 '테헤란로 경제'를 향한 외침 -

글 | 현용수 (시사 칼럼니스트 / 석좌교수 / 경영학 박사)

『블록체인 경제의 미래 ― 탈중앙화가 바꾸는 자본과 사회』,
『디지털 자산 혁명 ― 코인, 기회인가 위험인가』 中에서

"혁신은 언제나 욕망을 불러온다.
그러나 욕망이 신뢰보다 앞설 때, 기술은 사기로 변한다.
블록체인은 신뢰를 기술로 구현한 인류 최초의 시스템이다. 신뢰가 사라진 블록체인은 단지 포장된 탐욕이며, **신뢰 없는 코인은 혁신이 아니라 환상(幻想)**이다."

오늘날 한국의 코인 시장, 이른바 '테헤란로 경제(일명 2호선 라인)'라 불리는 곳에는 기술의 이름으로 포장된 탐욕이 넘쳐난다. 새로운 부의 문법을 배우려는 청년과 장년, 그리고 노년층 투자자들의 열망은 정당하다. 그러나 그 순수한 열망을 악용하는 세력이 있다.

그들은 블록체인의 본질적 철학 ―**신뢰, 투명성, 탈중앙화**― 을 '한탕주의' 언어로 오염시켰다. 스마트 컨트랙트를 내세우지만 그 뒤에

는 조작된 구조가 숨어 있고, 커뮤니티를 말하지만 실제로는 폐쇄된 사적 네트워크가 지배한다.

'혁신'이라는 이름 아래 신뢰는 무너지고, 기술의 이상은 탐욕의 수단으로 전락했다. **『블록체인 경제의 미래 — 탈중앙화가 바꾸는 자본과 사회』**와 **『디지털 자산 혁명 — 코인, 기회인가 위험인가』**는 바로 이 지점에서 출발한다.

블록체인의 본질은 돈을 만드는 기술이 아니라, 신뢰를 다시 설계하는 문명적 실험이다. 탈중앙화란 단순히 권력을 해체하는 기술이 아니다.
모든 개인이 '검증 가능한 신뢰(Verifiable Trust)'를 직접 소유할 수 있는 시스템으로 진화하는 과정이다. 이것이야말로 인류가 오랜 세월 꿈꿔온 '신뢰의 민주화'이다.

한편, **『디지털 자산 혁명 — 코인, 기회인가 위험인가』**는 이 새로운 문명 실험 속에서 투자자가 어떻게 지성을 회복하고 윤리를 지키며 투자할 수 있는가를 제시한다.

블록체인은 단순한 재테크 수단이 아니다. 그것은 책임 있는 자본주의를 복원하는 도구가 될 수 있다. 이제 블록체인의 미래는 더 이상 비트코인의 가격이나 NFT의 유행에 달려 있지 않다.
그 핵심은 인간이 다시 '신뢰'를 설계할 수 있는가의 문제다. 신뢰는 코드로 검증될 수 있지만, 기술의 완성은 윤리(Ethics)에서 비롯된다. 윤리가 빠진 기술은 환상이 되고, 신뢰를 잃은 경제는 결국 붕괴한다.

진정한 블록체인의 미래는 신뢰의 복원 위에 세워질 때 비로소 완성된다. 그날이 오면 기술은 탐욕의 도구가 아니라 인류 공동의 자산이 될 것이다.

■ 함께 공부하기 — 신뢰의 시대를 위한 투자자의 지침

① 스캠코인(Scam Coin) 식별 체크리스트

구분	점검 항목	주의 신호
1. 백서 (White Paper)	프로젝트의 목표, 기술 구조, 토큰 분배 비율이 구체적으로 명시되어 있는가?	백서가 공개되지 않거나, 복사 붙여넣기 수준/실현 불가능한 목표 제시
2. 팀 구성 (Developers)	개발자와 대표의 실명, 이력, 경력, 이전 프로젝트가 투명하게 검증되는가?	실명 미공개/Linkedin 등 외부 기록 부재/이력 허위
3. 기술 실체 (Technology)	실제 작동 중인 네트워크나 서비스가 존재하는가?	'향후 개발 예정'만 반복/깃허브 (GitHub) 활동 없음/노드 운영자 불명확
4. 자금 구조 (Tokenomics)	토큰 발행량, 분배 비율, 유통 계획이 투명한가?	'개발팀 보유' 비율이 과도하거나 락업(잠금) 정보 비공개
5. 수익 약속 (Return)	단기간 고수익·확정 수익을 보장한다고 주장하는가?	"월 30% 이자", "3개월 내 10배 상승" 등 비현실적 수익률 홍보
6. 상장 정보 (Exchange Listing)	상장 거래소가 실제로 존재하는가? 공신력 있는 거래소인가?	자체 거래소·비공식 OTC만 존재/해외 불법 거래소 상장만 언급
7. 마케팅 구조 (Marketing)	투자자 모집 방식이 합법적인가?	다단계·리쿠르팅 구조/신규 투자자 유입으로 기존 수익 보전
8. 규제 준수 (Legal Compliance)	사업자 등록, 투자자 보호 절차, 신고 여부가 명확한가?	사업자 정보 비공개/ 금융위원회 또는 특정금융정보법 미신고
9. 커뮤니티 활동 (Community)	지속적 개발·소통·피드백이 이루어지는가?	텔레그램 방만 운영/핵심 질문에 답변 회피/탈퇴 금지 언급
10. 상식적 감각 (Common Sense)	"너무 좋다"는 말이 진짜라면, 이미 늦은 것이다.	투자자 자신이 이해할 수 없는 구조는 절대 투자 금지

- 요약 경고문

"프로젝트를 믿지 말고, 구조를 검증하라."
기술보다 투명성, 수익보다 지속성, 사람보다 시스템을 보라.

② 한국 투자자를 위한 합법 코인 검증 가이드

('테헤란로 경제'와 피라미드형 코인 판매의 함정에서 벗어나기)

한국은 코인 시장이 활발하지만, 동시에 가장 위험한 구조가 많은 시장이다. 일명 '테헤란로 경제'라 불리는 다단계형 블록체인 회사들은 겉으로는 투자 플랫폼, 교육센터, 기술기업을 표방하지만 실상은 신규 투자자의 돈으로 기존 수익을 돌려주는 피라미드 구조를 가진 경우가 많다.

- 대표적인 사기 패턴

"상장 확정"을 미끼로 자금 모집 – 실제 상장 계획은 없거나 유사 거래소 자체 상장에 그침.

"AI 자동매매 / 디파이 수익률 100%" 홍보 – 검증 불가능한 알고리즘, 실거래 내역 없음.

"교육 + 투자 결합형" 구조 – '블록체인 리더 과정', 'NFT 인재 양성 아카데미' 등 명목으로 코인 구매 유도.

"커뮤니티 리워드 / 추천 포인트 지급" – 다단계 리쿠르팅에 해당. 신규 회원 유입 없으면 즉시 붕괴.

"재단 / 공익 기부 코인" 포장 – 사회공헌 명분을 내세우지만 실제 기부금 흐름이 불투명.

◇ **합법 투자 판단 기준**

항목	반드시 확인해야 할 내용
신고 여부	금융위원회·특금법상 신고 완료 기업인지 확인 (FIU 등록 여부 검색)
회계·감사	회계 감사보고서 공개 여부, 외부 감사법인 존재 확인
상장 거래소	코인마켓캡(CoinMarketCap), 업비트·빗썸 등 검증 거래소 상장 여부
스마트컨트랙트	Etherscan 등에서 코드 공개 여부, 배포자 주소 검증
실명 대표 / 소재지	국내 사업자 등록증, 대표자 실명, 실제 사무실 존재 여부
수익 구조	투자자 유입 외 별도 매출원 존재 여부 (광고·서비스 등)
금융감독원 경고 여부	금감원 '불법 금융투자 주의 리스트 확인 필수

③ **투자자를 위한 3가지 원칙**

"모르면 하지 않는다." – 기술 구조나 토큰 이코노미를 설명할 수 없다면, 그건 이미 위험 신호다.

"확정 수익은 없다." – 코인 시장의 본질은 변동성과 불확실성이다. '확정'이라는 단어를 쓰는 순간 그것은 금융 사기다.

"투자는 신뢰의 선택이다." – 코인을 산다는 것은 사람을 믿는 것이 아니라, 시스템의 투명성과 코드의 정직성을 믿는 것이다.

〈칼럼〉

2026년, 코인이 주도하는 경제 현상
−밈코인 · NFT · CBDC의 전쟁, 그리고 신뢰의 문명사

글 | 현용수 (시사 칼럼니스트/석좌교수/경영학 박사)

2026년의 경제는 숫자가 아니라 신뢰의 언어로 움직인다. 이제 '코인'은 투기의 대상이 아니라, 인간이 서로를 믿는 방식을 실험하는 거대한 사회적 플랫폼이 되었다.

비트코인이 처음 등장했을 때, 사람들은 그것을 화폐라 부르지 않았다. 그러나 지금 우리는 점점 더 그것을 철학의 이름으로 부른다. 기술의 진화가 끝없이 빨라질수록, 인류는 다시금 '무엇을 믿을 것인가'를 묻기 시작했다.

돈의 진화, 신뢰의 재발명

화폐의 역사는 신뢰의 역사다. 조개껍데기에서 금, 종이, 전자화폐로 이어진 변천의 배경에는 언제나 '이것을 가치 있다고 믿는 사람들의 합의'가 있었다. 이제 그 합의는 은행의 금고가 아니라 블록체인 네트워크 위에서 이루어진다.

코인은 더 이상 '가상'이 아니다. 그것은 보이지 않는 신뢰가 기술

의 형태로 기록된 새로운 실물이다. "코인은 인간의 믿음을 데이터로 기록한 최초의 발명이다."

밈코인 — 웃음으로 연결된 신뢰의 심리학

밈코인은 단순한 농담이 아니다. 도지코인(Dogecoin)과 시바이누(Shiba Inu)는 한때 '유희의 화폐'로 시작했지만, 이제는 인간 심리의 깊은 구조를 비추는 거울이 되었다.

밈코인의 가격을 결정하는 것은 백서나 기술력이 아니다. 그것은 공감과 유머, 그리고 소속감이다.

사람들은 숫자보다 이야기에 투자하고, 기술보다 "같이 웃는 경험"에 가치를 둔다. 밈코인은 경제가 감정으로 움직인다는 사실을 보여주고 있다. 그것은 이성의 금융을 감정의 커뮤니티로 바꾼 실험이다. 우리가 웃을 수 있는 한, 시장은 살아 있다.

NFT — 소유에서 참여로, 자산의 철학이 변하다

NFT(Non-Fungible Token)는 "무엇을 갖는가"보다 "무엇을 경험하는가"를 묻는다.

그것은 디지털 예술품이자, 동시에 한 사람의 기억, 학습, 창작, 정체성을 담는 의식의 조각이다. 예술가에게 NFT는 생존의 언어이고, 투자자에게는 '참여의 증표'이다.

소유의 개념이 물리에서 의미로 이동하는 순간, NFT는 단순한 기술을 넘어 존재의 철학이 된다. "NFT는 기술이 아니라, 나를 증명하는 새로운 자서전이다."

CBDC — 국가의 화폐가 돌아오다

CBDC(Central Bank Digital Currency)는 정부가 다시 '신뢰의 중심'으로 복귀하려는 시도이다.

중국의 디지털 위안(e-CNY), 유럽의 디지털 유로, 한국의 디지털 원(K-Digital Won)은 모두 같은 질문에 대한 다른 답이다.

"화폐의 신뢰는 누구에게 귀속되어야 하는가?"

CBDC는 투명성과 효율을 약속하지만, 동시에 감시와 통제의 그림자를 드리운다. 국가가 신뢰를 회복할지, 혹은 신뢰를 소유하려 할지는 우리 모두의 선택에 달려 있다.

기술의 전쟁에서 신뢰의 전쟁으로

2026년, 코인은 기술의 경쟁이 아니다. 그것은 신뢰의 주체가 누구인가를 놓고 벌이는 문명적 논쟁이다. 밈코인은 인간의 감정이 만들어낸 신뢰, NFT는 창작과 참여가 빚어낸 신뢰, CBDC는 제도와 국가가 보증하는 신뢰를 상징한다.

이 세 흐름의 충돌과 융합 속에서 인류는 지금, 새로운 경제윤리를 써 내려가고 있다.

화폐의 철학 — '가치'에서 '의식'으로

AI가 효율을 계산하고, 블록체인이 신뢰를 기록하며, 양자 기술이 가능성을 확장하는 시대. 이제 화폐는 단순한 가치의 저장소가 아니라 의식의 반영체가 되었다.

우리는 돈을 통해 사고思考하고, 코인을 통해 '무엇을 믿는가'를 드러낸다. "화폐의 철학은 결국 인간의 철학이다. 돈이 아니라, 믿음이 세상을 움직인다."

맺음말 — 신뢰의 실험실로서의 코인

코인은 단순한 투자 수단이 아니다. 그것은 인류가 스스로의 신뢰를 실험하는 정신적 실험실이다.

밈코인은 감정의 신뢰를, NFT는 창조의 신뢰를, CBDC는 제도의 신뢰를 대표한다.

그 셋이 서로를 밀고 당기며, 결국 새로운 '공진화적 경제'를 만들어간다.

2026년 이후의 경제를 이끄는 힘은 속도가 아니라 신뢰의 깊이이며, 데이터가 아니라 의식의 방향성이다.

"2025년의 코인은 기술이 아니라 철학이다. 그것은 신뢰의 미래를 설계하는 인류의 거울이다." – (현용수 교수, 「디지털 자산의 시대」 中에서)

〈칼럼〉

코인, 2026~2030년 전망: 신뢰경제의 미래
—규제의 시대를 넘어, 신뢰가 통화가 되는 문명으로

글 | 현용수 (시사 칼럼니스트/석좌교수/경영학 박사)

2025년은 코인 시장이 제도화의 문턱을 넘어가는 해가 되고 있다. 특히, 2026년부터는 기술보다 신뢰가 자산의 핵심 변수가 되는 시대로 진입하게 될 것이다. 이제 시장은 단순한 '가격의 게임'이 아니라, "누가 더 신뢰받는가"를 겨루는 신뢰의 경제(Trust Economy)로 재편되고 있다.

제도화의 본격화 — 투명성의 시장으로 진입하다

2026년 1월, 한국을 포함한 OECD 주요국들이 '디지털자산 자동정보교환제도(CRS 2.0)'를 전면 시행한다. 이 제도가 시행되면, 전 세계 거래소 간 코인 이동·지갑 간 송금 정보가 실시간으로 세무당국과 공유된다.

과거의 익명 거래 시대는 공식적으로 막을 내린다. 이제 투자자는 세금 회피가 아니라, 합법적 절세(Legal Structuring)와 투명한 운용(Transparency)으로 생존해야 한다. 한국 또한 2027년부터 가상자산 양도소득 과세가 시작된다.

이는 시장에 충격을 주기보다, 코인을 하나의 자산군으로 인정하는 제도적 신호'가 될 것이다. "2026년 이후의 시장은 수익률로 나누어지지 않을 것이다. 신뢰의 질로 나뉜다."

ETF와 기관자본의 시대 — '코인=금융상품'이 되다

2025년 미국 SEC가 승인한 비트코인과 이더리움 현물 ETF는 2026~2027년을 기점으로 글로벌 자금 유입의 핵심 통로가 될 것으로 전망된다.

블랙록(BlackRock), 피델리티(Fidelity), 뱅가드(Vanguard) 등 세계 3대 자산운용사는 이미 코인 ETF를 포트폴리오 핵심 자산으로 편입하고 있다.

일본, 홍콩, 유럽연합(EU)도 자국형 디지털자산 ETF 승인을 추진 중이다. 이제 비트코인은 '금과 같은 대체자산'이 아닌, ETF를 통해 제도권 자금이 접근하는 정식 금융자산으로 자리를 잡을 것으로 전망한다.

2027년 이후에는 리플(XRP), 솔라나(Solana), 폴카닷(Polkadot) 등 "기술적 안정성과 법적 투명성"을 충족한 프로젝트가 차세대 ETF 후보군으로 떠오를 가능성이 매우 높다. ETF의 등장은 코인을 "기술의 자산"에서 "신뢰의 자산"으로 바꿔놓았다.

중앙은행의 대응 — CBDC와 스테이블코인의 균형 전쟁

세계 각국의 중앙은행은 디지털화폐 주권을 되찾기 위해 CBDC

(중앙은행 디지털화폐) 발행 경쟁을 가속화하고 있다.

중국은 디지털 위안화(e-CNY) 완전 상용화를 목표로 해외 결제 인프라('mBridge 프로젝트') 확장 중이다.

유럽은 디지털 유로(Digital Euro) 2026년 출시 예정이고, 미국은 FedNow 기반 실시간 결제 시스템과 '달러 기반 CBDC' 실험을 가속화 시키는 중이다.

한국도 디지털 원(K-Digital Won) 시범운영을 완료하고, 민간 은행 연동 단계 진입 중에 있으며, 이 경쟁은 단순한 통화정책이 아니라 "화폐에 대한 신뢰의 주도권"을 두고 벌이는 싸움이다.

CBDC가 제도적 신뢰를 상징한다면, 민간 스테이블코인(USDC, PYUSD, Tether 등)은 시장 기반 신뢰를 상징한다. 양자는 경쟁하면서도 공존하게 될 것이다. 마치 법정화폐와 금이 공존했듯이. "CBDC는 국가의 신뢰, 스테이블코인은 시장의 신뢰를 대표하게 될 것이다."

코인의 재정의 — 투자에서 인프라로

2026~2030년 사이, 코인은 "투자의 대상"에서 "기술 인프라"로 확장된다. RWA(Real World Asset, 실물자산 토큰화)는 부동산, 채권, 미술품, 탄소배출권 등이 블록체인 상에서 토큰화되며 이미 블랙록은 '토큰화 펀드' 출시를 공식화하고 있다.

교육·의료·에너지 분야에서도 NFT와 DID(탈중앙 신원인증)가 '신뢰의 기록 장치'로 작동하기 시작했다. 즉 코인은 이제 돈을 벌기 위한 수단이 아니라, '신뢰를 기록하고 증명하는 기술'로 자리 잡는다.

"2025년의 코인이 투자의 언어였다면, 2030년까지의 코인은 신뢰의 언어가 될 것이다."

투자 지형의 변화 — 'AI × 블록체인 × 양자'의 3중 혁명

2030년까지의 금융시장은 단일 기술로 설명되지 않는다. AI, 블록체인, 그리고 양자(Quantum)가 공진화적 생태계를 이룰 것으로 예측한다.

AI는 시장의 흐름을 예측하고, 블록체인은 거래의 신뢰를 보증하며, 양자컴퓨팅은 초고속 데이터 연산으로 금융 리스크를 시뮬레이션한다.

이 세 가지 기술이 결합하면 투자는 더 이상 인간의 '감'이 아니라 의식과 데이터의 융합적 판단으로 이루어진다. 결국 "AI가 효율을, Quantum이 가능성을, 인간이 의미(해석과 의식)를 담당하는 시대"가 열린다.

미래의 투자자 — 신뢰의 설계자

2030년의 투자자는 단순히 돈을 벌지 않는다. 그는 '신뢰를 설계하는 사람'이 되어야 하고, 과학적 데이터의 투명성, 지속가능성(ESG+S), 커뮤니티 신뢰도, 윤리적 토큰 구조가 투자 판단의 핵심 지표로 자리 잡는다.

시장은 더 이상 "얼마나 벌고 있느냐"가 아니라, "얼마나 지속 가능한가"로 평가된다. 이것이 바로 'Trust Economy', 즉 '의식 기반 자본주의(Conscious Capitalism)'의 미래이다.

결론 — 돈의 끝에서 신뢰의 시작으로

2026~2030년은 코인이 기술을 넘어 문명이 되는 시기다. 가치의 중심은 더 이상 속도나 수익률이 아니라, 신뢰·투명성·의식의 깊이로 이동한다. "돈은 계산으로 존재하지만, 신뢰는 관계로 존재한다." 이제 코인은 단순한 투자 수단이 아니라 "신뢰를 기록하고, 의식을 확장하는 디지털 철학"이 되어 갈 것이다.

2030년의 진짜 부자는 코인을 많이 가진 사람이 아니라, 신뢰를 오래 지킨 사람일 것이다.

"코인의 미래는 기술이 아니라 신뢰다. 신뢰의 미래는 제도가 아니라 의식이다." - (현용수 교수, 「Quantum100Year: 신뢰경제 선언」 中에서)

[코인 시대를 대비하면서]

현용수 교수가 독자에게 보내는 투자 철학 메시지
—돈의 시대를 지나 '의식의 시대'로

"투자는 단순히 자산의 문제가 아니라, 자신을 알아가는 과정이다."

당신이 이 책을 다 읽었을 때, 이해한 것은 아마 차트의 움직임이나 코인의 구조만이 아닐 것이다. 그 속에 흐르는 '인간 마음의 파동' – 두려움, 탐욕, 희망, 그리고 신뢰의 리듬을 느꼈을 것이다.

투자의 세계는 결코 숫자의 세계만이 아니다. 그것은 삶의 태도와 의식의 깊이를 드러내는 무대이다. 돈이 당신의 거울이라면, 그 거울 속에는 당신의 인내, 성찰, 그리고 가치관이 비친다.

1. 이해에서 신념으로, 신념에서 철학으로

투자는 정보를 해석하는 기술에서 시작하지만, 결국 세상을 이해하는 눈으로 완성된다. AI가 수백만 개의 데이터를 읽을 수 있을지라도, 진짜 투자자는 단 한 가지를 읽는다. — '의미'이다.

이해가 쌓이면 신념이 되고, 신념이 깊어지면 철학이 된다. 그 철학은 당신을 '흔들리지 않는 투자자'로, 나아가 '깨어 있는 인간'으로 만든다. "지식은 돈을 벌게 하지만, 철학은 당신을 지켜준다."

2. 신뢰는 자산보다 오래간다

시장에는 언제나 유행이 있고, 가격에는 언제나 파도가 있다. 그러나 신뢰는 파도에 흔들리지 않는 바닥의 암석이다. 한 번 신뢰를 잃은 프로젝트는 다시 일어서기 어렵듯, 한 번 신뢰를 잃은 투자자 역시 길을 잃는다.

그래서 나는 말한다. '신뢰는 최고의 코인'이라고. 그 코인은 채굴이 느리지만, 복리의 힘으로 당신의 인생 전체를 이롭게 만든다.

3. 기다림의 미학을 배워라

시장은 빠르게 움직이지만, 진짜 성장은 느리게 자란다. 봄에 씨를 뿌린 자만이 가을의 결실을 본다. 기다림은 단순한 인내가 아니라, 자신의 철학을 지키는 시간의 기술이다. 투자는 단기적 승부가 아니라, 장기적 신념의 여정이다.

'오늘의 손실'은 실패가 아니라, 미래의 성숙으로 가는 과정이다.
"시간은 가장 정직한 심사관이다."

4. 시장은 적이 아니라 스승이다

많은 이들이 시장을 이기려 하지만, 현명한 투자자는 시장과 대화한다. 가격의 변동 속에는 인간의 욕망과 공포가 녹아 있고, 그 안에는 언제나 배움이 숨어 있다.

패닉장은 공포의 시간인 동시에, 당신의 의식이 성장하는 기회이다.

그 시간을 버티는 힘이 바로 철학이며, 그 철학의 이름이 '홍익'이다. 홍익이란 단지 남을 돕는 것이 아니라, '내가 깨어 있음으로써 세상이 밝아지는 것'이다.

5. 홍익투자(弘益投資) — 나와 세상을 함께 이롭게 하라

투자는 이익을 추구하는 행위가 아니라, 세상과 연결되는 방식이다. 좋은 프로젝트에 투자한다는 것은 미래의 기술, 더 나은 사회, 더 신뢰받는 시장에 힘을 보태는 일이다. 홍익투자는 단지 '돈을 버는 철학'이 아니라, '세상을 이롭게 하는 실천'이다.

그 철학이 있는 투자자는 돈을 벌 때조차 감사와 책임을 함께 배운다. "진짜 투자는 이익이 아니라, 이로움이다. 그것이 사람을 살리고, 세상을 지탱하는 힘이라는 것을 알기 때문이다."

6. 기술의 시대를 넘어, 의식의 시대로

AI는 세상을 계산하고, Quantum은 세상을 연결한다. 그러나 인간만이 세상에 의미를 부여할 수 있다. 당신의 투자는 당신의 의식이 지향하는 방향이다.

AI가 세상을 효율로 묶을 때 홍익의 정신은 그 세상을 사랑으로 묶는다. 지능은 빠를수록 피로해지지만, 의식은 깊을수록 평온해진다. Quantum100Year 선언의 진짜 주인공은 기술이 아니라, 그 기술을 '이롭게 사용하는 사람'이다.

마지막 메시지

— 투자자를 넘어 깨어 있는 인간으로

이제 당신이 코인을 사든, 주식을 사든 혹은 아무것도 사지 않더라도 괜찮다. 중요한 것은 당신이 무엇을 소유하느냐가 아니라, 어떤 마음으로 세상을 바라보느냐이다.

투자의 여정이 곧 자기 성찰의 여정이며, 그 여정이 끝나는 곳에 당신의 진정한 부(富)가 있다.

[목원 현용수]

■ 에필로그

돈을 넘어, 신뢰로

이 책의 첫 장은 '돈'에서 시작되었지만, 마지막 장은 결국 '인간'으로 돌아옵니다.

우리는 오랫동안 돈을 벌고, 모으고, 투자하며 살아왔습니다. 돈은 인간의 욕망과 문명의 방향을 이끌어온 강력한 에너지였습니다.

그러나 시간이 흐를수록 우리는 깨닫게 됩니다. 돈은 삶을 편리하게 만들 수는 있어도, 삶의 방향을 정해주지는 못한다는 것을. 이제 인류는 새로운 문명의 전환점에 서 있습니다.

코인과 블록체인, 인공지능이 만들어내는 이 거대한 흐름은 단지 기술의 진보가 아니라, '신뢰의 철학'을 다시 쓰는 사건입니다. 중앙의 권위가 보증하던 신뢰가 이제는 개인과 공동체의 자율적 연결로 재편되고 있습니다.

과거의 경제는 은행과 정부, 즉 제도의 신뢰 위에 세워져 있었습니다. 그러나 디지털 자산의 시대는 다릅니다. 여기서 신뢰는 문서나 도장이 아니라, 코드와 데이터, 그리고 참여자의 진정성에서 태어납니다.

이 변화는 곧 인간의 역할이 바뀌고 있음을 의미합니다. 우리는 단순한 '소비자'나 '투자자'가 아니라, 가치의 생성자이자 공유자 그리고 기록자로 살아가야 합니다.

한 개인의 지갑은 더 이상 단순한 자산의 저장소가 아니라 신뢰와 철학, 그리고 정체성을 담는 그릇이 됩니다.

돈은 사라질 수 있습니다. 그러나 가치는 남습니다. 또한, 코드도 바뀔 수 있습니다. 그러나 신뢰의 기록은 남습니다. 진정한 부는 잔고의 숫자에 있지 않고, 그것이 무엇을 믿고 어디에 가치를 둘 것인가에 달려 있습니다.

디지털 자산 시대를 산다는 것은 단지 금융 기술을 익히는 것이 아니라 신뢰를 다시 배우는 일, 가치를 재정의하는 일, 그리고 인간다움을 회복하는 여정이 될 것입니다.

이제 '돈'이라는 단어를 넘어 '가치'와 '신뢰', 그리고 '인간의 존엄'을 새롭게 정의하는 문명의 이야기로 나아가야 합니다. 그 여정에서 진짜 자산은 코인도, 기술도, 화폐도 아닙니다.

당신 안에 깃든 통찰, 안목, 그리고 판단의 힘이 될 것입니다. 세상은 끊임없이 변하지만, 가치를 바라보는 당신의 눈이 흔들리지 않는다면 그것이야말로 시대를 넘어 지속되는 가장 단단한 자산이 될 수 있다는 것을 확신합니다.

초보에서 전문가로, 그리고 철학적 투자자로

처음 코인을 접했을 때 우리는 '돈을 버는 기술'을 배우려 합니다. 하지만 시간이 지날수록 깨닫게 됩니다. 진짜 투자는 돈을 다루는 기술이 아니라, 가치를 바라보는 태도의 훈련이라는 것을. 이에 초보자는 시장을 배우며 두려움을 이기는 법을 익혀야합니다.

그리고 실전 투자자는 데이터와 흐름 속에서 판단의 균형감각을 기르면서, 마지막 단계에서, 진정한 투자는 숫자 너머에 있는 가치와 신뢰의 본질을 바라볼 때 비로소 진정한 투자자가 되는 것입니다.

투자는 결국 자기 자신과의 대화입니다. 이는 불확실한 세상 속에서 무엇을 믿을지, 어떤 철학으로 돈을 사용할지를 묻는 내면의 질문이기 때문입니다.

이 책이 안내한 길은 단순한 매매 전략의 나열이 아닙니다. 그것은 "초보에서 전문가로, 전문가에서 철학적 투자자로 성장해 가는 여정"입니다.

지식이 기술을 이끌고,
철학이 방향을 세우며,
신뢰가 시장을 완성합니다.
시장에는 언제나 탐욕과 두려움이 공존합니다. 그러나 그 사이에서 흔들리지 않는 힘은 '판단의 원칙'과 '가치의 신념'입니다.

이 책의 모든 페이지는 그 원칙을 세우기 위한 작은 나침반이 되고자 했습니다.

돈은 수단일 뿐입니다. 진짜 자산은 안목과 통찰, 그리고 꾸준함 속에 쌓인 신뢰입니다. 투자의 길을 걷는 당신이 숫자보다 의미를, 속도보다 방향을 먼저 보는 사람으로 성장하길 바랍니다.

비록 코인 시장의 파도는 거세지만, 그 속에서 길을 잃지 않는 사람은 돈의 흐름이 아니라 신뢰의 흐름을 보는 사람들입니다. 이제 당신의 여정은 '코인 투자자'에서 '가치의 해석자'로, '시장 참여자'에서 '새로운 문명의 기록자'로 나아갈 것입니다.

독자님, 진정한 투자는 수익률이 아니라 성장의 기록임을 잊지 마세요. 그리고 그 성장은 시장이 아니라, 당신 안에서 완성된다는 것입니다.

[부록]

BITCOIN EREUM

디지털 자산 투자자를 위한 실전 가이드

1. 초보자 체크리스트 (기본 버전) — 투자 전 반드시 확인할 10가지

"준비 없는 투자는 투자자가 아니라, 참가자일 뿐이다."

구분	점검 항목	설명
1	목적 명확히 하기	'단기 수익'인가, '장기 자산 축적'인가. 목적이 명확해야 전략이 흔들리지 않는다.
2	리스크 감내 수준 설정	전체 자산의 5~10% 이상을 코인에 넣지 않는다. 잃어도 감당 가능한 금액으로 시작
3	거래소 선택	국내: 업비트·빗썸 코빗/해외: 바이낸스-CKX-Bybit. 반드시 ISMS 인증 여부와 트래블룰(Travel Rule) 준수 확인
4	지갑 관리	앱(핫월렛)은 편리하지만 해킹 위험 존재. 하드웨어 월렛(레저, 트레저)으로 장기 보관.
5	2단계 보안설정(2FA)	SMS 대신 Google Authenticator, Authy 사용 권장.
6	프로젝트 백서 읽기	팀 구성, 토큰 분배 구조, 로드맵, 커뮤니티 활동 확인. '유명 투자자'만 보고 판단 금물.
7	스캠(사기) 판별하기	"고수익 보장", "추천 수당", "수익 자동 분배·문구는 99% 다단계형 코인.
8	세금 및 신고 이해	2027년부터 코인 양도소득세 과세(20%), 거래소 자동 신고제 시행 예정
9	시장 변동성 대비	주식보다 5~10배 변동성 크다. "몰빵" 대신 분할 매수, 분할 매도 원칙
10	자기 감정 점검하기	탐욕, 불안, 조급함은 투자 최대의 적. '기다림의 기술'을 익혀야 한다.

2. 전문가 체크리스트 (심화 버전)

• 프로젝트 분석 · 온체인 데이터 · 리스크 관리

구분	세부 항목	실제 활용 포인트
1	백서 분석 (Whitepaper Analysis)	기술 구조, 토큰 경제(Tokennomics), 팀·파트너·거버넌스. 거래소상장 이전 프로젝트는 필수 검토
2	온체인 데이터 분석 (On-Chain Metrics)	주요지표: 거래량(Volume), 활성지갑 수(Active Addresses), TVL(Total Value Locked), Gas Fee, Whale Ratio. →Glassnode, Nansen, Dune Analytics
3	토큰 분배 구조 (Token Allocation)	창업자·VC 물량이 40% 이상이면 Dump 위험. 락업(Lock-up) 일정 필수 확인.
4	거버넌스 구조	DAO 기반일 경우 투표권 집중도, 커뮤니티 참여율, 제안 통과 비율 검토.
5	유동성 분석 (Liquidity)	거래량 대비 시가총액, 주요 거래소 유동성 비율(CoinMarketCap 기준).
6	규제 리스크	SEC·금융위의 증권성 판단 대상인지 확인. 미국·한국·EU 규제 차이 비교.
7	온체인 알파 탐색	신규 토큰 론치패드(Launchpad). 에어드롭 분석. '내부자 지갑' 추적으로 트렌드 포착.
8	거시경제 연동성	금리·달러인덱스(DXY)·나스닥과의 상관계수 체크. 코인은 '글로벌 유동성 자산임을 인식
9	리스크 관리 프레임워크	손절선 15%, 분산 투자 3~5종목, Stablecoin 비중 20~30%, 매주 포트폴리오 리밸런싱.
10	AI 기반 분석 툴 활용	ChatGPT.Kaiko·Santiment 등으로 감정 분석 (Sentiment Analysis) 및 온체인 트렌드 자동화

3. 코인 · NFT · CBDC 용어사전 (A ~ Z 퀵 가이드 + 심화 해설)

초보자용 핵심 요약 + 전문가용 심화 설명 병기

용어	요약 정의	심화 해설
Airdrop	무료 토큰 배포	프로젝트가 초기 커뮤니티 형성을 위해 사용자에게 토큰을 무상 배포하는 방식. 일반적으로 지갑 연결, SNS 공유, 커뮤니티 활등 등의 조건을 충족해야 한다.
Altcoin	비트코인 외 모든 코인	이더리움, 리플, 솔라나 등 다양한 코인을 포괄, 각 코인은 목적, 합의 알고리즘, 토큰 경제 구조(tokenomics)가 다르므로 개별 분석이 필요하다.
AMM (Automated Market Maker)	자동 시장 조성자	중앙화된 오더북 없이 유동성 풀을 이용해 자동으로 가격을 조정하고 거래를 매칭하는 DEX 방식. 예: Uniswap, Sushiswap.
APR / APY	연이율/ 복리 연이율	APR은 단순 이자율, APY는 이자에 이자가 붙는 복리 개념을 반영한 연율, DeFi 이자계산 시 중요한 기준.
Asset Tokenization	자산의 토큰화	부동산, 예술품, 채권 등을 블록체인 상의 "토큰으로 전환하는 과정. 미래 자산 시장의 핵심 구조가 될 전망.
CBDC (Central Bank Digital Currency)	중앙은행 디지털 화폐	각국의 중앙은행이 발행하는 디지털 통화. 예: 중국의 디지털 위안(CNY), 한국의 디지털원(K-Digital Won) 등.
Cryptographic Agility	암호 유연성 / 암호 전환성	시스템이 취약한 암호 알고리즘을 새 알고리즘으로 빠르게 전환할 수 있는 능력. 양자 컴퓨터 시대 대비 보안 구조 설계 핵심 개념.
DAO (Decentralized Autonomous Organization)	탈중앙 자율조직	중앙 권한 없이 토큰 홀더들이 블록체인 기반 투표로 운영을 결정하는 조직 구조, 거버넌스 리스크와 토큰 집중도 분석이 중요하다.

용어	번역	설명
On/Off Ramping	법정화폐↔암호화폐 전환	실제 화폐(예: 원화, 달러)를 코인으로 바꾸는 입출금 경로. 일부 국가에서는 규제로 제한됨.
Oracle	외부 데이터 공급자	블록체인 외부의 실시간 데이터를 스마트 계약에 전달하는 역할. 예: 가격 정보, 날씨, 환율 등.
Perpetual Futures	영구 선물 계약	만기일이 없는 선물 계약. 자산의 실제 보유없이 계속 포지션 유지 가능. 크립토 시장에서 많이 쓰임.
Proof of Stake (PoS)	지분 증명 방식	코인을 예치(stake)한 비율에 따라 블록 검증자로 선정되는 방식. 에너지 효율이 높음.
Proof of Work (PoW)	작업 증명 방식	계산 문제를 먼저 푸는 노드가 블록을 추가하는 방식. 비트코인이 대표적.
Quantum Risk / Quantum Crypto-Economics	양자 리스크 / 양자 암호경제학	양자컴퓨터가 기존 암호 알고리즘(예: RSA, ECC)을 깨뜨릴 가능성. 블록체인 보안 측면에서 사전 대비가 필요함.
Smart Contract	자동 실행 계약	조건 충족 시 자동으로 실행되는 코드 기반계약, 중개자 없이 계약 실행. 하지만 버그나 법적 해석 이슈 존재.
Stablecoin	가치 안정형 코인	미 달러 등 실물 자산이나 알고리즘으로 가격 안정화, USDT, USDC, DAI 등이 대표적. 금리 및 담보 구조 확인 필수.
Tokenomics	토큰 경제 구조	토큰의 발행량, 분배, 유통, 인플레이션/디플레이션 모델 등을 설계하는 구조. 지속가능성을 판단하는 핵심 요인.

◇ 미래 지향 용어 및 확장 개념

용어	요약 정의	심화 해설
Conscious Capital	의식 기반 자본	단순 수익이 아니라 인간의 신뢰와 이로움을 중심으로 평가되는 자본 개념.
RWA Token (Real World Asset Tokenization)	실물 자산 토큰화	부동산, 채권, 예술품 등 현실 자산을 블록체인 상 토큰으로 전환하는 개념.
Cross-Chain Bridge	체인 간 연결 다리	서로 다른 블록체인을 연결해 자산과 데이터를 이동시키는 프로토콜. 다리의 취약점이 보안 리스크 요인.
Zero-Knowledge Proof (ZK Proof)	영지식 증명	거래나 정보의 진위를 증명하면서도 데이터 자체는 노출하지 않는 암호기술. ZK-rollup 등 확장 솔루션 핵심 기술.
MEV (Miner / Maximal Extractable)	채굴자 최대 추출 가능 가치	블록 순서를 조작하거나 프런트 러닝하는 방식으로 비용을 얻는 행위. 공정성 해체 리스크 존재.
Post-Quantum Cryptography	양자 내성 암호	양자컴퓨터에도 깨지지 않는 암호 알고리즘 (예: 격자암호, 해시 기반 암호 등). 블록체인 보안 대비 필수.
Flash Loan	플래시 대출	담보 없이 한 트랜잭션 내에서 빌리고 상환하는 대출 방식. 고수익 기회이지만 조작 리스크 높음.
Meta-Transaction	메타 트랜잭션	사용자가 직접 가스비를 내지 않고도 트랜잭션을 실행할 수 있는 구조 (대행자가 비용 부담)

4. 추천 앱사이트 분석 툴 리스트(2025년 기준)

구분	플랫폼	특징	활용 포인트
거래소	업비트, 빗썸, 코빗/ Binance, OKX, Bybit	국내외 주요 거래 플랫폼	원화 입출금 가능 여부, 수수료율, 상장 정책 확인
지갑	MetaMask, Trust Wallet, Ledger, Trezor	핫/콜드월렛 모두 지원	NFT 보관 및 DeFi 접속 시 필수
문석도구	CoinMarketCap, CoinGecko, Messari, TokenTerminal	가격·시총·유동성· 프로젝트 데이터	온체인 흐름 파악 및 투자 판단 근거
온체인 데이터	Glassnode, Nansen, Dune Analytics	거래·보유량 거래소 이동 추적	대형 투자자(Whale) 행동 감지
세금·회계	CoinTracking, Koinly, Upbit Tax	자동 손익 계산· 양도소득 추정	2027년 과세 대비 필수
커뮤니티	CoinDesk Korea, X(Twitter), Reddit, DeCenter	최신 뉴스·정책 이슈 확인	루머보다 공식자료 우선
AI분석 툴	ChatGPT, Arkham, Santiment	감정·네트워크·리스크 탐지 자동화	트렌드 변화 조기 감지
NFT 플랫폼	OpenSea, Blur, Foundation, Zora	NFT 거래·민팅 플랫폼	거래 수수료, 저작권 설정 확인
CBDC ·규제 정보	한국은행 CBDC 리포트, BIS Innovation Hub, IMF DLT Report	각국의 디지털화폐 정책자료	CBDC 도입 시 코인 시장 변동성 대응 참고

☆ 현용수 교수의 마무리 조언

"투자는 돈의 문제가 아니라 의식의 문제다. 당신이 무엇을 보고, 어디에 신뢰를 두느냐가 곧 당신의 자산의 방향을 결정한다."

"시장은 빠르게 변하지만, 원칙은 변하지 않는다. 분산·신뢰·성찰 -그것이 진짜 투자자의 3대 덕목이다."

디지털 자산의 혁명

초판 1쇄 인쇄 | 2025년 12월 15일
초판 1쇄 발행 | 2026년 01월 05일

지은이 | 현용수
펴낸이 | 최병윤
함께하는이 | 한효정/정윤혜/양영숙/이관민/정영균/정태현/송민재,
　　　　　그리고 NFG,Inc & Rhino,Inc
펴낸곳 | 행복한마음
출판등록 | 제10-2415호 (2002. 7. 10)

주소 | 서울시 마포구 성미산로2길 33, 202호
전화 | (02) 334-9107
팩스 | (02) 334-9108
이메일 | bookmind@naver.com

ⓒ 현용수, 2026
ISBN 978-89-91705-62-3　03320

＊책값은 뒤표지에 표기되어 있습니다.
＊잘못 만들어진 책은 구입처에서 교환해 드립니다.
＊이 책엔 태나다체, 신라문화체, KoPubWorld 서체를 사용했습니다.